Horst Petri

Umweltzerstörung und die seelische Entwicklung unserer Kinder

Kreuz Verlag

Alle in diesem Buch enthaltenen Angaben, Daten, Ergebnisse etc. wurden vom Autor nach bestem Wissen erstellt und von ihm mit größtmöglicher Sorgfalt überprüft. Gleichwohl sind inhaltliche Fehler nicht vollständig auszuschließen. Daher erfolgen die Angaben etc. ohne jegliche Verpflichtung oder Garantie des Verlags oder des Autors. Beide schließen deshalb jegliche Verantwortung und Haftung für etwaige inhaltliche Unrichtigkeiten aus, es sei denn im Falle grober Fahrlässigkeit.

2. Auflage (7.–10. Tausend)

Umschlaggestaltung: Jürgen Reichert, Stuttgart
Umschlagbild: René Magritte »Le soir qui tombe«,
Priv. Sammlg., VG Bild – Kunst, Bonn
Gesamtherstellung: Ebner Ulm
ISBN 3 268 00134 3

Inhalt

Teil C
Der Gefahr begegnen – Wiedergutmachung und vorbeugender Kinderschutz

Für Daniela, Hellmut, Nazmiye, Christian, Lisa, Tobias, Veronika, Boris, Frauke, Andreas, Güven und alle anderen Kinder, Jugendlichen und Heranwachsenden – für ihre Hoffnung auf eine lebenswerte Zukunft auf dieser Erde

Danksagung

Ich danke allen Kindern, Jugendlichen und Heranwachsenden, mit denen ich in den letzten Jahren über ihre Gedanken und Gefühle zur gesellschaftlichen Situation in unserer Welt sprechen konnte. Die Gespräche fanden im Rahmen meiner beratenden und therapeutischen Funktion als Kinderpsychiater und Psychoanalytiker statt, aber ebenso im privaten Bereich und während meiner Öffentlichkeitsarbeit für die Anliegen der Friedens- und Ökologiebewegung. Ohne die dabei gemachten Erfahrungen wäre mir ein einfühlendes Verständnis für die Existenz und psychosoziale Bedeutung der »Vergifteten Kindheit« nicht möglich gewesen.

Ich möchte allen Eltern meinen Dank sagen, deren Mut und Bereitschaft mir gestatteten, die Gespräche mit ihren Kindern in der notwendigen Offenheit und Tiefe zu führen.

Die Betroffenheit, Resonanz und die kritischen Diskussionen bei den Teilnehmern von öffentlichen Veranstaltungen, die ich bisher zu dem Thema durchführte, haben mich ermutigt und von der Dringlichkeit überzeugt, es in einer umfassenden Form darzustellen.

Mein besonderer Dank gilt auch der Lektorin vom Kreuz Verlag, Frau Dr. Dörthe Binkert, für ihre couragierte Unterstützung, das sicher heute noch tabuierte Thema in eine breitere Öffentlichkeit zu tragen.

Berlin, im Sommer 1992 *Horst Petri*

Einleitung

Es war ein warmer Sommertag im Jahre 1988. Eine Frau rief mich an. Sie stellte sich als Kinderrechtlerin vor. Seit Jahren beschäftige sie sich mit der Vergiftung unserer Kinder durch die toxische Schadstoffbelastung. Sie bat mich um Unterstützung in ihrem Kampf. Ich hörte höflich zu. Es sei zum Verzweifeln, wie systematisch das Thema in der öffentlichen Diskussion vermieden werde. An wen auch immer sie sich gewandt habe, ob an Politiker, Umweltverbände oder Kinderschutzgruppen, keiner besitze eine Ahnung über das Ausmaß der Gefährdung und die bereits heute bekannten Gesundheitsschäden. Und keiner wolle sich in dieser Frage engagieren.

Ich merkte eine Ungeduld bei mir und wollte das Gespräch beenden. Ich verspürte auch keine Lust. Nicht schon wieder Kassandra sein. Die Jahre davor hatte ich mich an der ersten bundesweiten Studie über atomare Bedrohungsängste von Kindern und Jugendlichen beteiligt. Durch den Nato-Beschluß zur Nachrüstung mit atomaren Mittelstreckenraketen im Dezember 1982 und eine neue Welle des kalten Krieges war es, wie ausländische Studien zeigten, weltweit zu einem erschreckenden Anstieg der Kriegsangst bei Kindern gekommen. Auch die Ergebnisse unserer deutschen Untersuchung waren alarmierend.[1] Aber die Öffentlichkeit, von den politischen Parteien über Schulbehörden und Elternverbände bis zur rechten wie linksliberalen Presse, reagierte empört - nicht auf die Ergebnisse, sondern auf die Tatsache, daß sie erhoben worden waren. Die Kinder hätten keine Ängste, hieß es, diese würden erst durch solche Untersuchungen erzeugt, und die seelische Gesundheit der Kinder werde zu propagandistischen Zwecken mißbraucht.[2] Offensichtlich rührt die Benennung der destruktiven Kräfte, die als Folge der gesellschaftlichen Kräfte das Schicksal der Kinder bedrohen, an ein schmerzliches Tabu.

Währenddessen redete die Frau weiter auf mich ein, kenntnisreich, belesen - aber zu aufgeregt. Sie wollte mich überzeugen. Man müsse die Kinder mobilisieren, wenn die Erwachsenen taub seien, Massendemonstrationen von Schülern organisieren, denn schließlich stehe ihre eigene Zukunft auf dem Spiel. Ich mußte lachen. Ich blickte in einen Spiegel. Diese Aufgeregtheit, diese innerlich bis an die Schmerzgrenze reichende, aufgewühlte Empörung - ich kannte sie nur zu gut. Kassandra. Bevor sie von den Herrschenden umgebracht wird, erliegt sie im selbstquälerischen Ertragen der Wahrheit dem Wahn, sie könne das Unvermeidliche abwenden.

Ich sagte der Frau, daß ich über die toxische Gesundheitsschädigung bei Kindern auch nicht genügend informiert sei; ich läse schon seit längerer Zeit kaum noch Zeitung. An einem Punkt der Auseinandersetzung mit den Katastrophen unserer Zeit sei mir die krankmachende Wirkung dieser Beschäftigung klargeworden.

Nach einer Stunde beendeten wir das Gespräch. Ich sollte wenigstens den Vorschlag eines ergänzenden Paragraphen über Umweltgifte in der geplanten Neuformulierung der UN-Konventionen über die Rechte der Kinder unterstützen. Sie wollte mir die Unterlagen schicken.

Nach dem Gespräch, ich erinnere mich genau, fuhr ich mit dem Fahrrad durch den Wald. Die Bäume waren grün. Blauer Himmel zwischen den Kronen der aufragenden Kiefern. Wird hierzulande nicht alles übertrieben? Was ist dran an dem lächelnden Vorwurf des Auslands über ökologisches Katastrophendenken in Deutschland, an den angeblich übertriebenen Ängsten und Sicherheitsbedürfnissen? Die Vögel singen doch noch immer im Wald.

Am nächsten Tag brachte mir der Postbote die Unterlagen. Darin fand ich die »Ergänzung zu Artikel 12 der künftigen UN-

Konventionen«, auf die sich verschiedene Initiativen geeinigt haben, u. a. die Gruppe »Mütter und Väter gegen atomare Bedrohung e.V.«: »Das Recht des Kindes auf toxisch unbelastete Lebensgrundlagen, mit der Verpflichtung des Staates, den Schutz der Kinder - auch der Ungeborenen - und ihrer Umwelt vor vermeidbaren Chemikalien und Strahleneinwirkung gesetzlich zu regeln.«

Ich tat meine Pflicht. Ich schrieb, worum die Frau am Telefon gebeten hatte, an das Komitee von Unicef in Köln, das für Deutschland den neuen Entwurf der UN-Konventionen koordinierte, daß ich die »Ergänzung zu Artikel 12« unterstütze. Damit war das Thema vom Schreibtisch. Dachte ich.

In der folgenden Nacht hatte ich einen Traum: Ich stehe am Rand einer Wüste. Aus der Ferne kommt ein Mädchen langsam auf mich zu. Es hat schwarze Haare und trägt ein weißes Kleid. In der einen Hand hält es einen roten Apfel. Es wankt. Kurz vor mir bleibt das Mädchen stehen, deutet zuerst auf den angebissenen Apfel und blickt mich dann schweigend und vorwurfsvoll an. Dann bricht es zusammen. Ich beuge mich hinunter und sage weinend zu dem Kind: »Schneewittchen, du darfst nicht sterben!« Als ich den Apfel genau anschaue, ist sein Fleisch innerlich faulig zerfressen und von einer grünlich-rotbraunen Kristallmasse ausgefüllt.

Beim Aufwachen dachte ich noch: »Du kommst nicht drumherum.« Und ich kam nicht drumherum. Ich las wieder Zeitung und machte mich in Büchern und wissenschaftlichen Zeitschriften sachkundig. Kein Tag ohne Schreckensmeldung: Unfälle in Kernreaktoren, Umweltskandale, Giftmüllkriminalität, verstrahlte Nahrungsmittel, vergiftetes Fleisch, undichte Giftgasdepots, neue Massenvernichtungsmittel in der Erprobung, neue Atomkraftwerke, jährlich 300 000 neue chemische Verbindungen, deren Toxizitätsgrad, deren Zusammenwirken, deren Kumulation im menschlichen Organismus keiner mehr berechnen kann, keiner mehr beherrscht. Altlasten, Neulasten, Restrisiken, Totalrisiken werden zu neuen Zeitbomben zusammengebastelt.

Als Psychoanalytiker fragt man immer nach der symbolischen Bedeutung und unbewußten Absicht von Inszenierungen, die sich rational nicht mehr begründen lassen. Dabei gelangt man zu Deutungen, die immer den Charakter von Hypothesen haben, solange der Fortgang der Geschichte nicht ihre Wahrheit erweist.

Das vorliegende Buch faßt die sachlich begründeten Ergebnisse meiner Beschäftigung mit dem Thema und meine Versuche einer psychoanalytischen Aufarbeitung zusammen. Psychologische Theorien und psychoanalytische Kulturkritik können das ihnen anhaftende Element des Spekulativen nur eingrenzen und bestehende Tabus und Vorurteile in der Öffentlichkeit nur glaubhaft aufzulösen versuchen, indem sie von gesicherten Tatsachen ausgehen. Dazu gehört ein Überblick über die vorhandenen naturwissenschaftlichen Ergebnisse und Annahmen ebenso wie eine Bestandsaufnahme über Gedanken, Urteile, Einstellungen, Gefühle und Phantasien von Kindern und Jugendlichen, wie sie in statistischen Befragungen, aber deutlicher noch in persönlichen Zeugnissen wie Aufsätzen, Briefen, Malereien und Träumen zum Ausdruck kommen. Das psychologische Verständnis für die persönlichen Zeugnisse erschließt sich erst dann, wenn die reine Beschreibung durch psychologische Deutungsverfahren ergänzt wird.

Die anschließenden Kapitel untersuchen auf der Basis tiefenpsychologischer Grundannahmen die Rolle der Mütter und Väter in der Beziehung zu ihren Kindern und das Verhältnis der Generationen angesichts der historisch neuartigen Situation des radioaktiv-chemisch-toxischen Komplexes in unserer Zivilisationsentwicklung.

Das Buch will keine apokalyptischen Bilder heraufbeschwören. Die im Verhältnis zu ihrem Gegenstand relativ nüchtern gehaltene Darstellung soll auch der Gefahr vorbeugen, als Panikmache mißverstanden zu werden. Die Tabus der Gesellschaft mit Gewalt aufzubrechen kann nur zu unproduktiven Widerständen führen. Deshalb endet das Buch nicht in einem heute so beliebten, weil letztlich unverbindlichen Horrorszenario im Gewand einer Science-fiction-Story. Ein Abriß der konkreten Initiativen der Umwelterziehung und der ökologischen Kinderrechtsbewegung, einige Überlegungen zum Umgang mit Umweltängsten in Beratung und Therapie und ein Ausblick auf einige Zukunftsperspektiven scheinen mir ein geeigneterer Abschluß, weil nur durch konstruktive Ansätze ein Ausweg aus der ökologischen Sackgasse zu erhoffen ist.[3]

Teil A
Ergebnisse naturwissenschaftlicher Forschung

I. Embryonalentwicklung und kindliche Organsysteme

Seit dem Anruf der Kinderrechtlerin ist einige Zeit vergangen. Im folgenden Zeitraum kam es in manchen Bereichen des öffentlichen Lebens zu einer heftigen und teilweise kontrovers geführten Debatte über die Auswirkungen der Umweltbelastung auf Kinder. Diese Debatte blieb bisher allerdings hauptsächlich auf die körperlichen Gesundheitsschäden begrenzt. Zweifellos hängt die Entwicklung mit dem allgemein gewachsenen Gefahrenbewußtsein in der Bevölkerung zusammen, was die ökologische Situation betrifft. In der widersprüchlichen Diskussion stehen sich Vertreter radikaler ökologischer Positionen auf der einen und Politiker und Wirtschaftsvertreter auf der anderen Seite gegenüber. Die Polarisierung der Meinungen, die von »extrem gefährlich« bis »völlig harmlos« reichen, dient nicht dem sachlichen Dialog, sondern führt zu Verhärtungen auf beiden Seiten; sie trägt nicht unerheblich zur Verunsicherung und Angst in der Bevölkerung bei. Zur Versachlichung ist es daher wichtig, über einige Grundlagen kindlicher Gesundheitsentwicklung und -gefährdung informiert zu sein.

Das Wunder der Natur hat es so eingerichtet, daß ein schlußendlich erwachsener Mensch sich bekanntlich aus nur zwei winzigen Zellen entwickelt – aus der Verschmelzung der Eizelle der Frau mit der Samenzelle des Mannes. Beide Zellen bringen als Kapital einen halben Chromosomensatz von je 23 Chromosomen mit, die im Zellkern liegen und auf denen die Träger der Erbsubstanz, die Gene, aufgereiht sind. Bei der Befruchtung dringt die Samenzelle in die Eizelle ein, die beiden Zellkerne vereinigen sich und haben jetzt ihr Kapital auf 46 Chromosomen erhöht. Wie soll aber aus dieser immer noch weniger als einen

Millimeter großen Paarzelle in nur neun Monaten ein Säugling von 50 Zentimetern Länge und einem Gewicht von fünf bis sieben Pfund heranwachsen? Es gibt wohl keinen Börsianer oder Spekulanten, der vermöchte, in dieser Zeit sein Kapital in ähnlich astronomischer Höhe zu vermehren. Die Natur ist dazu in der Lage. In rasanter Geschwindigkeit erfolgt eine Zellteilung nach der anderen, wobei jedesmal der Zellkern so geteilt wird, daß die beiden Tochterzellen wieder den gleichen Chromosomensatz von 46 Chromosomen erhalten. Innerhalb der ersten drei Schwangerschaftsmonate wächst auf diese Weise aus den beiden Keimzellen ein Embryo von neun Zentimeter Länge und einem Gewicht von 35 Gramm heran. Aber was noch erstaunlicher ist: Dieser Embryo besitzt bereits alle körperlichen Merkmale in deutlich erkennbarer Ausprägung, wie Kopf, Rumpf, Arme, Beine, Finger, Zehen, Augen, Mund, Nase, Ohren und die Geschlechtsmerkmale. Man nennt diese Zeit die Embryonalzeit. Die folgenden sechs Monate bezeichnet man als Fötalzeit, wobei es jetzt lediglich noch zu einer Vergrößerung und Ausdifferenzierung aller Organe des Föten kommt.

Sosehr wir immer wieder von dem Wunder überrascht sind, wenn ein Kind gesund zur Welt kommt, so wissen wir aber auch inzwischen, durch wie viele Faktoren der hochkomplizierte und empfindliche Reifungsprozeß gestört werden kann. Besonders in der Embryonalzeit - also in den ersten drei Monaten, in denen sich die Organe entwickeln (Organogenese) - besitzen die einzelnen Zellen aufgrund ihres rasanten Teilungstempos noch wenig Stabilität und Resistenz gegen schädigende Einflüsse. Darüber hinaus gibt es für jedes Organsystem, zum Beispiel das Nervensystem, die Sinnesorgane oder das Skelettsystem, besonders sensible Entwicklungsphasen. So ist seit langem eine Vielzahl von Ursachen bekannt, die besonders in der Embryonalzeit zu Störungen an den Chromosomen und Genen führen können, zu sogenannten Mutationen, die je nach Art, Schwere und Dauer der Einwirkung zu unterschiedlichen Erkrankungen bis hin zum Fruchttod führen können. Im Unterschied zu Erbkrankheiten, bei denen die spätere Erkrankung bereits durch das veränderte Erbgut der mütterlichen Eizelle oder der väterlichen Samenzelle mit der Befruchtung festgelegt wird, sind solche von außen verursachten Fruchtschäden sehr viel häufiger. Sie betreffen nicht nur die Embryonalzeit, sondern auch die Fötalzeit, weil sich auch in ihr die Zellsysteme noch in rascher Wandlung befinden und entsprechend störanfällig sind.

Um nun zu einer realistischen Einschätzung der Gefahren zu gelangen, die mit der allgemeinen Umweltbelastung verbunden sind, erscheint ein kurzer Überblick über die häufigsten Krankheitsursachen anderen Ursprungs während der Schwangerschaft sinnvoll:

1. Infektionserkrankungen der Mutter während der Schwangerschaft, besonders Röteln und Toxoplasmose.
2. Hormonstörungen der Mutter, besonders Diabetes mellitus.
3. Schwangerschaftstoxikose. Es handelt sich dabei um eine nicht seltene Erkrankung der Mutter mit einem Zusammenbruch des Kreislauf- und Stoffwechselsystems.
4. Vitamin-Mangelzustände, besonders an Vitamin A.
5. Sauerstoffmangel aufgrund mütterlicher Herz- oder Lungenerkrankungen oder Anämien.
6. Röntgenbestrahlung der schwangeren Gebärmutter.
7. Medikamenteneinnahme, speziell in den ersten drei Monaten, besonders Schlafmittel, Beruhigungsmittel, Psychopharmaka, Schmerzmittel, Hormone u. a. Zu erinnern ist in diesem Zusammenhang an das Schlafmittel Thalidomid (Contergan), das zwischen 1959 und 1962 in zahllosen Fällen zu dem tragischen Mißbildungssyndrom der Dysmelie geführt hat.
8. Tabakkonsum während der Schwangerschaft. Es gilt inzwischen als erwiesen, daß Nikotin als hochwirksames Nervengift zu Fruchtschäden führt.
9. Alkohol und Drogen (Heroin, Morphium u. a.) während der Schwangerschaft. Ihre hohe zellschädigende Wirkung in der Embryonalzeit ist inzwischen eindeutig nachgewiesen.

10. Soziale Streßfaktoren. Dieser Zusammenhang wird meistens vernachlässigt, obwohl inzwischen hinreichend bekannt ist, daß Säuglinge von Müttern aus den unteren Sozialschichten, nichteheliche Kinder und solche von sehr jungen Müttern durchschnittlich ein niedrigeres Geburtsgewicht besitzen, das zu den wichtigen Reifungszeichen des Neugeborenen zählt.

Alle Faktoren können je nach dem Zeitpunkt der Einwirkung und ihrer Schwere zu unterschiedlichen Entwicklungsstörungen während der Schwangerschaft führen, die als Embryo- oder Fötopathien bezeichnet werden. Bei Chromosomenschädigungen oder Genmutationen in den ersten drei Monaten ist in erster Linie mit Mißbildungen, Gehirnschäden mit der Folge von Intelligenzdefekten oder Lähmungen oder mit sonstigen Anlageanomalien zu rechnen, die den frühen Fruchttod (Abort) oder die Totgeburt zur Folge haben können. Spätere Schädigungen führen zu Stoffwechselstörungen, Minderwuchs oder anderen Entwicklungsrückständen.

Eine besondere Gefährdungssituation für den Fötus stellt noch einmal die Geburt dar. Geburtskomplikationen, zum Beispiel durch Lageanomalien des Fötus in der Gebärmutter, durch ein zu enges Becken der Mutter, durch Wehenschwäche oder Nabelschnurumschlingung, gehen in der Regel mit einem verlängerten Geburtsverlauf einher und führen zu einer kurz- oder längerfristigen Unterversorgung des Gehirns mit Sauerstoff. Die »Minimale cerebrale Dysfunktion« (MCD) ist eine der häufigsten Diagnosen in der Kinderpsychiatrie. Sie ist durch eine allgemeine Hypersensibilität des Säuglings und späteren Kindes auf äußere Reize, durch eine Hypermotorik (Zappelphilipp-Syndrom), durch Teilleistungsstörungen bis zu geringen Intelligenzausfällen oder durch andere leichtere Behinderungen gekennzeichnet, die auf eine Gehirnbeteiligung schließen lassen. Die Diagnose einer »MCD« bedeutet aber nicht, daß der Schaden nur durch eine komplizierte Geburt eingetreten sein kann; während der gesamten Schwangerschaft ist das Gehirn besonders störanfällig, so daß nie mit Sicherheit zu sagen ist, ob die Erkrankung nicht schon früher und - in diesem Fall - durch andere Einwirkungen erzeugt wurde. Wir werden diesem Problem bei der Einschätzung der toxischen Wirkung von Umweltgiften erneut begegnen.

Was über die Organentwicklung während der Schwangerschaft gesagt wurde, gilt in geringerer Form auch für die Organsysteme des Säuglings und Kleinkindes. Bei den umfassenden Wachstums- und Reifungsprozessen dieser Lebensperiode ist die Geschwindigkeit und Häufigkeit der Zellteilungen gegenüber einem Erwachsenen noch enorm beschleunigt; die Organe sind weiter in Differenzierung begriffen und damit störanfälliger für schädigende Einflüsse, die von außen in den Zellstoffwechsel eingreifen. Das Wachstum ist außerdem mit vergleichsweise hohen Stoffwechselfunktionen verbunden; für sie benötigen Kinder in Relation zu ihrem Körpergewicht eine größere Nahrungsaufnahme als Erwachsene. Dadurch werden besonders von Säuglingen und Kleinkindern vermehrte Mengen von Schadstoffen in Nahrungsmitteln aufgenommen, die ihrerseits auf sensiblere Zellsysteme treffen und so um so schädigender wirken. Nicht umsonst sind deswegen die meisten Medikamente in ihren Dosierungsgraden nach Säuglingen, Kleinkindern, Schulkindern und Erwachsenen gestaffelt. Die versehentliche Vergiftung mit einem Haushaltsmittel kann beim Kleinkind zu schwersten Störungen bis zum Tod führen, während die gleiche Menge bei einem Erwachsenen nur eine vorübergehende Übelkeit auslösen würde.

Ich möchte die Zusammenhänge abschließend an einem praktischen Beispiel aus meiner Notarzttätigkeit in einem Berliner Arbeiterbezirk illustrieren. Es ist keineswegs ein Einzelfall, sondern scheint mir geradezu charakteristisch für die soziale Situation einer breiten Bevölkerungsschicht und für die gesellschaftlich bedingten Ungleichheitsverhältnisse. An einem Wochenende werde ich gegen Mitternacht zu einem Kind gerufen. Als ich den Wohnraum betrete, pralle ich fast zurück, weil die

Luft aus reinem Tabaksqualm besteht. Drei Paare sitzen um einen Tisch. Alle rauchen und spielen Karten, während auf dem Fernsehschirm ein Action-Film läuft. In einer Ecke des Raumes liegt ein Säugling von etwa sechs Monaten. Er hat einen heißen Kopf und eine leicht röchelnde Atmung. Ich frage die Mutter, seit wann das Kind so auffällig atme. »Seit drei bis vier Stunden«, sagt sie. Wieviel Fieber es hat, weiß sie nicht; es gibt kein Fieberthermometer im Haushalt. Ich messe: 39 Grad. Ich höre die Lunge ab. Dann bitte ich die Mutter, mir ein langes und scharfes Messer zu bringen, sonst sei das Kind nicht zu retten. Sie erschrickt. Ich beruhige sie, dem Kind werde nichts passieren. Die Freunde am Tisch, alle zwischen 25 und 30 Jahren alt, verfolgen jetzt aufmerksam das Geschehen. Als die Mutter das Messer bringt, mache ich mit einigen weitausholenden Gesten schneidende Bewegungen durch die Luft. Ob sie hörten, wie es knacke, frage ich die Runde. Alle lachen. Sie sollten sich einmal überlegen, wo eine so kleine Säuglingslunge den Sauerstoff hernehme, wenn keiner mehr da sei, und wie sie die Schadstoffe des Rauchens verarbeiten solle. Im Moment habe das Kind noch eine leichte Bronchitis, aber morgen sicher eine schwere Lungenentzündung, wenn es nicht genügend Sauerstoff bekomme. Alle machen die Zigaretten aus. Der Vater öffnet weit das Fenster. Ich lasse ein Fiebermittel da und gehe.

Das Beispiel eignet sich als Überleitung zu der Frage, was wir bisher über die gesundheitsschädigende Wirkung der allgemeinen Umweltbelastung wissen.

II. Gesundheitsschäden durch Umweltgifte

1. Allgemeine Einführung

So sicher das Gelände war, auf dem wir uns bisher bewegten, um so unsicherer wird es bei der Frage nach exakten naturwissenschaftlich-medizinischen Ergebnissen über die gesundheitlichen Auswirkungen der Umweltgefahren. Dies betrifft die radioaktive Niedrigstrahlung, wie sie bei Atombombentests oder als Emission in der Umgebung von Atomwaffenlagern und Kernreaktoren auftritt, ebenso wie das megatonnenweise produzierte Arsenal von Giftstoffen, das bei der Herstellung von Gütern, bei ihrem Verbrauch oder als Abfall entsteht und das über die Luft, den Boden und das Wasser in die Nahrungskette eingeschleust wird.

Zunächst haben wir zwischen akuten und chronisch-schleichenden Gefahren zu unterscheiden. Akute Gesundheitsgefahren treten meist im Zusammenhang mit einmaligen Katastrophen auf. Hier sind auch die medizinischen Kenntnisse am gesichertsten. Ich möchte hier an einige besonders dramatische Ereignisse erinnern.

Vietnam. In einem erschütternden Bericht unter dem Titel »Verseucht in alle Ewigkeit« beschreibt Petzer[4] die Spätfolgen der Entlaubungsaktion der Amerikaner im Vietnamkrieg. Bei der als »Ranch Hand« (Farmgehilfe) bezeichneten Aktion wurden ganze Landstriche Südvietnams, besonders im Mekong-Delta, von Anfang der sechziger Jahre bis 1971 mit 72 Millionen Litern des Herbizids »Agent-Orange« besprüht, das das hochgiftige Dioxin enthielt. Damals in erschreckendem Ausmaß, aber auch heute noch kommt es durch die langfristige Veränderung des Erbguts der Eltern zu vermehrten Fehlgeburten in der Bevölkerung, vor allem aber zu den grausigsten Mißbildungen bei vielen geborenen Kindern. Dioxin umfaßt eine ganze »Familie« von hochtoxischen polichlorierten Kohlenwasserstoffen, deren krebserzeugende, das Erbgut verändernde und zu Mißbildungen führende Wirkung vielfach belegt ist.

Seveso. Im Juli 1976 ereignete sich in einem Chemiewerk dieser Stadt in Oberitalien eine Explosion, bei der Trichlorphenol, ein Produkt zur Herstellung von Herbiziden, in Verbindung mit großen Mengen Dioxin freigesetzt wurde. Die Bevölkerung mußte in einem Umkreis von 300 Hektar evakuiert werden und erlitt als ausgeprägteste Störung eine verheerende und den Körper entstellende Chlorakne. Außerdem kam es zu einem signifikanten Anstieg von Leukämien.

Harrisburg. Im März 1979 kam es bei dieser Reaktoranlage auf Three Mile Island/USA zu einem Unglück, bei dem eine erhebliche Dosis von radioaktiven Substanzen in die Umgebung geriet. Ein Super-Gau wie 1986 in Tschernobyl, worauf ich in einem gesonderten Kapitel eingehen werde, konnte damals gerade noch verhindert werden.

Bhopal. Im Dezember 1984 kam es in dieser Stadt in Indien zur bisher größten Giftgaskatastrophe in der Geschichte. Bei der amerikanischen Firma Union Carbide Corporation (UCC) trat aus einem defekten Tank Methylisocyanat (MIC), ein Pestizid-Bestandteil, in Verbindung mit Phosgen (ein Giftgas aus dem Ersten Weltkrieg) aus. Beide Substanzen können schon in geringer Menge zu tödlichen Lungenödemen führen. Das Gas verbreitete sich in einem Gebiet von 40 Quadratkilometern und verwandelte die Stadt mit 200 000 Einwohnern in eine Gaskammer. Die Katastrophe forderte damals zirka 10 000 Menschenleben, und noch heute sterben Opfer an den Folgen oder leiden an schweren chronischen Gesundheitsstörungen.

Persischer Golf. Als jüngstes Beispiel für Katastrophen größten Ausmaßes ist die Ölpest zu nennen, die im Rahmen des Golfkrieges im Januar und Februar 1991 entstand. Dabei kam es nicht nur zur schlimmsten Ölverseuchung des Meeres in der bisherigen Geschichte; verheerender noch waren die monatelang bis zu drei Millionen Barrel Rohöl, die täglich von den brennenden Ölfeldern Kuweits aufstiegen. Die klebrige und schleimige Ölluft, die noch in einer Entfernung von 1000 Kilometern auf Menschen und Landschaft niederregnete, war angereichert mit Kohlenstoff, Schwefeldioxid, Kohlendioxid, Stickoxiden sowie anderen krankheitserregenden, besonders krebserzeugenden und das Erbgut verändernden Substanzen wie Teerstoffen, Sulfaten und polizyklischen Kohlenwasserstoffen.

Den tragischsten Beweis für die tödliche Dimension der neuzeitlichen Technologien bilden bis heute und in eine unabsehbare Zukunft hinein die Opfer der Atombombenabwürfe über Hiroshima und Nagasaki. Nicht umsonst wird von vielen das Jahr 1945 als der Beginn einer neuen Zeitrechnung angesehen. Gründlichen medizinischen Langzeitstudien an den Opfern verdanken wir unsere gesichertsten Erkenntnisse über die gesundheitlichen Gefahren der Nukleartechnologie. Noch heute, 45 Jahre später, sterben die Spätopfer, Hibakischus genannt, qualvoll an den Folgen der radioaktiven Verseuchung. Ähnlich ergeht es den Einwohnern auf einigen Inseln des Bikini-Atolls, die jahrzehntelang dem radioaktiven Fall-out der französischen Atombombenversuche ausgesetzt waren. Oder der Bevölkerung in der Republik Kasachstan, in der noch heute eine halbe Million Menschen aufgrund der sowjetischen Atomtests in Seminpalatinsk unter bleibenden Gesundheitsschäden leiden; jedes dritte Kind werde dort mit Mißbildungen geboren, und die Sterblichkeitsrate an Blutkrebs liege um 200 Prozent höher als in der übrigen ehemaligen Sowjetunion, berichtete 1990 die russische Ärztin Maira Zyangelova auf einem Seminar der schwedischen Sektion der Internationalen Ärzte gegen den Atomkrieg (IPPNW).

Das Problem bei den akuten Umweltverseuchungen liegt häufig darin, daß die wahren Auswirkungen strengen Geheimhaltungsvorschriften unterliegen oder daß sie gefälscht und verharmlost werden. Außerdem können selbst die bekannt gewordenen Ergebnisse nicht unmittelbar auf unsere normale Alltagssituation übertragen werden. Ähnlich verhält es sich mit den mittelschweren Katastrophen, z. B. dem Sandoz-Unglück 1986, bei dem über 30 Tonnen hochgiftiger Agrochemikalien in den Rhein gelangten, oder bei der Ölpest vor Alaska 1989, die durch die Havarie des amerikanischen Öltankers Exxon Valdez entstand und bei der 40 000 Tonnen Öl einen Küstenabschnitt von 1744 Kilometern verseuchten. An solche Katastrophen haben wir uns inzwischen gewöhnt. Die von ihnen verursachten Gesundheitsschäden werden in der Regel gar nicht untersucht. Aber sie machen uns auf die fließenden Übergänge von akuten und chronisch-schleichenden Umweltbelastungen aufmerksam und auf die Summationseffekte und Langzeitwirkungen, die von den schweren und mittelschweren Akutkatastrophen weltweit ausgehen und die sich zu den unterschwellig vorhandenen chronischen Gefahren addieren.

Betrachtet man nun die unseren Alltag bestimmende chronisch-toxische Umweltbelastung auf ihre mögliche Gesundheitsschädigung, so ist die Lage sehr viel komplizierter als bei den akuten Katastrophen. In der Umwelttoxikologie geht man heute davon aus, daß Gesundheitsschäden und spezifische Krankheiten nur in einigen Berufsfeldern eindeutig beweisbar sind, in denen ein unmittelbarer und langfristiger Kontakt mit giftigen Substanzen besteht, z. B. im Untertagebergbau, in der asbestverarbeitenden Industrie, in Lackierereien, in Kernreaktoren, in der blei- und kupferverarbeitenden Industrie, in vielen Chemiewerken, Textilfabriken, Färbereien und in allen Berufen, die verstärkt mit Pflanzenschutzmitteln in Berührung kommen (Farmer, Bauern, Winzer, Forstarbeiter, Blumenzüchter). Dort auftretende spezifische Krankheiten werden in der Regel als Berufskrankheiten anerkannt. Darüber hinaus aber, so der Stand öko-toxikologischer Forschung, sei der Nachweis von Gesundheitsschäden durch Umweltgifte im Einzelfall außerordentlich schwierig. Im Verhältnis zu dem Verbreitungsgrad der verschiedensten Gifte in allen Lebensbereichen, vom Kinderzimmer bis zum Autofahren, sind unsere derzeitigen medizinischen Kenntnisse sehr spärlich. Dafür gibt es mehrere Gründe:

1. Bis auf wenige Ausnahmen ist der Nachweis toxischer Substanzen im menschlichen Organismus sehr kompliziert und erfordert aufwendige und entsprechend kostspielige Untersuchungsmethoden. Solche stehen nur wenigen Labors zur Verfügung.
2. Im Fall des Nachweises einer toxischen Substanz erlauben die komplexen Entstehungsbedingungen einer Krankheit nur selten, einen eindeutigen Zusammenhang zwischen der Substanz und einer bestimmten Gesundheitsschädigung anzunehmen.
3. Die individuelle Disposition, d. h. die Fähigkeit eines Organismus, mit schädigenden Einflüssen umzugehen, unterliegt großen Schwankungen; dabei spielen die erbliche Konstitution, der allgemeine Gesundheitszustand, das Gesundheitsverhalten, Alter, Geschlecht, die soziale Lage und sonstige Lebensbedingungen eine wichtige Rolle. Anders ausgedrückt: Jeder Mensch reagiert auf die gleiche toxische Belastung unterschiedlich.
4. Bei der Vielzahl der heute bereits bekannten und der weltweit jährlich neu synthetisierten Substanzen - Schätzungen gehen von 300 000 bis 400 000 pro Jahr aus - stehen Toxikologen ständig vor der Aufgabe, in riesigen Heuhaufen nach Stecknadeln zu suchen. In der Zeit, in der sie nur eine gefunden haben, sind die Heuhaufen um ein Vielfaches gewachsen. Heute geht man von zirka 100 000 Umweltschadstoffen aus, von denen nur ein Bruchteil bisher bekannt ist. Wenn man bedenkt, daß allein in der alten Bundesrepublik jährlich 30 000 Tonnen Unkraut- und Schädlingsbekämpfungsmittel in der Natur eingesetzt werden - nicht gerechnet diejenigen, die durch Importe in Nahrungsmitteln und Viehfutter aus dem

Ausland zurückkommen, wobei dort nicht selten hochtoxische und hierzulande längst verbotene Mittel zum Einsatz kommen –, verringert sich die Hoffnung, auch nur geringe Anteile der giftigen Substanzen in ihrer gesundheitsschädigenden Wirkung auf den Menschen exakt nachzuweisen.

5. Diese mangelnde Beherrschbarkeit und der immer aussichtsloser werdende Kampf um neue Erkenntnisse über den Zusammenhang von Umweltgiften und Krankheit werden durch folgende Tatsache geradezu ad absurdum geführt: Viele Substanzen sind nicht an sich, sondern erst in Kombination mit anderen toxisch. Bei der Unübersehbarkeit der Grundsubstanzen ist ein auch nur andeutungsweiser Einblick in die Vielzahl der Kombinationsverbindungen und in deren Wirkungen auch bei intensivsten Forschungsbemühungen für die Zukunft der menschlichen Art nicht mehr zu erwarten. Hinzu kommt, daß bei schwach giftigen Substanzen durch die Kombination mit anderen ihr Toxizitätsgrad zunimmt; man spricht in diesem Fall von Kumulations- oder Potenzierungseffekten.
6. Viele Substanzen sind nicht unmittelbar schädigend, sondern entfalten ihre zerstörerische Kraft erst durch eine Langzeitwirkung. Das hängt mit ihrer Halbwertzeit zusammen, d. h. dem Zeitraum, in dem sie von selbst zerfallen oder vom Körper abgebaut oder ausgeschieden werden. Am bekanntesten, gefährlichsten und am unberechenbarsten ist die Langzeitwirkung von radioaktiven Isotopen, die sich – zum Beispiel nach einem Reaktorunglück – in verschiedenen Organen (Schilddrüse, Knochenmark, Leber, Gehirn usw.) anreichern und deren meist krebserzeugende oder das Erbgut verändernde Wirkung erst nach Jahren oder Jahrzehnten in Erscheinung tritt. Die für den Menschen besonders gefährlichen Isotope sind Jod 131, Caesium 134 und 137, Strontium 90, Plutonium 239 und die sogenannten »heißen Teilchen« (hot particles), die bei der Kernschmelze aus Metallpartikeln des Reaktors selbst entstehen und eine extrem hohe Radioaktivität aufweisen. In

allen Fällen ist der Nachweis zwischen dem Zeitpunkt der Schädigung und der späteren Erkrankung, anders als bei den akuten Katastrophen, kaum jemals eindeutig möglich.

Man geht davon aus, daß im Vergleich zum Erwachsenen die Empfindlichkeit für die Strahlenbelastung bei Ungeborenen 20- bis 40mal, bei Säuglingen fünfmal und bei Kindern bis zu dreimal höher liegt.

Ich habe die wichtigsten Schwierigkeiten bei der Beurteilung von Gesundheitsschäden aufgeführt, um einen Eindruck davon zu vermitteln, wie gering einerseits unser Wissen heute noch ist, wie anscheinend hoffnungslos aber auch die Chancen stehen, den Wettlauf zwischen Chemieproduktion und Gesundheitsvorbeugung zu gewinnen. Diese Prognose veranlaßte den Toxikologen Scholz zu der Feststellung: »Zeit zum Anpassen oder Entwickeln von Abwehrmechanismen gibt es nicht. Die Folge kann nur sein: Selektion, also Leiden und vorzeitiges Sterben der jeweils empfindlichsten Individuen, Aussterben der empfindlichsten Spezies.«[5] Wenn man sich vor Augen führt, daß heute durch die Umweltschädigung auf unserer Erde bereits jede Stunde eine Art vernichtet wird, ist die Frage nach der Dauer menschlicher Anpassungsfähigkeit unabweisbar geworden - zumal dann, wenn man die Empfindlichkeit embryonaler, fötaler und kindlicher Organsysteme berücksichtigt.

Die Beurteilung von Gesundheitsschäden wird zusätzlich durch andere Schwierigkeiten erschwert. In Deutschland gehört es zur gängigen Realität, daß nicht der Verursacher, sondern der Geschädigte selbst den eingetretenen Schaden nachweisen muß. In anderen Ländern, besonders in Japan, gelten umgekehrte und sehr viel strengere Regeln. Dem Geschädigten die Beweislast aufzuerlegen korrespondiert mit der verbreiteten Tendenz von politischer und wirtschaftlicher Seite, die Folgeschäden des technischen Fortschritts zu leugnen, zu verheimlichen, zu vertuschen und zu verharmlosen. In geradezu erschreckender und unverantwortlicher Weise wird diese Tendenz auch von Wissenschaftlern, selbst von Medizinern unterstützt. Während in den USA, in Kanada und Großbritannien die ärztliche Spezialisierung unter der Zusatzbezeichnung »Klinische Ökologie« längst eingeführt ist, wird hierzulande gegen dieses Fach noch in bösartiger Form polemisiert und werden ökologisch forschende und aufklärende Ärzte persönlich diffamiert.[6]

In diesen Zusammenhang gehört auch ein Hinweis auf die Grenzwerte und Höchstmengenverordnungen, die von den Regierungen für die höchstzulässige Belastung mit einzelnen Schadstoffen zum Beispiel im Trinkwasser, in der Muttermilch oder in Nahrungsmitteln erlassen werden. Soweit überhaupt ihre Einhaltung gewährleistet ist, zeigt die Tatsache, daß - dem wissenschaftlichen Erkenntnisstand entsprechend - in wechselnden Zeitabständen eine Korrektur der Grenzwerte vorgenommen wird, wie beliebig zum Teil solche Festsetzungen sind. Dabei spielt aber nicht nur mangelndes Wissen eine Rolle, sondern ökonomische Interessen von Wirtschaft und Politik, weswegen die angesetzte Höhe der meisten Grenzwerte von kritischen Wissenschaftlern in Zweifel gezogen wird. Wie berechtigt die Kritik ist, läßt sich daran erkennen, daß die Grenzwerte in verschiedenen Ländern hohe Schwankungen aufweisen; so gelten zum Beispiel in der Schweiz und in Amerika sehr viel strengere Maßstäbe als in Deutschland. Zu berücksichtigen ist außerdem, daß nur sehr wenige, als besonders gefährlich erkannte chemische Substanzen in den Grenzwertkatalog aufgenommen wurden; andere und möglicherweise ebenso giftige Stoffe und die wachsende Zahl der täglich neuen Verbindungen werden von der derzeitig gültigen Regelung gar nicht erfaßt. Dies verdeutlicht noch einmal, wie unübersehbar und letztlich unbeherrschbar die Entwicklung des chemisch-toxischen Komplexes geworden ist und wie eng die Grenzen staatlicher Kontrolle gesetzt sind.

Wie absurd unsere Lage geworden ist, läßt sich am Beispiel der Agrochemie zeigen. Pestizide machen einen großen Teil der Umweltgifte aus. Obwohl seit langem bekannt ist, daß ihre Kosten einschließlich der Beseitigung der durch sie verursachten

Umwelt- und Gesundheitsschäden um ein Vielfaches höher sind als der Ernteverlust durch Insekten, ist ihr Einsatz weiterhin in vollem Gange. Zur traurigen Groteske wird eine solche Landwirtschaftspolitik auf dem Hintergrund der weltweiten Überproduktion, die zur Preisstabilität wiederum mit hohem Kostenaufwand vernichtet werden muß, während in Ländern der Dritten Welt der Hungertod wütet. Wie sollen - diese Frage drängt sich hier im Vorgriff auf spätere Kapitel auf - Kindergehirne die Realität solcher grausamen Widersprüche überhaupt jemals verarbeiten?

Vorweg möchte ich aber nach der einleitenden Orientierung im vorliegenden Kapitel im folgenden in Umrissen darstellen, was wir heute über den Zusammenhang von Umweltgiften und kindlichen Erkrankungen wissen. Dazu werde ich von den bekanntesten Krankheitsbildern ausgehen, soweit sie mit toxischen Substanzen in Verbindung gebracht werden. Ich verzichte dabei bis auf wenige Ausnahmen auf die Angabe von Meßdaten, weil diese durch unterschiedliche physikalische und chemische Bezugssysteme eine komplizierte Vielfalt aufweisen, die für den Laien kaum verständlich ist. Außerdem würden sie zur Verwirrung beitragen, weil die angegebenen Werte von Untersuchung zu Untersuchung schwanken. Hinzu kommt, daß sich Wissenschaftler zwar in den Meßbegriffen auskennen, bei der Deutung der Ergebnisse in bezug auf Gesundheitsschäden aber selbst unsicher sind. Dadurch ist der Spielraum zwischen verschiedenen Untersuchern oft beliebig groß. Und als letztes: Meßdaten und Richtwerte, so auch die offiziellen Grenzwerte, werden in der Regel für Erwachsene angegeben, obwohl bekannt ist, daß sie für Kinder wegen der größeren Organempfindlichkeit zu hoch angesetzt sind. Kritiker sprechen daher davon, daß offizielle Meßdaten und Grenzwerte an vorsätzliche Täuschung grenzen.

2. Krankheitsformen und ihre umweltbedingten Ursachen bei Kindern

a) Unfruchtbarkeit der Eltern

Ist die Menschheit dabei, sich in der gigantischen Retorte des Fortschritts durch die »Megamaschine der Technik«, wie sie Mumford nennt, in absehbarer Zukunft selbst auszulöschen? Diese Frage beschäftigt in wachsendem Maße viele Menschen und durchzieht daher auch als Leitfaden das vorliegende Buch. In einem beschleunigten Prozeß der Naturzerstörung hat der Mensch inzwischen Tausende von Tier- und Pflanzenarten vernichtet. Der Verdacht ist daher nicht abwegig, daß die Menschheit auch vor dem selbstverschuldeten Untergang ihrer eigenen Art keinen Halt machen wird.

Als eins von vielen Indizien läßt sich vielleicht die Tatsache werten, daß in den Industrienationen die Zahl der unfruchtbaren Frauen und Männer stetig anwächst. Die Rate der ungewollt kinderlos bleibenden Eltern hat sich in den letzten vierzig Jahren mehr als verdoppelt (heute 15–20 %). In seinem Bericht »Die unfruchtbare Generation« zitiert Odenwald namhafte Fortpflanzungswissenschaftler, die die hohe Abortneigung und Konzeptionsunfähigkeit vieler Frauen und die Sterilität vieler Männer auf Schadstoffeinflüsse zurückführen.[7] In erster Linie sind es Schädlingsbekämpfungs- und Pflanzenschutzmittel wie DDT, aber auch PCB (polychlorierte Biphenyle), Schwermetalle wie Quecksilber, Cadmium und Blei, und ionisierende Strahlung, die die Keimdrüsen schädigen. Hiervon sind natürlich besonders Frauen und Männer betroffen, die in den oben bereits genannten Berufsfeldern eine enge Berührung mit solchen Substanzen haben. Dazu gehören auch Krankenschwestern und Ärztinnen und Ärzte, die in der Anästhesie oder in Röntgen- und Bestrahlungseinrichtungen arbeiten. Der hohe Anteil kinderloser Ehen, der inzwischen zu einem spürbaren Bevölkerungsrückgang geführt hat, ist also nicht nur, wie häufig argumentiert wird, gesellschaftlich-strukturellen Veränderungen und damit verbundenen freiwilligen Entscheidungen zur Kinderlosigkeit zuzuschreiben, sondern dürfte zu einem guten Teil durch toxisch bedingte Gesundheitsschäden verursacht sein.

Vielleicht ist dieses Phänomen ein entscheidender Grund für die forcierte Entwicklung der Genforschung und Fortpflanzungsmedizin geworden. Das Retortenbaby durch Reagenzglasbefruchtung, Leihmutterschaft, anonyme Samenspende oder Tiefkühlkonservierung - läßt sich so der Erhalt unserer Art retten? Odenwald, der nach seinen Recherchen davon ausgeht, daß von den jährlich etwa 200 000 Fehlgeburten 20 bis 30 % durch Umweltgifte und gefährliche Arbeitsstoffe ausgelöst werden, zitiert die radikale Formulierung des Hamburger Sozialmediziners Karman, der einschlägige Untersuchungserfahrungen zur Immunschwäche bei Kindern so formuliert: »Die katholische Ethik nennt jede Abtreibung einen Totschlag oder sogar Mord. Nach dieser Ethik ist jede dritte Fehlgeburt in Deutschland ein Mord durch die Industrie.«[8] Und der bekannte Kieler Toxikologe Wassermann schreibt. »Die Belastung menschlicher Ei- und Samenzellen mit Gemischen toxischer Fremdstoffe ist nicht minder kritisch (als die Belastung anderer Organsysteme, H. P.). Solange der Staat das sanktioniert, ist seine Behauptung unglaubwürdig, er wolle das ungeborene Leben schützen.«[9]

b) Vorgeburtliche Erkrankungen

Wassermann warnt als Experte vor Gefahren, deren konkrete medizinische Auswirkungen wir aber bis heute nicht kennen, allenfalls vermuten können. Daß der Embryo und Fötus im Rahmen akuter Katastrophen, besonders solcher mit massiver radioaktiver Bestrahlung, direkt geschädigt werden können und daß es dabei, falls das Kind lebend geboren wird, am häufigsten zu Mißbildungen und Gehirnschäden kommt, wurde bereits erwähnt. Auch ist unbestritten, daß solche Katastrophen bei Eltern zu Keimdrüsenschäden führen, die das Erbgut verändern, so daß später gezeugte Kinder ebenfalls an den genannten Schäden erkranken können.

Aber was wissen wir im Unterschied zu den akuten Katastrophen über die schleichende Umweltvergiftung in ihrer Wirkung auf das vorgeburtliche Leben? Die genauesten Kenntnisse besitzen wir über die Folgen von Alkohol und Rauchen während der Schwangerschaft. Umfangreiche Studien haben den Zusammenhang zwischen Totgeburten, Frühgeburten, niedrigem Geburtsgewicht und anderen Unreifezeichen des Säuglings in Abhängigkeit von der Intensität des Alkohol- und Tabakkonsums wiederholt belegt; ähnliche, aber weniger eindeutige Befunde existieren bei Drogenkonsum und Medikamentenabusus. Solche selbstverursachten Gesundheitsschäden im Rahmen von Zivilisationsgewohnheiten oder -krankheiten sind bedauerlich genug, sollen aber in Hinblick auf unser Thema hier nicht ausführlich diskutiert werden. Bemerkenswert ist jedoch, wie häufig diese Befunde herangezogen und auf individuelles Versagen bezogen werden, wenn es darum geht, die nicht selbstverschuldeten Gefahren der generellen Umweltverseuchung für die Gesundheit der Allgemeinheit und speziell für die vorgeburtliche Entwicklung herabzuspielen.

Wie erwähnt, stehen die diesbezüglichen Forschungen noch völlig am Anfang. Alarmierende Ergebnisse legte in jüngerer Zeit Teufel durch Untersuchungen von Fettgewebsproben bei 262 Kindern aus verschiedenen Städten Nord- und Süddeutschlands vor.[10] Die Arbeit verdient, wegen ihres exemplarischen und seltenen Charakters etwas ausführlicher referiert zu werden. Der Autor untersuchte den Gehalt des Fettgewebes an verschiedenen chlorierten Kohlenwasserstoffen (ClKW), speziell verschiedenen Rückständen von Pestiziden wie DDT, und PCB. PCB ist ein seit 60 Jahren vielverwendetes Allzweckmittel als Weichmacher in Kunststoffen, als Zusatz in Spachtelmassen und Lacken und als Schutzmittel bei Schmierstoffen, beim Flammenschutz, bei der Imprägnierung und der Herstellung von Transistoren und Kondensatoren. Japan und die USA haben bereits in den späten siebziger Jahren die Produktion eingestellt, weil PCB zu Mutationen führt, das Immunsystem schwächt und krebserzeugend wirkt. In Deutschland wurden die Grenzwerte durch die neue Schadstoff-Höchstmengen-Verordung vom 1. Oktober 1988 zwar herabgesetzt, aber die industrielle Nutzung ist weiter erlaubt. Die große Gefahr von PCB-Verbindungen besteht auch darin, daß sie vom Körper nicht abgebaut werden können und daß ihr Ausstoß als Abfall oder, ähnlich wie beim Dioxin, durch die Müllverbrennung und auf Mülldeponien auf unabsehbare Zeit die Biosphäre belastet und auf diese Weise in die Nahrungskette gelangt.

Es ist daher nicht überraschend, daß Teufel in den Fettgewebsproben die höchsten Konzentrationen für PCB fand, gefolgt von der DDT-Gruppe und anderen Pestizidbestandteilen. Die PCB-Konzentration hatte sich sogar im Vergleich zu Untersuchungen von 1982 noch signifikant erhöht. Sie liegt jetzt bei den Kindern gleich hoch wie in der Muttermilch hiesiger Mütter und höher als im Fettgewebe von Erwachsenen aus vergleichbaren Industriestaaten wie Japan, Großbritannien, den Niederlanden, Neuseeland und Kanada.

Teufel ist in der Einschätzung seiner Ergebnisse sehr vorsichtig. Er teilte die Kinder in verschiedene Gruppen ein: gesunde Kinder, Kinder mit Mißbildungen und Kinder mit gutartigen und bösartigen Tumoren. Aus der Tatsache, daß die Giftkonzentration in allen Gruppen gleich hoch war, schließt er, daß zumindest für seine Untersuchungsgruppe nicht nachgewiesen sei, daß die Mißbildungen und Tumoren durch die toxischen Substanzen verursacht wurden. Er läßt allerdings offen und warnt vor der Möglichkeit, daß die Gifte erst im Zusammenwirken mit anderen tumorfördernden Faktoren oder der individuellen Disposition ihre krankmachende Potenz entfalten.

Durch ein besonders alarmierendes Ergebnis wurde die Untersuchung von Teufel auch einer breiteten Öffentlichkeit bekannt. Unter den Kindern befanden sich zwölf Neugeborene, die vor der ersten Nahrungsaufnahme untersucht wurden. Sie zeigten DDT- und PCB-Konzentrationen im Fettgewebe, die zum Teil das Dreifache der zulässigen Menge in Kuhmilch erreichten. Damit konnte nachgewiesen werden, daß diese Giftstoffe bereits während der Schwangerschaft über das Nabelschnurblut der Mutter aufgenommen und im kindlichen Organismus gespeichert werden. Was für die ClKW gilt, so lautet die logische Folgerung, kann auch für andere Substanzgruppen, zum Beispiel für Dioxin, gelten oder für die Schwermetalle wie Blei, Quecksilber, Cadmium, Aluminium usw. Alle diese Schadstoffe scheinen also schon vom Zeitpunkt der Befruchtung an in die Stoffwechselprozesse der Zelle, auf die biochemischen Austauschprozesse zwischen Zelle und umgebendem Milieu, auf Enzymreaktionen, Hormonhaushalt, Blutbildung und andere höchst komplexe und eng vernetzte Strukturen und Funktionen einzelner Organsysteme und auf die Gesamtheit des Organismus einzuwirken.

Neben den chemischen Substanzen geht eine besondere Gefahr für die Embryonalentwicklung von der chronisch-radioaktiven Niedrigstrahlung aus. Mit einiger Sicherheit kann man sagen, daß die normale kosmische Strahlung und ihre Anreicherung durch die Auswirkungen der Nukleartechnologie einschließlich der Atomtests in der Normalbevölkerung bisher keine erkennbaren vorgeburtlichen Schädigungen zur Folge haben. Um so heftiger wird der Streit darüber geführt, ob sich in einer speziellen Bevölkerungsgruppe, und zwar derjenigen, die in der Umgebung von Atomreaktoren, Wiederaufbereitungsanlagen, Atomfabriken, Atomwaffenlagern und Atomtestgeländen wohnt und dort einer erhöhten Strahlenbelastung ausgesetzt ist, vermehrte Keimschäden nachweisen lassen. Diese würden sich in einer erhöhten Abortneigung, in einer gesteigerten Totgeburten- und Mißbildungsrate und eventuell in einem vergrößerten Krebsrisiko der später geborenen Kinder niederschlagen. Der Nachweis solcher Schäden im Rahmen der früheren oberirdischen Atomtests gilt heute als erwiesen. Sie waren ein wichtiger Grund dafür, die Tests unterirdisch durchzuführen.

Ein bekanntes Beispiel für eine erhöhte chronische Strahlenbelastung ist die atomare Wiederaufbereitungsanlage Sellafield in England geworden. Die Studien, die dort zur anstehenden Frage durchgeführt wurden, kamen lange Zeit zu gegensätzlichen Einschätzungen, je nachdem, welche Seite sie angefertigt hatte. Inzwischen gilt wohl als erwiesen, daß von dieser Anlage eine erhöhte Gefahr der pränatalen Schädigung ausgeht und daß die Mißbildungsrate und Krebs- und Leukämieerkrankungen bei Kindern in ihrer Umgebung gestiegen sind. Von Befürwortern der Kernenergie wird dagegen argumentiert, daß im Umfeld anderer Anlagen entgegen dem immer öfter geäußerten Verdacht solche Schäden nicht nachweisbar seien. Diese Beruhigungspolitik kann allerdings nicht darüber hinwegtäuschen, daß Kernanlagen jedweder Herkunft ein hohes Gefahrenpotential auch bereits für die vorgeburtliche Entwicklung darstellen, selbst wenn im Einzelfall konkrete Nachweise im wissenschaftlich überprüften Sinn bisher noch fehlen. Alarmierend ist in diesem Zusammenhang die neueste Studie aus Sellafield, auf die im Kapitel »Leukämien und Krebserkrankungen bei Kindern« näher eingegangen wird.

Obwohl man einerseits zutiefst erschrecken kann, wenn man sich die Flut der Giftstoffe und, zumindest für bestimmte Bevölkerungsgruppen, die Belastung mit radioaktiver Niedrigstrahlung vergegenwärtigt, die den empfindlichen vorgeburtlichen Organismus vom ersten Tag der Zeugung an bedrohen, so erstaunt steht man auch vor der relativ geringen Häufigkeit eindeutig nachgewiesener Folgeschäden. Dies betrifft zumindest den Zeitpunkt der Geburt. Und ob später aufgetretene Gesundheitsschäden vor oder nach der Geburt entstanden sind und durch welche spezifischen Einwirkungen – ob durch Umweltschäden überhaupt –, ist im Einzelfall kaum nachweisbar.

Wegen dieses Widerspruchs auf der einen und der mangelnden Beweislage auf der anderen Seite sprechen einige von einer

Zeitbombe, während Befürworter des Fortschritts darin eher einen Grund zur Abwiegelung der Gefahren sehen. Dieser Dissens ist nur teilweise durch weitere Forschungen zu lösen. Möglicherweise entscheidet erst die historische Entwicklung den Streit der Meinungen. Bereits jetzt aber stellt sie uns vor zwei Alternativen: die Gefahren erkennen und im Zweifel für die Gesundheit einzustehen bedeutet einen grundsätzlichen Wandel und ein Umdenken im technisch-industriellen Komplex; eher scheint es aber so, als werde der Fortschritt mit kosmetischen Korrekturen in der bisherigen Weise weitergetrieben. Die fundamentale Bedeutung dieser Alternative für die psychische und psychosoziale Situation der nachfolgenden Generationen ist das Hauptthema des Buches.

c) Allergische Erkrankungen

Fragt man einen Spezialisten für umweltmedizinische Fragen nach den am eindeutigsten nachgewiesenen Gesundheitsschäden ab der Geburt, wird er mit hoher Wahrscheinlichkeit antworten: »Die Allergien«. Allerdings sind auch hier die Zusammenhänge kompliziert. Tatsächlich stellen die allergischen Erkrankungen heute ein so breites Spektrum an Krankheitsbildern dar, und ihre biologischen Grundlagen einschließlich der Test- und Behandlungsmethoden sind durch die fortschreitenden Erkenntnisse der Medizin so vielschichtig geworden, daß die Allergologie, die Lehre von den allergischen Erkrankungen, inzwischen eine Spezialdisziplin innerhalb der medizinischen Fächer beansprucht. Die folgende Darstellung kann daher nur als eine stark vereinfachte Zusammenfassung verstanden werden.

Jeder Mensch kennt bei sich selbst oder bei anderen einmalige und flüchtig auftretende oder sich regelmäßig wiederholende, aber auch chronisch-allergische Reaktionen. Vom einfachen Hautausschlag (Exanthem) über das Nesselfieber (Urtikaria), die Juckflechte (Ekzem) und die chronisch-entzündliche Schuppenflechte (Neurodermitis) bis zum Heuschnupfen, Nasennebenhöhlenkatarrhen, Asthma und allergischen Magen-Darm-Störungen reicht das weite Spektrum dieser Erkrankungsform. Wie man aus der Lokalisation erkennen kann, spielen sich allergische Reaktionen hauptsächlich an der Außenhaut des Körpers oder an den von außen zugänglichen Hautinnenflächen, den Schleimhäuten, ab (Nasen-Rachen-Raum, Atemwege und Magen-Darm-Trakt).

Der Mechanismus der Erkrankung beruht darauf, daß eine Vielzahl fremder Stoffe auf den Körper einwirkt, sogenannte Allergene, auf die der Körper empfindlich reagiert und deswegen spezielle Antikörper gegen sie entwickelt. Solche Antigen-Antikörperreaktionen spielen sich ständig unbemerkt im Körper ab, ohne daß es zu Krankheitssymptomen kommt. Diese treten erst dann auf, wenn nach einer vorangegangenen Sensibilisierung das Antigen nicht mehr durch eine »stille Feiung« von dem Antikörper unschädlich gemacht werden kann, sondern der Organismus zusätzliche Mittel, zum Beispiel Histamin oder Immunglobulin E (IgE) zur Bekämpfung einsetzen muß. Man kann sich leicht vorstellen, daß die Zahl fremder Stoffe unendlich groß ist und daß jeder Mensch in unterschiedlicher Weise auf sie reagiert. Die bekanntesten Substanzen sind Blütenpollen, Tierhaare, Staub, Wolle, Sonnenbestrahlung, Früchte, Milchprodukte, Arzneimittel und eine unübersehbare Zahl von chemischen Verbindungen, angefangen von Kosmetika, Wasch- und Reinigungsmitteln über Farbstoffzusätze in Gummibärchen, Holzschutzmittel auf Kinderspielzeug bis hin zu den vielen anderen toxischen Stoffen, mit denen wir täglich in Berührung kommen, ob im Sand von Buddelkisten oder in der Luft, im Trinkwasser oder in heute nahezu allen Lebensmitteln.

An der, wenn auch unvollständigen Aufzählung von Beispielen wird das Problem deutlich, das sich bei der Frage nach der allergischen Wirkung von Umweltgiften stellt. Denn es besteht immer eine Vielzahl möglicher anderer und unerkannter, natürlicher wie künstlicher Faktoren, die sich im Krankheitsfall nicht ausschließen lassen, da nur eine minimale Zahl von Stoffen auf ihre allergische Potenz hin getestet werden kann.

Hinzu kommt, daß die Neigung zu allergischen Erkrankungen in erster Linie einer genetisch-konstitutionellen Disposition zugeschrieben wird, wie sich aus der Häufigkeit erblicher Belastungen nachweisen läßt. Zusätzlich gehen nach heutigem Kenntnisstand bei der Manifestation solcher Erkrankungen psychische Faktoren ein, weswegen die Allergosen, wie man die Summe aller allergischen Erkrankungen nennt, auch zu den psychosomatischen Krankheiten gerechnet werden.

Diese Zusammenhänge hat man zu berücksichtigen, bevor man zu allzu schnellen Schlußfolgerungen über den Einfluß von Umweltgiften auf allergische Krankheitsbilder kommt. Wie groß im Einzelfall die Beteiligung von konstitutionellen und/oder psychischen Faktoren ist, bleibt in der Regel eine schwer überprüfbare Frage.

Ungeachtet der geschilderten Hintergründe hat die von Ärzten festgestellte Zunahme der allergischen Erkrankungen, insbesondere der Neurodermitis im Kindesalter, des Heuschnupfens (Pollinosen) und des Asthmas, inzwischen zu einer breiten Diskussion auf Fachkongressen und auch bei politischen Sachverständigenhearings über deren Ursachen geführt. Man geht heute davon aus, daß 20 bis 30 % der Bevölkerung, bei Kindern etwa 20 %, an Allergien leiden und daß die wachsende Belastung unserer Umwelt mit Schadstoffen einen eher verstärkenden als einen wirklich verursachenden Einfluß hat. Jeder Mensch - so die Expertenmeinung - kommt täglich mit etwa 63 000 chemischen Substanzen in Berührung. Um so erstaunlicher ist, daß der Mangel an systematischen Untersuchungen immer nur beklagt statt behoben wird.

Aus der Schweiz stammt eine Untersuchung der Arbeitsgruppe um Wütherich[11], die eine kontinuierliche Zunahme des Heuschnupfens von 0,8 % (1926), 4,8 % (1958), 5,7 % (1968), 6,9 % (1981), bis zu 9,6 % (1986) fand. Die auch von anderen

Autoren beobachtete Zunahme des Heuschnupfens, besonders in Industriegebieten, wird nach neueren Annahmen damit erklärt, daß »an Pollen gebundene Schwefeldioxyde und Stickoxyde sowohl zelltoxische als auch sensibilisierende Wirkung haben«[12], wodurch die Entwicklung allergischer Reaktionen gefördert bzw. intensiviert werde. Nach einer Kölner Studie haben Kinder in verkehrsreichen Gebieten generell mehr Allergien als in Vergleichsregionen. »Dabei scheinen die Autoabgase eine besondere Rolle zu spielen, denn die Kinder hatten häufiger allergische Antikörper im Blut, wenn sie längere Zeit - länger als eine Stunde - auf stark befahrenen Straßen gespielt hatten.«[13]

Eine Untersuchung an 4004 Schulanfängern der Einschulungsjahrgänge 1976 bis 1984 in Hamburg fand bei 23,4 % der Kinder eine Allergie.[14] Dabei litten 7,9 % unter Heuschnupfen und durchschnittlich 8 % der Jungen und 6 % der Mädchen an einer Neurodermitis bzw. an Asthma. Eine Zunahme allergischer Erkrankungen konnte in dieser Untersuchung nicht festgestellt werden. Von den 935 Kindern mit Allergien waren 296 gegen Früchte, Gemüse und Säfte allergisch, 178 gegen Chemikalien, 155 gegen Medikamente, 100 gegen Tiere und Tierhaare und 52 gegen physikalische Antigene wie Sonne, Wärme, Kälte und Wasser. Für den Rest der Gruppe konnte kein Allergen gefunden werden. Immerhin wird aus der Aufstellung deutlich, wie häufig chemische Produkte (Chemikalien und Medikamente) an der Erkrankung beteiligt sind, wobei man hinzurechnen muß, daß bei Gemüse, Früchten und Säften heutzutage meist unklar bleibt, inwieweit hierbei natürliche Antigene wirksam sind oder nicht vielmehr die in allen Lebensmitteln enthaltenen toxischen Substanzen durch Düngemittel, Pestizide und Luftverunreinigung.

Die Untersuchung von Hein ist auch deswegen von besonderer Bedeutung, weil sie auf die psychischen und psychosozialen Folgen der Allergie für die Kinder aufmerksam macht. Ein Viertel der betroffenen Kinder kam bereits mit vorgegebenen Einschränkungen zur Schule und ist nicht voll schulfähig, weil der

Normalunterricht sie mit einer Vielzahl von chemischen Produkten an Wänden, Möbeln, Textilien und Farben konfrontiert und ihre Beteiligung am Unterricht im Freien (Sportplätze, Schwimmen, Ausflüge) gefährdet.

Es ist in diesem Zusammenhang an das große Verdienst von Rippere[15] zu erinnern, die zum erstenmal in eindringlicher Weise das Schicksal von Allergikern beschrieben hat. Diese leiden nicht nur unter den oft quälenden Symptomen selbst, sondern besonders unter den Reaktionen der Umwelt, die sich zum Teil abgestoßen fühlt und mit Unverständnis und Rückzug reagiert. Die durch die Krankheit bedingten Einschränkungen im privaten und öffentlichen Bereich kommen hinzu. Die Situation allergiekranker Kinder ist gegenüber Erwachsenen dadurch erschwert, daß sie in diesem Alter erst ihre Identität und ihr Selbstvertrauen dank enger Umweltbeziehungen und sozialer Kontakte aufbauen müssen. Frühe und besonders chronische Krankheiten, wie sie zum Beispiel die Neurodermitis darstellt, können durch Behinderungen in allen genannten Bereichen zu tiefgreifenden seelischen Entwicklungsstörungen führen, die ihrerseits zu einer weiteren Chronifizierung der Erkrankung beitragen.

d) Atemwegserkrankungen

Unser Experte für Umweltmedizin wird wahrscheinlich erst an zweiter Stelle der nachweisbaren Gesundheitsschäden durch Umweltgifte die Atemwegserkrankungen nennen, obwohl hier die Zusammenhänge gründlich untersucht und auch vielfach belegt sind. Wahrscheinlich bevorzugt er diese Reihenfolge, weil er die Allergien, wenigstens in ihren chronischen Formen, für die körperlich, seelisch und sozial quälenderen Krankheiten hält und das öffentliche Bewußtsein auch auf deren größere Verbreitung aufmerksam machen möchte. Außerdem gibt es fließende Übergänge zwischen Allergien und Atemwegserkrankungen, am deutlichsten beim Asthma bronchiale.

Untersuchungen über das Zusammenwirken von Luftverschmutzung und Atmungserkrankungen existieren tatsächlich schon seit längerer Zeit. Die am häufigsten auftretenden Krankheiten im Säuglings- und Kindesalter sind der Pseudokrupp und die obstruktive Bronchitis (Obstruktion = Verstopfung). Sie wurden in Deutschland in breit angelegten Feldstudien an mehreren zehntausend Kindern untersucht.[16]

Der Pseudokrupp ist eine anfallsweise auftretende Erkrankung innerhalb der ersten sechs Lebensjahre. Aus völligem Wohlbefinden heraus oder im Zusammenhang mit leichten Infekten der oberen Luftwege kommt es während des Anfalls zu einem bellenden Husten mit Heiserkeit und einem pfeifenden Geräusch bei der Einatmung (Stridor). Die Atmung ist insgesamt erheblich erschwert. Jungen sind 1,5- bis 2mal so häufig und durch öfter auftretende und schwerere Anfälle betroffen als Mädchen. Etwa 10 % aller Kinder erleiden im Verlauf der Kindheit ein oder mehrmals Pseudokruppanfälle. Eine Zunahme der Erkrankung ist bisher nicht nachgewiesen. Sie tritt hauptsächlich im Herbst und Winter auf, in einer Zeit, in der sowohl Viren wie auch Schadstoffe in der Luft vermehrt sind. Man unterscheidet zwei Formen von Pseudokrupp.

Bei der ersten liegt die Ursache in einer Virusinfektion (besonders Para-influenza-Viren und Adenoviren) des Kehlkopfes und der Luftröhre. Beide schwellen durch die Entzündung an, wodurch es zu einer Verengung der Atemwege kommt.

Die zweite Form ist der spastische Pseudokrupp ohne deutlich erkennbare Entzündungszeichen. Die Ursache für die anfallsweise Verengung der Luftröhre und des Kehlkopfs ist unbekannt. Man findet aber bei dieser Form öfter eine erbliche Belastung im Sinne einer allergischen Disposition und vermutet außerdem eine stärkere psychische Beteiligung bei der Anfallsentstehung. Die Dramatik beider Anfallsformen steht in keinem Verhältnis zu ihrer Gefährlichkeit; bei richtiger ärztlicher Behandlung und einer Beruhigung des Umfeldes klingen die Anfälle meist rasch wieder ab. Die Begrenzung auf die ersten Lebensjahre hängt damit zusammen, daß bei älteren Kindern die Kehlkopföffnung anatomisch weiter wird, so daß sie durch Schwellungen der Schleimhaut nicht mehr so stark verengt werden kann.

Betrachtet man nun den Einfluß von Schadstoffen auf die Entstehung des Pseudokrupp, so gilt heute als gesichert, daß Anfälle gehäuft im Zusammenhang mit erhöhten Werten von Schwebestaub in der Luft auftreten. Schwebestaub stellt den Haupttransportträger für toxische Luftschadstoffe dar. Unter ihnen stehen das Schwefeldioxyd (SO_2) und seine atmosphärischen Folgeprodukte, die als Reizgase auf die Schleimhäute der Atemwege wirken, an erster Stelle. Durch Entschwefelungsanlagen in Industriebetrieben konnte dieses giftige Abfallprodukt inzwischen drastisch reduziert werden. Die zweitgrößte Gefahrenquelle entstammt dem Autoverkehr. Bildet man aus Stickoxyden (NO_2 und NO) und aus Kohlenmonoxyd (CO) einen sogenannten »Verkehrsindex«, so zeigen sich auch hier signifikante Zusammenhänge zwischen der Höhe dieses Index und der Erkrankungshäufigkeit an Pseudokrupp. In Straßen mit einer erhöhten Verkehrsdichte ist der Nachweis besonders eindeutig. Außer den genannten Verbindungen spielen bei den Autoabgasen Bleiverbindungen, Aldehyde, Ketone, Phenole und in Dieselabgasen das krebserzeugende Benzol und Benzpyren eine wichtige Rolle.

Einschränkend wird in allen Untersuchungen übereinstimmend angenommen, daß trotz der geschilderten Befunde die Schadstoffbelastung nicht als eigentliche Ursache für Pseudokrupp in Betracht kommt. Virusinfektionen und andere Krankheitserreger, familiäre Belastung, individuelle Disposition, psychische und soziale Faktoren und weitere Einflüsse seien entscheidend, so daß die toxische Belastung nur einen Faktor in einem komplexen Ursachenbündel darstelle und am ehesten eine verstärkende Wirkung habe. Von Bedeutung ist bei dieser Einschätzung auch die Unterscheidung zwischen Außenraum- und Innenraumbelastung.

Kleinkinder halten sich in der betreffenden Jahreszeit hauptsächlich in Innenräumen auf. Passivrauchen, heizungsbedingte Lufttrockenheit und Abgase bei der Kohleverbrennung und bei Gasöfen sowie viele andere in Innenräumen vorhandene Schadstoffquellen (Asbest, Holzschutzmittel, Desinfektionsmittel, Farben, Lacke, Sprayprodukte und Mikroorganismen) müssen hierbei als krankheitsauslösende oder -verschlimmernde Faktoren berücksichtigt werden. Trotz dieser Einschränkungen wird von allen Untersuchungen eine drastische Reduzierung der Luftschadstoffe aus Industrie und Verkehr gefordert.

Die zweitwichtigste Atemwegserkrankung im Kindesalter ist die obstruktive Bronchitis. Dabei kommt es zu einer Entzündung und Schwellung der Bronchialschleimhaut in der Lunge mit einer zusätzlichen Absonderung von zähem Schleim, wodurch die Bronchien verstopft werden und die Atmung stark erschwert wird. Meist handelt es sich wie beim Pseudokrupp um virusbedingte Infektionen mit jahreszeitlichen Höhepunkten im Herbst und Winter. Die Bronchitis ist von hohem Fieber und einem starken Krankheitsgefühl des Kindes begleitet. Betroffen sind vor allem Säuglinge und Kleinkinder. Daß die Bronchien anatomisch noch nicht ausgewachsen sind und die geringe muskuläre Kraft der Atemmuskulatur zum Abhusten der Schleimmengen spielen dabei eine entscheidende Rolle. Die Erkrankungsrate zwischen Geburt und sechstem Lebensjahr schwankt zwischen 6 und 11 % der Kinder. Jungen sind auch hier 1,5- bis 2mal häufiger betroffen als Mädchen und neigen zu schwereren Erkrankungen.

Die gefürchtetste Komplikation der Bronchitis besteht in einer sich ausbreitenden Lungenentzündung. Wie beim Pseudokrupp liegen auch bei der Bronchitis starke familiäre Belastungen und eine Neigung zu allergischen Reaktionen vor. Nicht selten kann sie sich deshalb auch zu einer chronisch-asthmatischen Erkrankung entwickeln. Der soziale Status, die hygienischen Verhältnisse und Rauchergewohnheiten spielen offenbar in der Entwicklung einer Bronchitis eine stärkere Rolle als beim Pseudokrupp, d. h., je schlechter die Bedingungen sind, um so häufiger, schwerer und chronischer tritt die Erkrankung in Erscheinung.

Der Einfluß der Luftschadstoffe auf die Bronchitis ist in zahlreichen Studien untersucht worden. Auch hier kann man heute davon ausgehen, daß die gleichen Schadstoffe wie beim Pseudokrupp die kindliche Bronchitis begünstigen und verstärken können. Als Wirkungsmechanismus wird vermutet, daß die tief eingeatmeten toxischen Substanzen zu Reizerscheinungen in den Atemwegen führen, die Schleimhautoberfläche beschädigen und dadurch für Infekte anfälliger machen. Insgesamt aber sprechen die vorliegenden Ergebnisse dafür, daß der Einfluß der Luftschadstoffe bei der Bronchitis geringer ist als beim Pseudokrupp.

Zuletzt sollen noch kurz die Verhältnisse beim Asthma erläutert werden. Die bei dieser Krankheit anfallsweise auftretende spastische Kontraktion der glatten Bronchialmuskulatur wird, auch wenn die Ursache letztlich noch ungeklärt ist, in erster Linie auf eine allergische Reaktion zurückgeführt, wobei psychische Komponenten stark beteiligt sein dürften. Entsprechend zählt auch das Asthma zu den psychosomatischen Krankheitsbildern. Die Häufigkeit des Vorkommens bei Kindern bis zum Schulalter liegt zwischen 1 und 2 %. Eine Zunahme der Erkrankung, wie häufig behauptet wird, ließ sich bisher wie beim Pseudokrupp und der Bronchitis wissenschaftlich nicht nachweisen. Allerdings steht die Anfallsauslösung häufig im Zusammenhang mit erhöhten Schadstoffkonzentrationen in der Luft, wobei die kraftfahrzeugabhängigen Belastungen größer zu sein scheinen als das industrielle Schwefeldioxyd.[17]

Unabhängig von den geschilderten Erkrankungen im Kleinkindesalter existieren auch in- und ausländische Untersuchungen an 9- bis 13jährigen Schulkindern. Hier konnte meist ein signifikant häufigeres Auftreten von Atemwegsinfektionen bei Kindern aus Industriegebieten gegenüber solchen aus ländlichen Regionen beobachtet werden. Dies gilt verstärkt unter Smog-Bedingungen, bei denen es aufgrund bestimmter Wetterlagen (Inversion) zu einer erhöhten bodennahen Konzentration von Industrie-, Hausbrand- und Autoabgasen kommt. Für Erwachsene steigt unter diesen Bedingungen nachweislich die Sterblichkeitsrate.[18]

e) Immunschwäche

Die Kenntnis, daß die Immunschwäche zu den durch Umwelttoxine verstärkten Gesundheitsschäden gehört, ist inzwischen weit verbreitet. Die wenigsten Laien haben aber eine genauere Vorstellung davon, was darunter zu verstehen ist.

Der menschliche Organismus verfügt über ein hoch kompliziertes Immunsystem, dessen Aufgabe es ist, eindringende Fremdkörper unschädlich zu machen. Bakterien, Viren und andere Mikroorganismen ebenso wie natürliche Gifte von Pflanzen und Tieren, aber auch künstliche Gifte, und hierunter vor allem die Umweltchemikalien, treffen im Körper auf eine Vielzahl von Abwehrformen. Das Immunsystem wird hauptsächlich vom Lymphsystem mit seinen speziellen Organen wie den Lymphknoten, den Mandeln, der Milz und der Thymusdrüse gebildet, aber auch vom Knochenmark und vom Blut, in denen hochspezialisierte Zellen und Eiweißkörper zur Immunabwehr produziert werden. Wie wichtig die Immunfunktionen sind, haben wir bereits bei den Allergien gesehen, die den Immunkrankheiten zugerechnet werden. Sie wurden nur wegen ihres vielseitigen Krankheitsspektrums gesondert dargestellt. Aber die bei ihnen auftretenden Antigen-Antikörperreaktionen sind ein für das Immunsystem typischer Mechanismus, der, wie die Allergien zeigen, zeitweilig auch pathologisch entgleisen kann. Die Gefahr ist um so größer, je mehr das System dauerhaft überfordert ist, zum Beispiel durch die Flut an toxischen Umweltstoffen oder wenn Teile des Systems durch Fremdeinwirkungen selbst zerstört werden oder entarten.

Ein gutes Beispiel liefern Kinder aus Wohngebieten mit hoher

Schadstoffbelastung. Im Vergleich zu Kindern aus ländlichen Regionen haben sie größere Gaumenmandeln und Halslymphknoten und eine geringere Konzentration des keimtötenden Lysozyms im Speichel; außerdem findet man bei ihnen einen häufigeren Nachweis von Krankheitserregern auf den Rachenmandeln und charakteristische Veränderungen der Abwehrzellen im Blut. Durch Erholungsaufenthalte in Reinluftgebieten lassen sich die Veränderungen rückgängig machen.[19] Alle genannten Symptome sind Ausdruck einer Abwehrschwäche bzw. eines Versagens der Immunabwehr aufgrund der Einwirkung von Umweltgiften.

Die Angriffspunkte zur Schädigung des Immunsystems sind ebenso vielfältig wie das System selbst. So ist beispielsweise bekannt, daß verschiedene Umweltgifte in das Fermentsystem der Proteinsynthese eingreifen. Da aber die Immunvorgänge mit einem intensiven Proteinstoffwechsel und einer hohen Zellmauserung (Erneuerung) verbunden sind, ist die Gefahr von toxischen Außeneinwirkungen hierbei besonders groß. Deswegen wird auch die enorme Erhöhung eines speziellen Bluteiweißes, des Immunglobulin E (IgE), wie man sie besonders bei Allergien findet, als eine überschießende Reaktion des Immunsystems auf toxische Einflüsse aufgefaßt. Signifikante Veränderungen bei den Immunglobulinen A und M fanden sich in einer Hamburger Kindertagesstättenstudie von 1987, bei der 419 Kinder durch eine hohe Dioxinraumluftkonzentration und das Holzschutzmittel PCB belastet waren.[20] Im Vergleich zu 206 Kindern aus dioxinfreien Kindergärten ergaben sich noch weitere Veränderungen des Immunsystems: Bei den belasteten Kindern war die Anzahl der eosinophilen Granulozyten (spezielle weiße Blutkörperchen zur Parasitenabwehr) deutlich vermindert; ebenso die T-Lymphozyten; Rachenmandeln und Lymphknoten waren im Vergleich häufiger und stärker geschwollen.

Weiterhin ist bekannt, daß die wichtigen T-Lymphozyten (spezielle, von der Thymusdrüse gebildete Helferzellen) bei der zellvermittelnden Immunität besonders empfindlich auf die

Schwermetalle Blei und Cadmium, aber auch auf Stickoxyde reagieren. Wenn man dazu weiß, daß Säuglinge und Kleinkinder fünfmal mehr Cadmium aufnehmen als Erwachsene und fünfmal mehr Blei ins Blut resorbieren (bei ihnen beträgt der Anteil des biologisch wirksamen Bleis zwischen 40 und 50 % der Zufuhr, bei Erwachsenen maximal 10 %), fällt es nicht schwer, sich die Auswirkungen dieser Stoffe auf das Immunsystem vorzustellen. Dabei ist zu berücksichtigen, daß Kinder nicht nur eine höhere Resorptionsquote für bestimmte toxische Substanzen haben, sondern daß sie, wie bereits geschildert, wegen der hohen Stoffwechselaktivität im Vergleich zu Erwachsenen auch relativ mehr Nahrung und vor allem Trinkwasser zu sich nehmen und durch entsprechend mehr Gifte belastet sind.

Außer Schwermetallen, PCB, Dioxin und Furanen sind es vor allem die Pestizide, die für eine Schwächung der Immunabwehr verantwortlich gemacht werden. Unter der Überschrift »Pestizide als Immunschocker« schreibt Seiler: »Deren größter Exporteur ist die Bundesrepublik Deutschland. Eine Million Tonnen Pflanzenschutzmittel - was nicht das gleiche wie Schädlingsbekämpfungsmittel sein muß - werden weltweit pro Jahr angewendet, davon zwischen 300 000 und 400 000 Tonnen in den Entwicklungsländern. Brasilien ist mittlerweile der viertgrößte Pestizidverbraucher nach den USA, Japan und Frankreich. Schätzungen zufolge werden jährlich 280 000 Brasilianer durch Pestizide vergiftet. Ein in der Schwächung des Immunsystems begründeter stetiger Anstieg der Infektionskrankheiten auf dem Lande ist die Folge. Bei hohem und unsachgemäßem Einsatz häufen sich die Fehlgeburten und Mißbildungen in diesem Gebiet.«[21]

Aus den wenigen, hier nur beispielhaft zitierten Befunden und aus der Vielzahl toxischer Substanzen, deren Wirkung auf das Immunsystem bisher vermutet wird, leiten viele Umweltmediziner und Toxikologen die Feststellung ab, daß das Immunsystem unter einem umweltbedingten Dauerstreß steht. Er ist bei Kindern aufgrund der biologischen Besonderheiten besonders groß.

Die Bedeutung dieser Tatsache ist nur zu ermessen, wenn man

sich vergegenwärtigt, daß das Immunsystem in enger Wechselwirkung mit dem Nervensystem und dem endokrinen, d. h. hormonproduzierenden System steht und mit diesen zusammen ein übergreifendes Regelsystem zur Gesunderhaltung des Organismus und zu seiner Anpassung an die Bedingungen seiner Lebenswelt darstellt. Innerhalb dieser ganzheitlichen Funktionsweise bedeuten Störungen des einen Systems auch Disregulationen der anderen. So erklärt sich der enorme Stellenwert, den die Immunschwäche im Kontext gesundheitlicher Umweltschäden einnimmt. Denn letztlich entscheidet sie darüber, wie der Organismus generell schädigende Einflüsse und Krankheiten bewältigt.

Die tödliche Aids-Erkrankung führt uns am eindringlichsten vor Augen, was geschieht, wenn das Immunsystem zusammenbricht. Aids ist eine spezifische, durch HIV-Viren ausgelöste Immunkrankheit. Aber der Gedanke ist nicht abwegig, daß sie ihre hohe Publizität, neben der existentiellen Gefährdung, auch dem Umstand verdankt, uns die grundlegende Bedeutung des Immunsystems für den Menschen und die Bedrohung dieses Systems unter den Bedingungen neuzeitlicher Zivilisation zu Bewußtsein gebracht zu haben. Denn tatsächlich kann man heute kaum noch eine Krankheit diskutieren, allen voran die Krebserkrankungen, ohne Fragen der Immunität zu berücksichtigen. Auch die zuletzt beschriebenen Atemwegserkrankungen, besonders bei Kindern, zeigen eine starke Abhängigkeit vom Immunzustand des Organismus.

Betrachtet man das erwähnte Regelsystem noch einmal genauer, so ist heute folgendes wissenschaftlich erwiesen: Starke nervliche Belastungen und psychischer Streß führen zu einer Verminderung immunologischer Abwehrprozesse; umgekehrt wird vermutet, daß eine Immunschwäche neurologische, psychische und psychosomatische Erkrankungen negativ beeinflussen kann. Es ist daher keinesfalls übertrieben, bei der Immunschwäche von einer Zivilisationskrankheit zu sprechen. Deshalb werden hinter vielen bisher ungeklärten Krankheiten, besonders im Säuglings- und Kindesalter, Störungen des Immunsystems vermutet. Unbestritten ist, daß viele Infektionserkrankungen in diesem Alter durch Immundefekte begünstigt und verschlimmert werden.

Die bisherigen Ausführungen machen auch deutlich, daß Immunstörungen nicht erst nach der Geburt einsetzen, sondern schon während der Schwangerschaft durch die Aufnahme toxischer Substanzen über das Nabelschnurblut der Mutter entstehen können, auch wenn wichtige Teile des Immunsystems, besonders die Proteinsynthese zur Antikörperbildung, erst nach der Geburt ausreifen. Solche pränatalen Schädigungsmöglichkeiten werden u. a. auch als Ursache für den frühen Kindstod (SID = suddenly infant death) diskutiert, der sich in der Regel in den ersten Lebenswochen oder -monaten meist aus scheinbar völliger Gesundheit heraus ereignet.

Abschließend möchte ich am Beispiel der Muttermilch die geradezu absurde Situation beleuchten, die uns der zivilisatorische Fortschritt beschert hat. Die Diskussion ist bereits Jahrzehnte alt. Heute gehört es zum Allgemeinwissen, daß die Muttermilch zum Teil in alarmierender Weise mit toxischen Chemikalien belastet ist. Die häufigsten Gifte sind: Dioxine und Furane, PCB und Pestizidrückstände wie DDT, Dieldrin und andere Chlorkohlenwasserstoffe (HCB, HCH und HCE). Obwohl viele dieser Stoffe in Deutschland seit langem verboten sind, bahnen sie sich durch Anreicherung im Boden über das Trinkwasser und die Nahrungskette noch auf unabsehbare Zeit den Weg in den menschlichen Organismus; dort werden sie im Fettgewebe gespeichert und während der Stillperiode mobilisiert; auf diese Weise gelangen sie in die Muttermilch. Für Dioxine und Furane liegt die Durchschnittsbelastung der Bevölkerung doppelt so hoch wie die maximal duldbare Aufnahmemenge. »Bei Säuglingen kann sie wegen des Dioxingehalts der Muttermilch sogar 10- bis 100fach höher liegen.«[22] Der Gehalt an Pestiziden in der Muttermilch übertrifft die Werte der Kuhmilch teilweise um das 30fache. Für alle Substanzen ist die schädigende Wirkung auf das Immunsystem nachgewiesen.

»Die Situation ist meines Erachtens bedenklich, da aus Tierversuchen bekannt ist, daß vor allem das noch nicht ausgereifte Immunsystem des Neugeborenen besonders empfindlich auf die Wirkung von 2,3,7,8-TCDD reagiert und die Zellen des Thymus durch dieses Dioxin zerstört werden - Zellen, die eine Schlüsselstellung im Immunsystem des Neugeborenen einnehmen.«[23]

Wegen der hohen Belastung der Muttermilch kommt der Sachverständigenrat für Umweltfragen in seinem »Umweltgutachten 1987« zu dem Ergebnis, daß die Muttermilch als normales Lebensmittelprodukt »nicht verkehrsfähig wäre«.[24] Und zur Immunsituation schreibt der Rat: »Das Risiko von bisher wenig erforschten neurotoxischen und immuntoxischen Wirkungen von Organohalogenverbindungen ist beim Säugling besonders hoch, weil beide Funktionsbereiche, Nerven- und Immunsystem, im Reifungsprozeß begriffen und daher besonders empfindlich sind.«[25]

Aufgrund der Gesamtbelastung der Muttermilch empfiehlt die Deutsche Forschungsgemeinschaft »nach einer gültigen Nutzen-Risiko-Abschätzung«, nicht länger als vier Monate zu stillen. Während kritische Toxikologen vom Stillen am liebsten ganz abraten würden, sieht das Bundesgesundheitsamt keinen Anlaß, »irgendwelche Einschränkungen des Stillens infolge der Dioxinbelastung zu empfehlen«.[26]

Solche widersprüchlichen Informationen und Empfehlungen kennzeichnen die Absurdität unserer Situation. In erster Linie wird das Stillen, wenn auch halbherzig, deswegen angeraten, weil die Muttermilch wichtige Eiweißstoffe enthält, die für die Immunabwehr des Säuglings besonders wichtig sind; auch typische Fett- und Mineralstoffe gehören dazu. Erst in zweiter Linie wird auch die emotionale Bedeutung des Stillens für die Mutter-Kind-Beziehung berücksichtigt. Andererseits besteht Übereinstimmung darin, daß die Muttermilch ungleich höher mit toxischen Substanzen belastet ist als die Kuhmilch und daß von diesen Substanzen in besonderem Maße eine Schädigung des kindlichen Immunsystems ausgeht. Nur weil diese Wirkungen wegen der unüberschätzbaren Zahl von Giften bisher noch nicht annähernd erfaßt sind, konnte die Muttermilch ihre Stellung als wichtigstes Nahrungsmittel des Säuglings bis heute behaupten.

Wie aber diese groteske Situation von der stillenden Mutter psychologisch verarbeitet wird, soll im Kapitel »Die Mutter als Verfolgerin« ausführlich diskutiert werden.

f) Zentralnervöse Störungen und Intelligenzminderung

Der Mensch hat sich im Vergleich mit allen anderen Lebewesen auf dieser Erde allein dank der Größe und Differenziertheit seines Gehirns zur »Krönung der Schöpfung« erhoben. Da hier nicht der Ort für philosophische Erörterungen ist, lassen wir die Frage beiseite, wie weit er es mit diesem Organ gebracht hat. Stellen wir nur fest, daß die Glanzleistung der Natur ihren Preis in Form einer besonderen Empfindlichkeit des Nervensystems für schädigende Einflüsse fordert. Auf das Beispiel möglichen Sauerstoffmangels vor, während und nach der Geburt wurde bereits verschiedentlich hingewiesen.

Wir müssen also gespannt darauf sein, was wir über die Auswirkungen der »Giftcocktails«, wie sie von vielen Fachkennern inzwischen genannt werden, in Erfahrung bringen können, mit denen das Gehirn in allen seinen Entwicklungsstadien in Berührung kommt. Um es vorweg zu sagen: Auch hier bestehen mehr Fragen als Antworten.

Der Sauerstoff spielt auch in der Umwelttoxikologie eine wichtige Rolle: vor allem tun das die für kindliche Organsysteme besonders gefährlichen Nitrate, die sich durch permanente Überdüngung im Boden anreichern, zum Grundwasser vordringen und auf diese Weise in die Nahrungskette und in das Trinkwasser gelangen. Sie verwandeln das fötale, aber auch postnatale Hämoglobin, den Blutfarbstoff der roten Blutkörperchen, der hauptsächlich für den Sauerstofftransport zu den Körperzellen zuständig ist, in Methhämoglobin. Dieses kann den Sauerstoff weder binden noch transportieren, wodurch es zu einem Sauerstoffmangel in den Geweben kommt. In schweren Fällen von Nitratvergiftung entsteht die sogenannte Blausucht der Kinder als Ausdruck eines akuten Sauerstoffmangels.

Aber die Sauerstoffbindung des Hämoglobins wird auch durch andere toxische Substanzen blockiert. Zum Beispiel ist die Bindung zwischen Hämoglobin und dem gefährlichen, in den Autoabgasen enthaltenen Kohlenmonoxyd (CO) dreihundertmal größer als die zwischen Hämoglobin und Sauerstoff. Dieser wird infolgedessen verdrängt und geht dem Zellstoffwechsel verloren. Da die Gehirnzellen bekanntlich besonders empfindlich auf Sauerstoffmangel reagieren, sind hier die ernsthaftesten Störungen zu erwarten. Erste Anzeichen für einen Sauerstoffmangel sind Müdigkeit, leichte Erschöpfbarkeit und Konzentrations- und Gedächtnisstörungen. Ob der Sauerstoffmangel unter den »normalen« Bedingungen der Schadstoffbelastung während der Schwangerschaft und frühkindlichen Entwicklung zu nachweisbaren und bleibenden Gehirnschädigungen führt, ist allerdings bisher nicht erwiesen.

Demgegenüber liegen heute eindeutige Befunde über die neurotoxische Wirkung des Bleis vor. Auch von anderen Schwermetallen wie Quecksilber, Cadmium, Arsen und Thallium ist bekannt, daß sie zu Nervenschäden führen. Allerdings sind diese Elemente unter »normalen« Bedingungen nur »in so geringem Ausmaß« in der Muttermilch, im Trinkwasser und in Nahrungsmitteln konzentriert, daß sie bisher nicht für solche Schäden verantwortlich gemacht werden; dies, obwohl ihre Konzentration die zulässigen Werte für Erwachsene teilweise erheblich übersteigt und von vielen Umweltmedizinern für alarmierend gehalten wird.

Wichtig ist hier vielleicht der Hinweis, daß nach Empfehlungen der WHO (Weltgesundheitsorganisation) Frauen in gebärfähigem Alter eine berufliche Tätigkeit mit Quecksilberkontakt und in der Schwangerschaft Fischverzehr wegen des hohen Quecksilbergehaltes vermeiden sollen, da die Konzentration dieses Schwermetalls sowohl im Nabelschnurblut als auch in der Muttermilch stark erhöht und die embryonale Gehirnreifung durch Quecksilber drei- bis viermal mehr gefährdet ist als andere Organe.

Betrachtet man nun die Gefahren durch Blei genauer, so ist neben seiner hohen Resorptionsquote bei Säuglingen und Kleinkindern und seinen Auswirkungen auf das Immunsystem die ausgeprägt neurotoxische Wirkung seit langem bekannt. Am eindeutigsten läßt sich dieser Nachweis bei Kindern führen, die in der Nähe von bleiverarbeitenden Industrieanlagen wohnen; die Bleiwerte im Blut liegen bei ihnen weit über der zulässigen Höchstmenge. Die Auswirkungen wurden in jüngerer Zeit durch eine gründliche Langzeitstudie in Australien belegt.[27] Die Autoren untersuchten 537 Kinder aus dem Wohnumfeld eines größeren Bleibetriebes von der Schwangerschaft bis zum vierten Lebensjahr. Parallel zu der Entwicklung der Bleikonzentration im Blut wurde durch einen ausführlichen Entwicklungstest[28] der geistige Reifegrad der Kinder regelmäßig kontrolliert. Dabei zeigten sich folgende wichtige Ergebnisse: Bei der Geburt bestand kein Zusammenhang zwischen Bleikonzentration und geistigem Entwicklungsstand. Damit scheint eine cerebrale Schädigung durch Blei während der Schwangerschaft fraglich. Allerdings ließen die weiteren Entwicklungsverläufe auf eine kumulative Wirkung schließen, d. h., auch schon vor der Geburt aufgenommene Bleimengen können sich zu späteren addieren und deren Schaden verstärken. So waren die geistigen Entwicklungsstörungen im Alter von vier Jahren deutlicher ausgeprägt als mit zwei Jahren und bei den Kindern am stärksten, die die höchsten Bleikonzentrationen aufwiesen. Entscheidend war dabei der Hinweis, daß es sich bei den Störungen nicht um aufholbare Entwicklungsverzögerungen, sondern um bleibende Schäden der geistigen Reife handelt. Davon waren alle vier Bereiche des Entwicklungstests betroffen (Gedächtnis, Wissen, Gestalterfassung und motorische Entwicklung).

Die Bedeutung dieser Studie liegt in dem Nachweis, daß erst bei längerer Beobachtungszeit Gesundheitsschäden erkennbar werden, die ihre Ursache in der Langzeitwirkung toxischer Stoffe haben. Diese Erkenntnis, so wird vermutet, gilt nicht nur für Blei, sondern für viele bisher in ihrer Langzeitwirkung noch nicht untersuchte Substanzen. Da es sich bei den untersuchten Kindern allerdings um eine besonders belastete Gruppe handelte, lassen sich die Ergebnisse nicht ohne Einschränkung auf die Durchschnittsbevölkerung übertragen. Trotzdem kommt das »Umweltgutachten 1987« zu folgender Einschätzung:

»Von besonderer Bedeutung sind in den letzten Jahren bekanntgewordene subtile Störungen zentralnervöser Funktionen und der geistigen Leistungsfähigkeit bei Kindern, die bereits in Bleikonzentrationsbereichen von 15-35 Mikrogramm auf 100 Milliliter Blut auftreten. Sie äußern sich als Hyperaktivität, Störungen der Feinmotorik oder Minderung intellektueller Fähigkeiten ... Die zumeist gemessene Blutbleikonzentration gibt nur die kurze Zeit zurückliegende Bleibelastung wieder. Die erworbenen Defizite sind jedoch in der Regel durch eine längerfristige und unter Umständen bereits lange zurückliegende erhöhte Bleibelastung verursacht ... Als um so schwerwiegender müssen die Hinweise gewertet werden, die auf Einflüsse von Blei auf die Entwicklung von Intelligenz und Verhalten bei Kindern hindeuten.«[29]

Zu ergänzen ist an dieser Stelle der Hinweis, daß der Bleigehalt in der Muttermilch bei Frauen, die in verkehrsreichen Regionen wohnen, die Toleranzgrenze der WHO weit überschreitet. Da außerdem der Bleigehalt bei Kindern in der Durchschnittsbevölkerung wesentlich höher liegt als bei Erwachsenen (teilweise bis zu 13mal), lassen sich also auch bei ihnen längerfristige zentralnervöse Störungen nicht ausschließen.

Eine weitere wichtige Substanz mit cerebral-toxischer Wirkung ist das PCB, das wir ebenfalls schon bei der Immunschwäche kennengelernt haben. In den USA wurden Säuglinge untersucht, bei denen der PCB-Gehalt in der Muttermilch durch Fischverzehr besonders erhöht war.[30] Bei Konzentrationen von mehr als 3,5 mg PCB pro Kilogramm Muttermilch (Durchschnittswerte in der Muttermilch in Deutschland = 1,51 mg; duldbare Menge bei einem Sicherheitsfaktor von 100 = 0,19 mg) wiesen die Säuglinge neuromuskuläre Schwächen, ein vermindertes Reflexverhalten, Aufmerksamkeitsstörungen als cerebrale Schäden und eine verminderte Muskelspannung als Folge der Veränderung der Schilddrüsenfunktion auf. Bei diesen Kindern schien die vorgeburtliche Belastung die Entwicklungsschäden stärker zu beeinflussen als die nachgeburtliche.

Welche Bedeutung die auch in der Durchschnittsbevölkerung erhöhten PCB-Werte für Störungen des Zentralnervensystems bei Kindern haben, ist bis heute ungeklärt.

Die Liste der chemischen Substanzen mit neurotoxischer Wirkung ließe sich beliebig erweitern - von den vielen Chlorkohlenwasserstoffen der Pestizide und den Holzschutzmitteln bis zum Dioxin. Zum Beispiel ist das Holzschutzmittel-Syndrom, wie es besonders bei Malern auftritt, mit zum Teil schweren zentralnervösen und peripheren Nervenstörungen verbunden. Ich möchte dieses Kapitel mit der Frage schließen, ob die vielen tausend chemischen Verbindungen, die das menschliche Gehirn täglich neu erfindet und in Umlauf setzt, nicht eines Tages als Bumerang zurückkehren und als hochgiftiges Konzentrat die stolzesten Funktionen des Menschen, seine Intelligenz, Einsicht, Vernunft und Verstand, bis zur geistigen Erstarrung auslöschen könnten.

g) Leukämien und Krebserkrankungen im Kindesalter

»Der Tod spielt mit.« Unter dieser dramatischen Schlagzeile brachte der »stern« 1990 einen Bericht über dioxinverseuchte Böden, die in den letzten Jahren in Deutschland immer häufiger gefunden werden.[31] Auf Spielplätzen, in Neubausiedlungen, die auf alten Industriegeländen errichtet wurden, in der Nähe von Kabelbetrieben und besonders von Müll-, speziell von Sondermüllverbrennungsanlagen – überall findet man bei systematischen Untersuchungen Dioxinbelastungen von lebensbedrohlichem Ausmaß. In verschiedenen der betroffenen Gebiete weisen Ärzte immer öfter erhöhte Krebs- und Todesraten bei Kindern nach. »Kreislauf des Todes« überschrieb knapp ein Jahr später »Der Spiegel« einen Bericht über die Kupferhütte Marsberg im Sauerland, die von 1955 bis 1978 nach Schätzungen 800 000 Tonnen Kieselrot in ganz Westeuropa als Baustoff für Spiel-, Sport- und Parkanlagen verkauft hatte.[32] Kieselrot enthält das hochgiftige Seveso-Gift Dioxin, das nicht nur über direkten Kontakt, sondern besonders aufgrund weiträumiger Ausdünstungen über die Atemluft aufgenommen wird.

Die Bodenkonzentrationen an Dioxin, die zuerst der »stern« und nach der Entdeckung des Kieselrots »Der Spiegel« angaben, machen die Dramatik der Schlagzeilen verständlich. Bei einer Konzentration von fünf Nanogramm (ng = milliardstel Gramm pro Kilo Erde) wäre nach Expertenmeinung bereits ein Weideverbot für Kühe notwendig. In Seveso galten Böden als »Todeszone A«, die mit 1000 Nanogramm belastet waren. Der »stern« gab 49 Fundorte an. Bei zwölf von ihnen fanden sich Werte zwischen fünf und zehn, bei 21 zwischen zwischen zehn und 100, bei acht zwischen 100 bis 1000 und bei weiteren acht Orten Werte zwischen 1000 und dem Höchstwert von 110 800 Nanogramm. Todeszonen! Zum Zeitpunkt des »Spiegel«Berichtes waren erst 300 Einrichtungen mit dem Kieselrot-Baustoff bekannt. »Die Schlacke aus dem Sauerland, seit 1955 Spielgrund für Generationen von Kindern, bringt es bis zu 100 000 Nanogramm Dioxin je Kilogramm.«[33] Nach Schätzungen könnten 3000 Spiel- und Sportplätze verseucht sein. Todeszonen! Dioxin, 67 000mal giftiger als Zyankali und mit einer Halbwertzeit von 160 Jahren, gelangt vom Boden durch Ausdünstung in die Luft und von dort durch Regen und den Befall von Nadeln und Blättern wieder in den Boden zurück. »Kreislauf des Todes.« Das Gift zerstört nicht nur das Immunsystem, erzeugt die entstellende Chlorakne und führt zu Mutationen des Erbguts; es erhöht besonders die Krebsgefahr, eine Erkrankung, die am ehesten mit Tod assoziiert wird.

Wegen der Bedeutung des Themas erscheinen mir einige allgemeine Bemerkungen über Krebserkrankungen notwendig, um die im Kindes- und Jugendalter auftretenden Leukämien und Krebsarten besser zu verstehen.

Leukämien sind bösartige Entartungen des weißen blutbildenden Apparates. Man unterscheidet verschiedene Formen. Am häufigsten sind diejenigen, bei denen die Zahl der weißen Blutkörperchen (Leukozyten) extrem erhöht ist; bei der zweithäufigsten Form wird das gesamte lymphatische System mit Vergrößerung der Milz, der Lymphdrüsen und Mandeln befallen, und die Zahl der Leukozyten, speziell der Lymphozyten, ist stark vermehrt. Beide Formen treten im Kindes- und Jugendalter besonders häufig auf. Durch moderne Therapiemethoden sind sie manchmal heilbar oder zumindest für einen längeren Zeitraum zu bessern; aber auch der tödliche Ausgang ist nicht selten.

Bei der Frage der Verursachung bösartiger Erkrankungen sind Leukämien sogenannte Indikatorkrankheiten, weil sie zum Beispiel nach einer extremen Belastung mit ionisierender Strahlung (Hiroshima, Tschernobyl) relativ schnell auftreten, innerhalb von Monaten oder von ein bis zwei Jahren, so daß der Zusammenhang mit der auslösenden Ursache eindeutiger nachgewiesen werden kann. Andere bösartige Tumoren entwickeln sich erst nach Jahren, oft nach Jahrzehnten; hier ist die Ursache, z. B. durch frühere Belastungen, kaum noch zu klären.

Die beiden anderen wichtigen Gruppen von bösartigen Erkrankungen lassen sich vereinfacht in Carcinome und Sarkome einteilen. Beide werden im allgemeinen Sprachgebrauch als Krebs bezeichnet. Carcinome sind bösartige Entartungen von Epithelzellen, die die Außen- und Innenhaut des Körpers und seine Organe überziehen. Die häufigsten Carcinome finden sich daher in den Bronchien, im Magen, Darm und den Schleimhäuten der Mund- und Rachenwege. Sarkome entstehen dagegen aus bösartigen Entartungen von Bindegewebszellen. Sie entstehen bevorzugt in den Knochen und im Muskelgewebe. In den inneren Organen (Gehirn, Niere, Leber usw.) finden sich unterschiedliche Tumoren, je nachdem, ob sie mehr von Epithelzellen oder von Bindegewebszellen ausgehen.

Bei der Entstehung von Krebserkrankungen unterscheidet man heute drei Schritte: die Initiation, die Promotion und die Progression. Grundsätzlich gibt es eine Vielzahl von Faktoren chemischer, physikalischer und biologischer Art (z. B. Viren), die krebserzeugend (kanzerogen) wirken. Bei der Initiation kommt es durch gentoxische Einflüsse zu einer Veränderung der Nukleinsäuren eines Zellkerns, die als Träger der genetischen Informationen dienen. Wir wissen heute, daß der Körper zum Beispiel mit Hilfe von Enzymen des Immunsystems in der Lage ist, solche genetischen Defekte zu reparieren. Gelingt dies nicht, zum Beispiel weil der Immunapparat geschwächt ist, kommt es zu irreparablen Schädigungen, die durch erneuten Kontakt mit demselben oder anderen kanzerogenen Stoffen immer ausgedehnter werden, wobei jetzt auch weitere Zellen betroffen sein können.

Bei der Promotion, die durch völlig andere als die ursprüngliche krebserzeugende Substanz in Bewegung gesetzt werden kann, entstehen aus den vorgeschädigten Zellen Vorformen von Krebszellen. Auch dieser Vorgang ist durch spezifische Abwehrmaßnahmen des Körpers noch rückgängig zu machen, führt aber bei deren Versagen und durch langen und häufigen Kontakt mit kanzerogenen Stoffen (z. B. Rauchen) in das Stadium der Progression. In ihm kommt es zur endgültigen krebsigen Entartung der Zelle.

Ich erwähne diese vielleicht etwas zu fachlichen Unterscheidungen, weil sie uns noch einmal drei für Kinder besonders wichtige Tatsachen verdeutlichen: erstens die Bedeutung des Immunsystems bei der Abwehr bösartiger Krankheitsentwicklungen; zweitens die Empfindlichkeit für krebserzeugende Substanzen bei Wachstumszellen, die sich noch in einem unreifen Stadium befinden und durch schnelle und häufige Teilungsprozesse anfälliger sind als ausgereifte Zellsysteme; drittens die Tatsache, daß bei Kindern wegen der langen Latenzzeit der Krebsentstehung die Wahrscheinlichkeit, im Laufe ihres Lebens an Krebs zu erkranken, um so größer ist, je früher sie mit kanzerogenen Stoffen in Berührung gekommen sind.

Was wissen wir nun über Leukämien und Krebserkrankungen im Kindesalter im Zusammenhang mit der toxischen Umweltbelastung? Zur Zeit schätzt man die Zahl kanzerogener Stoffe auf etwa 2000; darunter befinden sich viele, die lediglich im Verdacht stehen, auch beim Menschen Krebs auszulösen, nachdem ihre Wirkung zunächst nur in Tierexperimenten nachgewiesen wurde. Kinder kommen bereits pränatal und verstärkt nach der Geburt mit einer Vielzahl solcher Substanzen in Berührung. Viele Forscher halten Leukämien und Krebserkrankungen im Kindesalter für eine typische Zivilisationskrankheit, da sie sich erst in den letzten vierzig bis fünfzig Jahren rapide entwickelt haben. Davor waren sie bei Kindern nahezu unbekannt. Heute nehmen sie in dieser Altersgruppe in den industrialisierten Ländern den ersten Platz der natürlichen Todesursachen ein, wobei eine steigende Tendenz zu beobachten ist. Allerdings ist die absolute Zahl der Kinder und Jugendlichen, die an Krebs sterben, im Verhältnis zu dem öffentlichen Interesse, das diese Krankheit zunehmend beansprucht, zur Zeit noch gering. Der Vergleich gilt vor allem für Kinder, die im Straßenverkehr oder durch andere Unfälle ums Leben kommen. Man schätzt, daß im Alter bis zu 15 Jahren von einer Million Kinder etwa 125 an

Krebs erkranken und von 100 000 Kindern bis zu 16 Jahren neun daran sterben.[34]

Die Art der Krebserkrankungen unterscheidet sich zwischen Erwachsenen und Kindern sehr stark hinsichtlich ihrer Häufigkeit. Erwachsene erkranken vorwiegend an Karzinomen des Magen-Darm-Traktes und der Atmungsorgane, Kinder an Leukämien und anderen Tumoren des blutbildenden Apparates; außerdem finden sich bei ihnen vermehrt Gehirntumoren und Sarkome (Nieren, Knochen, Weichteile). Man unterscheidet bei Kindern etwa 50 verschiedene Krebsarten. Ihre unterschiedliche Verteilung zwischen Erwachsenen und Kindern wird u. a. darauf zurückgeführt, daß viele kanzerogene Stoffe die Blutschranke der Plazenta überschreiten und es deswegen schon pränatal zu den ersten gentoxischen Schäden kommt.

Ein berühmtes Beispiel ist die Behandlung von zwei Millionen schwangeren Frauen (etwa zwischen 1940 und 1970) mit einem weiblichen Sexualhormon (Diäthylstilböstrol) zur Verhinderung eines drohenden Abortes geworden. Das Medikament wurde abrupt abgesetzt, als sich herausstellte, daß die Töchter dieser Frauen zwischen ihrem 14. und 23. Lebensjahr signifikant häufig an Krebs im Genitalbereich erkrankten - ein eindeutiger Beweis für eine pränatale Schädigung mit Langzeitwirkung.

Eine andere und inzwischen am häufigsten nachgewiesene Krebsgefahr durch pränatale Schädigung geht von der ionisierenden Strahlung aus. Die drastisch angestiegenen Leukämieraten bei Kindern nach den Atombombenabwürfen von Hiroshima und Nagasaki ist durch viele Untersuchungen unbestritten. Auffallend war jedoch, daß die vorgeburtliche Strahlenbelastung bei den später geborenen Kindern keinen eindeutigen Anstieg der Krebsrate brachte, obwohl bekannt ist, daß Ungeborene das höchste Strahlenrisiko haben. In einer gründlichen Studie konnte dieser auffällige Befund erst vor kurzem geklärt werden.[35] Die bisherigen Untersuchungen hatten die Kinder nur bis zu ihrem 15. Lebensjahr verfolgt. Die jetzige Langzeitstudie erstreckte sich bis 1984. Erst dabei zeigte sich ein signifikant angestiegenes Krebsrisiko der damals während der Schwangerschaft bestrahlten Kinder. Die Krebserkrankungen stiegen erst zwischen dem 14. und 39. Lebensjahr, und zwar mit zunehmendem Alter stärker, an; parallel dazu kam es zu einem signifikanten Anstieg der Todesfälle durch Krebs in der betroffenen Gruppe.

Neben der späteren Krebsentstehung durch direkte Bestrahlung ist jetzt ein zweiter Mechanismus der indirekten Krebsentstehung während der Schwangerschaft nachgewiesen. An früherer Stelle wurde schon der Streit erwähnt, der über die um das Zehnfache erhöhte Leukämierate bei Kindern im Wohnumfeld der englischen Wiederaufbereitungsanlagen Sellafield (Windscale) und Dounreay entbrannt war. Vertreter der Betreiberfirmen und der Regierung erklärten immer wieder, die Höhe der ausgetretenen Strahlenemissionen könnte eine solche Häufung nicht erklären. Virusforscher führten schließlich die Erkrankungen auf ein Virus zurück. Nun hat eine gründliche Studie über 97 Fälle von Leukämien und Lyphomen bei Personen unter 25 Jahren in der Umgebung von Sellafield mit hoher Wahrscheinlichkeit den Nachweis einer vorgeburtlichen Schädigung erbracht.[36] Die Väter der erkrankten Patienten waren vor der Schwangerschaft als Beschäftigte in der Wiederaufbereitungsanlage Strahlendosen von zum Teil höchster Intensität ausgesetzt gewesen. Das erhöhte Krebsrisiko solcher Personen ist heute unbestritten. Aber daß die von ihnen gezeugten Kinder ebenfalls später leichter an Krebs erkranken können, ist eine neue Entdeckung. Die Autoren der Studie vermuten, daß es bei diesen Vätern zu einer Keimzellenschädigung durch die Bestrahlung kam. Bei der Befruchtung mit einer dieser geschädigten Zellen werde ein entsprechender krebserzeugender Gendefekt in einzelne Zellen des Embryos eingebaut, der die spätere Krebserkrankung hervorrufe.

Dieser Mechanismus einer gentoxischen »Vererbung« einer Krebserkrankung zwischen Vätern und Kindern wird auch für

Berufe diskutiert, bei denen die Väter vermehrt chemischen Substanzen ausgesetzt sind, die zu einer Keimzellenschädigung führen können, z. B. bei Maschinisten und Mechanikern, die mit verschiedenen Verbrennungsprodukten in Kontakt kommen, oder bei Malern und Lackierern, die durch eine Vielzahl toxischer Substanzen gefährdet sind.[37]

Als Ursache für Leukämien und Krebserkrankungen im Kindes- und Jugendalter, die nach der Geburt entstehen, ist ebenfalls die radioaktive Strahlung am besten untersucht. Als besonders aussagefähig bezüglich der Auswirkungen des radioaktiven Fall-outs im Rahmen der oberirdischen Atomwaffenversuche gilt eine Untersuchung aus Utah, einem Bundesstaat der USA, der zwischen 1951 und 1958 einem extremen Fall-out durch die Tests im Nachbarstaat Nevada ausgesetzt war.[38] Die Todesrate durch Leukämie bei Kindern bis zu 15 Jahren war dort um das Zweieinhalbfache gegenüber Vergleichsgebieten erhöht. Entsprechende Befunde existieren inzwischen aus allen Teilen der Welt, in denen Atomtests an der Erdoberfläche durchgeführt wurden. Die Befunde haben wesentlich zur kontroversen Diskussion über die readioaktive Niedrigstrahlung beigetragen. Viele Forscher gehen davon aus, daß ihre zerstörerische Wirkung auf Mensch, Tier und natürliche Umwelt bisher weit unterschätzt wurde. Wenn man bedenkt, daß seit 1945 bis heute allein mehr als 1800 Atombomben getestet wurden (alle neun Tage ein Test) und die zusätzlichen radioaktiven Emissionen aller Nuklearanlagen weltweit zunehmen, bekommt man eine Vorstellung davon, warum der Streit über die Anreicherung radioaktiver Strahlung in der Erdatmosphäre und ihre möglichen gesundheitlichen Langzeitwirkungen so heftig geführt wird. Neben diesem chronischen Gefahrenpotential besteht die akute Gefahr in der Störanfälligkeit aller Anlagen durch Überalterung, technische Fehler und menschliches Versagen. Spätestens seit Tschernobyl wissen wir, daß grenzüberschreitende Katastrophen täglich passieren können. Allein in der alten Bundesrepublik Deutschland, in der man sich auf besonders sichere Kernreaktoren beruft, ereignen sich jährlich mehrere hundert »Störfälle« unterschiedlicher Gefahrenstufe.

Ein besonderes Problem bei der Krebsentstehung stellt die heute breit diskutierte Gefahr der UV-Bestrahlung durch die Sonnenenergie dar. Die auffallende Häufung von Hautkrebs wird mit der immer aggressiver werdenden Bestrahlung in Zusammenhang gebracht, seitdem der schützende Ozongürtel der Erdatmosphäre in zunehmendem Maße durch industriell produzierte Gifte, vor allem durch Fluorkohlenwasserstoffe, Kohlendioxid und Methan, zerstört wird. Auch bei Kindern tritt der Hautkrebs heute bereits gehäuft auf.

Außer der ionisierenden Strahlung gibt es eine Vielzahl chemisch-toxischer Substanzen, die als Ursache kindlicher Krebserkrankungen diskutiert werden. Das Dioxin wurde bereits ausführlich beschrieben. Außerdem werden Pestizide, besonders DDT, Schwermetalle wie Blei, Cadmium und Arsen, Asbest, stickstoffhaltige Nitroverbindungen, wie sie in Lebensmitteln, in Tabakrauch und in Arzneimitteln vorkommen, sowie Nitrosamine, die sich im Magen aus dem zu Nitrit umgewandelten Nitrat und Eiweißen bilden, und polizyklische Kohlenwasserstoffe, die bei allen Verbrennungsvorgängen auftreten, für besonders krebserzeugend gehalten. Das krebserzeugende Benzol, als Beispiel, entsteht bei der Benzinverbrennung. Nach einer neueren Untersuchung des Medizinischen Instituts für Umwelthygiene in Düsseldorf haben Großstadtkinder bis zu 70 % mehr Benzol im Blut als Kleinstadt- oder Landkinder.[39]

Bezogen auf die Pestizide zeigen neuere Untersuchungen eine um 20 % erhöhte Krebsrate bei jungen Bauern, da sie den häufigsten Umgang mit diesen Giften haben.

Auch wenn wir heute noch vor großen Wissenslücken stehen und der Nachweis im Einzelfall schwierig bis unmöglich ist – die Gefährdung droht überall, auf dem Spielplatz, im Kinderzimmer, im Trinkwasser, in der Luft und in nahezu allen Lebensmitteln. Wir müssen realisieren: Wir leben inzwischen in einer vergifteten Welt, aber wir sehen, riechen und schmecken das Gift nicht, das überall lauern kann. Gerade unsere Einsicht, daß wir nicht wissen, wann, wo, wodurch und wieviel an Gift wir einatmen, essen und trinken und ob und welche Gesundheitsschäden zu erwarten sind, macht uns deutlich, daß die naturwissenschaftlichen Fragestellungen nach Gesundheit und körperlicher Krankheit nur eine Seite der Medaille darstellen. Auf der anderen Seite eröffnen sich vielfältige Fragen nach der psychischen, psychosomatischen und psychosozialen Bedeutung einer äußerlich vergifteten Welt für die seelische Entwicklung von Kindern und Jugendlichen - Fragen nach den Nahtstellen, an denen die äußere Vergiftung in eine Vergiftung innerer Seelenlandschaften umschlägt. Ihnen ist der folgende Hauptteil des Buches gewidmet.

Teil B
Psychische, psychosomatische und psychosoziale Folgen

III. Die Kinder von Tschernobyl

Ein Buch über »Vergiftete Kindheit« wäre nicht nur unvollständig, sondern nicht zu verantworten, wenn es nicht in einem gesonderten Kapitel der Kinder von Tschernobyl gedächte. »Das Opfer der Zukunft. Die Kinder von Tschernobyl als Lehrer der Theologie« lautete das Thema einer Studienkonferenz, die im Juni 1991 von der Thomas Morus Akademie in Bensberg veranstaltet wurde. Wie die Referate und die Diskussion zeigten, war mit der Themenwahl nicht weniger gemeint, als die Öffentlichkeit begreifen zu lassen, daß die betroffenen Kinder über ihr Einzelschicksal hinaus und stellvertretend für die Kinder des Industriezeitalters zu Opfern der modernen Technologie und des zivilisatorischen Fortschritts geworden sind. Noch nie hat es - von Kriegszeiten abgesehen - bisher eine von Menschen gemachte Katastrophe ähnlichen Ausmaßes gegeben. Die Gefahren der Nukleartechnologie sind allen Verantwortlichen hinlänglich bekannt. Sie werden in der Regel unter dem Begriff »Restrisiko« bis zur Unkenntlichkeit verharmlost. Aber wir kommen um die Wahrheit nicht herum. Die Kinder von Tschernobyl sind nicht nur zu passiven Opfern eines unvermeidbaren Unglücksfalls geworden, sondern dem Fortschritt als wohleinkalkuliertes Risiko aktiv geopfert worden. Das erst macht ihr Opfer so brisant. Und so ist es nur allzu gerechtfertigt, daß sie inzwischen als Symbol der tödlichen Folgen eines Fortschrittsglaubens angesehen werden, der die Grenzen menschlicher und sozialer Verantwortung überschritten hat.

Damals, 1986, schrieb ich unter dem Schock der Ereignisse einen Aufsatz »Die Kinder von Tschernobyl«.[40] Ich zitiere daraus einige Passagen, um zu verdeutlichen, daß schon zu diesem

Zeitpunkt keine prophetischen Gaben dazu gehörten, um die Tragweite und symbolische Funktion der Opferung dieser Kinder in ihrer globalen Dimension zu erkennen. Die Realität der nachfolgenden Jahre hat diese Einschätzung in der traurigsten Weise bestätigt.

»›Mami, muß ich jetzt sterben?‹ lautete die Titelüberschrift zu einer Serie über die Atomangst nach der Reaktorkatastrophe von Tschernobyl.[41] Ein 7jähriger Junge gerät in den Mairegen des Jahres 1986, der in anderen Jahren die Kinder wachsen läßt. Muß er jetzt sterben? ... Vor Jahren las ich ›Kinder von Hiroshima‹[42], die bekannte Dokumentation von authentischen Erlebnisberichten japanischer Kinder am 6. August 1945, die seit ihrer ersten Veröffentlichung 1951, wie es in einer Vorbemerkung heißt, ›Millionen Leser in der ganzen Welt erschüttert hat‹. Später las ich ›Die letzten Kinder von Schewenborn‹[43]. Das Buch erreichte bereits im Erscheinungsjahr eine Auflage von 86 000 Exemplaren. Das Szenario einer Atombombenexplosion im Raum Fulda erschütterte und erregte die Gemüter gleichermaßen und wurde zum führenden Thema friedenspädagogischer Arbeit innerhalb und außerhalb der Schule. Jetzt sind es die Kinder von Tschernobyl, die in den Medien eine neue Dimension der Betroffenheit ausgelöst haben. Nicht allein die Kinder in der Kleinstadt der Ukraine - über die wissen wir nichts -, sondern die Kinder ganz Europas sind zu Kindern von Tschernobyl geworden ...

In einem Rundfunkinterview fragt mich ein 11jähriges Mädchen: ›Kann es passieren, daß auch das Trinkwasser verseucht wird?‹ Ich erschrecke. Boden, ja, Salat, Spinat, Schnittlauch; die Nahrungskette Gras, Kuh, verstrahlte Milch und Rindfleisch, ja; aber Trinkwasser? Das Elementarste, was wir brauchen, radioaktiv verseucht? ... Hier hatte also meine Verleugnung funktioniert ...

Schulkinder erfanden in diesen Wochen das Spiel ›Radioaktiv‹: Ein Kind erwischt es immer; es muß die anderen fangen; beim Anschlag ist auch das andere ›verseucht‹ ... Wenn das nicht alles vor unseren Augen geschehen wäre, seit dem 25. April 1986, denn hätte jemand ein Buch geschrieben über die fiktiven Folgen eines Super-Gaus, vielleicht mit dem Titel ›Die Kinder von Tschernobyl‹. Millionen Leser wären erschüttert gewesen, und viele hätten sich noch trösten lassen, daß so etwas nie passieren würde. Es gibt keinen Trost mehr. Wie sollen wir die Kinder trösten, z. B. das 8jährige Mädchen, das nicht schlafen kann, weil es Angst hat, daß ihm nachts die Haare ausfallen und daß es morgens ›leuchtet‹. Die Angst der Kinder vor einem langsamen Tod . . . Spätestens seit Tschernobyl wissen wir, die Atomwirtschaft hat die Freiheitsrechte des Menschen, sein Recht auf Leben und körperliche Unversehrtheit (Art. 2.2 GG) außer Kraft gesetzt. Dieser Angriff richtet sich besonders gegen die junge Generation . . . Was hilft da die Erschütterung von Millionen, wenn die wirtschaftlichen, militärischen und politischen Monopole ihr rücksichtsloses und bis zur Empfindungslosigkeit erkaltetes Geschäft betreiben? Womit können wir die Kinder trösten, außer durch Lüge, wenn sie genau ahnen, daß ihr Leben für die ›billigste Energieerzeugung‹ verkauft wird? Viele Kinder drücken ihre depressive Trauer und Angst in dem Gefühl aus: ›Es ist Krieg.‹ Und sie spüren, daß dieser Krieg gegen sie gerichtet ist.«[44]

Was geschah damals an jenem 25. April 1986, und was wissen wir heute, mehr als fünf Jahre danach, über die Folgen dieses in der Geschichte ersten Super-Gaus?

Der Kernreaktor in der Ukraine befindet sich 18 Kilometer von der Kleinstadt Tschernobyl entfernt. Er bestand aus vier Reaktorblöcken. In der Nacht vom 25. 4. 1986 traten beim vierten Block Schwierigkeiten während der Abschaltung auf, die mit einem Experiment verbunden werden sollte. Durch Ausfall des Kühlsystems kam es am 26. 4. 1986 zu einer Kettenreaktion, bei der sich der Graphitkern entzündete und die Uranbrennstäbe im Reaktor sich erhitzten. Die Folge war eine Wasserstoffexplosion und eine Kernschmelze, die zur Zerstörung des Reaktorgebäudes und zur Freisetzung von Radioaktivität als direkte Strahlung und als Fall-out führte. Die ausgetretene Menge übertraf die Hiroshima-Bombe um den Faktor 10^2 bis 10^3. 31 Personen waren sofort tot. Bis heute schätzt man die Zahl der inzwischen an den Folgen der Strahlenkrankheit gestorbenen Menschen auf mehrere tausend. In einer Sperrzone von 30 Kilometern mußten mehr als 130 000 Menschen sofort evakuiert werden. Heute ist bekannt, daß höchstbelastete Regionen bis zu 500 Kilometern nach Belorußland hineinragen und daß die Zahl der dringend notwendigen Evakuierungen in der Kontrollzone 200 000 Menschen übersteigt, davon 100 000 Kinder. Sie sollen 1992 evakuiert sein. In der russischen und westlichen Presse schwanken die Angaben über die Bevölkerung, die in hochkontaminierten Regionen lebt, zwischen einer und vier Millionen Menschen, darunter schätzungsweise 800 000 Kinder; sie alle sind in ihrer Gesundheit akut gefährdet.[45]

Durch witterungsbedingte Wechsel der Windrichtungen und Regenfälle in der Zeit vom 26. April bis etwa zum 8. Mai - der Zeitraum, in dem der zerstörte Reaktor ummantelt war - wurden folgende Gebiete von den radioaktiven Wolken und ihren Niederschlägen besonders betroffen: nördliche Ukraine, Belorußland, Polen, Mittelschweden, Südfinnland, Jugoslawien, Griechenland, Nordtürkei, Frankreich, Süddeutschland, Mitteldeutschland und Berlin. Radioaktive Partikel umkreisen bis heute den Erdball und sind überall nachweisbar.

Die wichtigsten Radioisotope, die bei dem Unfall freigesetzt wurden, waren Jod 131 (Halbwertzeit 8 Tage), Cäsium 137 (Halbwertzeit 30 Jahre), Cäsium 134 (Halbwertzeit 2 Jahre) und Strontium 90 (Halbwertzeit 29 Jahre). Jod 131 machte 50 % der Luftaktivität aus, die beiden Cäsium Isotope 16 % und Strontium 0,3 %.

Jod 131 lagert sich bevorzugt in der Schilddrüse an und kann zu Schilddrüsenkrebs führen. Seine Anreicherung in der kindlichen Schilddrüse liegt 6- bis 7mal höher als beim Erwachsenen. Eine mit Jod 131 belastete Schilddrüse bestrahlt außerdem die eng anliegende Thymusdrüse, bei Säuglingen und Kleinkindern ein zentrales Organ der Immunabwehr. Viele Krankheiten bei den Kindern von Tschernobyl werden deshalb mit schweren Thymusschädigungen in Zusammenhang gebracht.[46]

Cäsium verteilt sich gleichmäßig über den Körper und strahlt von dort aus; Strontium wird im Knochen eingelagert und bestrahlt vor allem das blutbildende System des Knochenmarks.

Außer der direkten Bestrahlung in unmittelbarer Nähe des Reaktors gelangten in der weiteren Umgebung Radioisotope durch den Fall-out in den Boden und von dort über die Nahrung in den Körper. Ein weiterer Aufnahmeweg ist die Atemluft. Zum Beispiel wurde bei schwangeren Frauen, die sich während des Fall-out im Freien aufhielten, der Embryo oder Fötus besonders stark mit Jod 131 belastet; in den Fällen, in denen die Mütter zusätzlich in den ersten drei Schwangerschaftsmonaten mit Jod 131 kontaminierte Nahrung zu sich nahmen, stieg die Belastung um das Fünffache.[47]

Bevor ich auf dem Hintergrund dieser Fakten das Schicksal der Kinder von Tschernobyl genauer beschreibe, möchte ich kurz auf die Folgen eingehen, die der radioaktive Fall-out in den Ländern außerhalb der Sowjetunion hatte. In allen betroffenen Regionen werden seit April 86 Meßdaten im Boden und in den Nahrungsmitteln erhoben und Untersuchungen über mögliche Gesundheitsschäden durchgeführt. Bei einer Gesamtwertung der bisher vorliegenden Ergebnisse muß man zu dem Schluß kommen, daß zwar in vielen Ländern eine erhöhte Boden- und Nahrungsmittelbelastung mit Radioaktivität bestand und zum Teil auch weiter besteht und daß auch die Körperbestrahlung von Kindern unmittelbar nach dem Unfall gesteigert war, daß aber eindeutige Gesundheitsschäden wie erhöhte Abortrate, vermehrte Totgeburten, Mißbildungen und Krebserkrankungen bisher nirgendwo eindeutig gefunden wurden.[48] Allerdings veröffentlichte das Humangenetische Institut der Freien Universität Berlin im April 1987 einen Bericht, nach dem sich in dieser Stadt die Rate an Mongoloismus im Zusammenhang mit der Strahlenbelastung von Tschernobyl deutlich erhöht hatte. Dieser Befund bedarf jedoch einer weiteren Abklärung.[49]

Trotz dieser Gesamteinschätzung kann man über die Langzeitfolgen heute noch keine sicheren Prognosen stellen. Auch bleibt unsicher, aber auch kaum je klärbar, inwieweit die Strahlenbelastung zu anderen als den genannten Gesundheitsschäden geführt hat oder noch führen kann. Hier ist vor allem an Krankheiten des Immunsystems und an spätere Krebserkrankungen zu denken, besonders an Schilddrüsenkrebs, Leukämien und Knochentumoren. Da die Schilddrüse mit ihren Hormonen ein wichtiges Stoffwechselorgan ist und ihre Belastung mit Jod 131 besonders hoch war, sind bei Kindern auch Wachstumsstörungen und Auswirkungen auf die Intelligenz langfristig nicht auszuschließen. Das grenzüberschreitende Menetekel wird auch die Zukunft unserer Kinder weiter überschatten.

Eine indirekte Folge der Katastrophe war der sprunghafte Anstieg der Abtreibungen in Westeuropa. Trichopoulos berechnete auf der Basis der Geburtszahlen von 1981 bis 1986, daß in Griechenland nach der Reaktorkatastrophe im Mai 1986 23 % der frühen Schwangerschaften wegen des Strahlenrisikos unterbrochen wurden.[50] Die »International Atomic Energy Agency« spricht von 100 000 bis 200 000 zusätzlichen Abtreibungen in Westeuropa wegen Tschernobyl.[51] Die Zahlen drücken am eindringlichsten die akut verschärften Ängste der werdenden Mütter vor dem Strahlenrisiko auch fernab vom Unfallort aus.

Was wissen wir heute über die Situation der Kinder von Tschernobyl selbst? Seit den Umwälzungen der politischen Landschaft im Ost-West-Verhältnis und der Öffnung aller Grenzen in Europa gelangen in den letzten Jahren Informationen zu uns, über die wir bisher nicht verfügten. Sie sind insofern unvollständig und widersprüchlich, als auch weiterhin offizielle Daten zurückgehalten werden und unbekannt ist, in welcher Form systematische Untersuchungen überhaupt stattfinden. So verdanken wir die meisten Schilderungen russischen Ärztinnen und

Ärzten, die inzwischen ins westliche Ausland reisen dürfen und auf Kongressen und in der Öffentlichkeit über ihre Erfahrungen berichten. Aber auch umgekehrt reisen westliche Ärzte und Journalisten in die betroffenen Regionen. Auffallend ist dabei, daß uns die Informationen mehr schubartig erreichen, und zwar immer zu den Jahrestagen des Unglücks am 25. April, beginnend mit dem dritten Jahrestag 1989. Jahrestage sind bekanntlich mehr oder weniger freiwillige oder anempfohlene Gedächtnisstützen gegen das Vergessen. Mit den neuesten Bildern und Nachrichten soll das Gewissen der Öffentlichkeit geweckt werden. Die Bilder von Tschernobyl nehmen von Jahrestag zu Jahrestag an Dramatik zu.

Ich möchte an den Anfang ein längeres Zitat aus dem eindrucksvollen Erfahrungsbericht von Franziska Zydeck und Giosanna Crivelli »Menschen in Tschernobyl. Vom Leben mit der Katastrophe« stellen, weil es mehr als alle Statistiken in die Realität der allgegenwärtigen Trostlosigkeit einführt.[52] Die Autorinnen haben, neben vielen anderen Zeugen, vier Ärztinnen in einer ärmlich ausgestatteten Poliklinik in Kiew, der Hauptstadt der Ukraine, besucht. Sie alle stammen aus Pripjat, der am stärksten verstrahlten kleinen Stadt in der Umgebung von Tschernobyl, die total evakuiert wurde. Heute ist sie zum Symbol einer »Geisterstadt« geworden. Die Ärztinnen betreuen 3500 aus Pripjat evakuierte Kinder. Eine von ihnen, Nadjeschda Garilowskaja, erzählt: »Alle 3500 Kinder, die wir betreuen, haben eine oder mehrere Krankheiten. Das sind im Grunde genommen keine neuen Krankheiten. Aber jetzt treten sie vermehrt, ja geradezu epidemieartig auf: Die Kinder leiden an Augenkrankheiten, zum Beispiel dem grauen Star. Einige sind schon fast blind. Sie haben Schilddrüsenvergrößerungen, Bauch-, Darm-, Magenkrankheiten, Nierenleiden und gravierende Blutbildveränderungen bis hin zur Leukämie. Alle unsere Kinder haben Ohnmachts- und Schwindelanfälle. Sie kippen ohne Vorwarnung einfach um. Sie sind immer müde. Die Kinder haben auch keinen rechten Appetit mehr, sie sind bleich und schwach und kümmern dahin. Sie verwelken vor unseren Augen, und wir können ihnen nicht helfen! Es ist unfaßbar: Die Kinder sind aus medizinischer Sicht Greise.«[53]

Eine andere Ärztin, Nelli Ignatjewna, ergänzt den Bericht ihrer Kollegin: »Im ersten Jahr nach Tschernobyl bemerkten wir noch nicht, was der Reaktorunfall für Folgen hatte. Im zweiten Jahr fingen meine eigenen Kinder an, häufiger krank zu werden. Dann wurde es mit jedem Jahr schlimmer - und man spürte auch am eigenen Körper, daß etwas nicht in Ordnung war. Unterdessen sind die ersten Kinder aus Pripjat gestorben. Erst letzte Woche eine 15jährige Patientin von uns an einem Gehirntumor. Ein kleines Mädchen wurde gerade operiert. Es leidet an einer schnell wachsenden Krebsgeschwulst im Unterleib. Solche Sachen hat es früher bei Kindern nur sehr, sehr selten gegeben. Ich habe gestern nacht die Blutuntersuchungen der Kinder aus Poleskoje durchgesehen: Die Werte sind ganz schlimm. Poleskoje liegt gleich neben der ZONE. 20 Prozent der Kinder werden dort mit Behinderungen geboren. Ich habe anschließend nicht mehr schlafen können. Es geht mir wie allen Frauen und Müttern: Wir sind zerquält und innerlich wie tot. Unsere Kinder sind in Gefahr! Was gibt es mehr zu sagen?«[54]

Die Autorinnen haben auch eine Schule in Luginy besucht und schildern ihre Beobachtungen auf dem Schulhof während der Pause. »Es dauert eine Weile, bis ich merke, was auf dem Schulhof während der Pause nicht stimmt. Die Schaukeln baumeln unbenutzt, der Klettergarten ist leer. Niemand saust herum. Etwas völlig Unbegreifliches ist hier als harmlose Alltags-Szene getarnt: Über 100 Kinder von der ersten bis elften Klasse haben große Pause, und es ist still auf dem Schulhof! Die Lehrerin Tatiana Tieretschenko hebt resigniert die Schultern. ›So ist das, seit Tschernobyl. Ich habe gesehen, wie es immer schlimmer wurde‹, sagt sie traurig. ›Es ist nicht nur eine körperliche Müdigkeit, es ist auch eine geistige. Dazu kommt, daß viele Erwachsene über nichts anderes mehr sprechen als über die Katastrophe. Das hat psychologische Auswirkungen auf die Kinder. Es ist eine schwierige Aufgabe, sie zu motivieren. Sie dürfen ihren Lebensmut ja nicht verlieren.‹«[55]

Wenn man die westlichen und russischen Presseberichte und Fernsehdokumentationen seit 1989 verfolgt hat, weiß man, daß die zitierten Schilderungen nur Andeutungen über das wahre Ausmaß des Elends wiedergebens können, das in weiten Teilen der Ukraine und Belorußlands herrscht.[56] Am erschreckendsten sind die Berichte über die wachsende Zahl und Schwere kindlicher Erkrankungen. »Sehstörungen, Schilddrüsenvergrößerungen und -unterfunktion, schwere, nicht beherrschbare Infektionskrankheiten, Tuberkulose, schlechte Wundheilung, Haut- und Schleimhautentzündungen, Allergien, Nasenbluten, rasche Ermüdbarkeit, Kreislaufschwäche, Blutarmut, Leukämien, Hautkrebs, Schilddrüsenkrebs. Genauere Zahlen über die Häufigkeit fehlen.«[57]

Viele russische Ärzte sprechen in inoffiziellen Statistiken von einem Anstieg der Krebshäufigkeit bei Kindern um 50 %. Mehr als zwei Millionen Menschen, heißt es, seien strahlenverseucht, davon 160 000 Kinder; Tausende von Kindern hätten bereits Krebs. 5000 Kinder, die noch immer in der »Zone strenger Kontrolle« lebten, litten unter den Symptomen des »Tschernobyl-Aids« und würden nach Expertenmeinung höchstens noch fünf Jahre leben. In der gesamten Ukraine seien 13 000 Kinder an Leukämie erkrankt und 60 000 lebten unter unvorstellbaren Bedingungen. Viele Kinder stürben, die gerettet werden könnten, weil die medizinische Versorgung katastrophal sei.

Der Begriff »Tschernobyl-Aids« wurde von Jury Stscherbak, einem für die Evakuierungsmaßnahmen und die Gesundheitsversorgung zuständigen Arzt in Kiew, geprägt und bezeichnet eine durch die Strahlenschäden verursachte Immunschwäche, deren ganzes Ausmaß in vielen der genannten Krankheiten zum Ausdruck kommt.

Wie ungenau, ja vielleicht beliebig viele der zitierten Zahlenangaben sind, wird aus der heftigen Kontroverse deutlich, die durch die Veröffentlichung der »Tschernobyl-Studie« ausgebrochen ist. Sie wurde im Mai 1991 in Wien von der Internationalen-Atomenergie-Organisation (IAEO), eine der Atomlobby nahestehende Organisation, vorgestellt. Nach ihren Ergebnissen sind Leukämien und Krebs durch die Katastrophe nicht nachweisbar angestiegen. »Es gab signifikante und nicht mit Radioaktivität in Verbindung zu bringende Gesundheitsstörungen der Bevölkerung, aber sie konnten nicht direkt mit der Exposition von Strahlen in Verbindung gebracht werden.« Eindeutiger seien jedoch »tiefgreifende psychologische Auswirkungen« auf die Bevölkerung.

Diese Einschätzung wurde von dem stellvertretenden Ministerpräsidenten von Weißrußland, Iwan Kenik, und von Vertretern der Ukraine sowie von der Umweltschutzorganisation »Greenpeace« scharf kritisiert. Sie sei zu optimistisch, unterschätze die negativen Folgen und manipuliere die Wahrheit.[58] Parallel zu dieser Kontroverse brachte der »Strahlentelex«[59] unter der Überschrift »Der Preis ist zu hoch. Fünf Jahre nach Tschernobyl« eine detaillierte Statistik über den Verlauf der meisten oben genannten Krankheiten, die eine eindeutige und stetig steigende Zunahme bis 1990 im Vergleich zum Jahr 1985 erbrachte.

So nimmt es nicht Wunder, wenn die Schätzungen über die langfristig zu erwartenden Krebstoten durch die Katastrophe von Tschernobyl zwischen 24 000 und einer Million schwanken.[60] Das öffentliche Zahlenspiel mit Menschenleben kann leicht dazu dienen, von den Hintergründen und Ursachen der tödlichen Wahrheit abzulenken.

Für die in der weiträumig verstrahlten Umgebung lebende Bevölkerung - viele sprechen von »Todeszonen« - sind nicht nur die organischen Gesundheitsschäden und die völlig unzureichende medizinische Hilfe ein kaum zu bewältigendes Problem. Parallel dazu hat sich ein seelisches Krankheitsbild epidemisch ausgebreitet, das als »Radiophobie« bezeichnet wird. Die Angst, verstrahlt worden zu sein oder durch Luft- und Bodenberührung und durch Nahrungsmittel auch weiterhin verstrahlt zu werden, verbindet sich mit der bedrohlichen Unsicherheit, zu jedem möglichen Zeitpunkt, und wenn auch erst in Jahren, von einer unheilbaren oder tödlichen Krankheit befallen zu werden. Wie oben zitiert, betrifft diese Angst nicht nur das eigene Leben, sondern, besonders bei Müttern, auch das Leben ihrer Kinder. Und natürlich greift die Radiophobie auf die junge Generation über und bestimmt deren Lebensgefühl und Zukunftsperspektive entscheidend mit.

Die Tschernobyl-Katastrophe stellt im Unterschied zu den Hiroshima- und Nagasaki-Bomben, bei denen es hauptsächlich zur akuten Ganzkörperbestrahlung durch Gamma-Strahlen kam, ein völlig neuartiges »Experiment« der Nukleartechnologie mit langlebiger, inkorporierter Niedrigstrahlung dar. Da man über die Auswirkungen dieser Teilchenstrahlung bisher wenig wußte, wurde lange Zeit von Abwieglern ihrer möglichen Gefahren die Radiophobie als die eigentliche Ursache für die vermehrten Krankheiten verantwortlich gemacht. Durch Aufklärung, so wurde propagiert, könne man der Angst entgegenwirken. Inzwischen sind jedoch die Belege für die direkte Strahlenwirkung unabweisbar geworden, und die Einsicht beginnt sich durchzusetzen, daß die Folgen langfristiger Niedrigstrahlen weit unterschätzt wurden. So muß man heute davon ausgehen, daß die körperlichen Krankheiten auch unabhängig von der seelischen Verfassung auftreten, daß diese aber im Sinne einer psychosomatischen Rückkoppelung die Dauer, Schwere und Heilbarkeit einer Erkrankung maßgeblich mit beeinflussen kann. Die Radiophobie stellt somit eine den Krankheits- und Gesundungsprozeß außerordentlich komplizierende Folgewirkung der Katastrophe dar. Von ihr sind Kinder aus verschiedenen Gründen sehr viel schwerwiegender betroffen als Erwachsene. Zum einen überträgt sich die Angst der Eltern um die Gesundheit ihrer Kinder unvermeidbar auf diese selbst. Zum anderen erleben die Kinder von Tschernobyl dauerhafte Einschränkungen ihres Lebensraums und ihrer Lebensmöglichkeiten; so dürfen sie in den besonderen Gefahrenzonen kaum noch draußen spielen, sie fühlen sich eingeschlossen und dürfen bestimmte Nahrungsmittel nicht mehr essen. Die Radiophobie wird bei ihnen zusätzlich dadurch verstärkt, daß sie selbst bereits krank sind, bei vielen Spielkameraden Krankheiten bis zum Tod miterleben müssen und wissen, daß ihre Lebenserwartung durch mögliche spätere Erkrankungen im Vergleich zu den Erwachsenen erheblich verkürzt ist.

Ich glaube, daß man die Grausamkeit dieser Kinderschicksale für die Gegenwart und Zukunft kaum jemals begreifen wird. Um sie wenigstens etwas abzumildern, haben sich in den letzten Jahren russische und westliche Initiativen unter dem Namen »Die Kinder von Tschernobyl« gegründet, die in enger Kooperation für eine bessere medizinische Versorgung und für strahlungsfreie Nahrungsmittel sorgen. Außerdem organisieren sie zeitlich begrenzte Verschickungen von Kindern, um sie wenigstens für kurze Zeit aus den verseuchten Gebieten herauszuholen und eine Erholung in freier Natur zu ermöglichen.[61]

Tschernobyl kann sich jeden Tag erneut ereignen, an 429 Plätzen der Welt, an denen heute Atomkraftwerke installiert sind, viele davon in den ärmsten Entwicklungsländern mit einem Minimum an Sicherheitsstandards. Weit über 100 Atomkraftwerke befinden sich in der Planung. Hinzu kommen Tausende weiterer Atomanlagen, Uranminen und Atommüll, dessen Entsorgung bisher völlig ungesichert ist. Die Bilanz des Atomzeitalters verzeichnet bis heute 16 Millionen Strahlenopfer, nicht gerechnet die Betroffenen von Niedrigstrahlung, bei denen Auswirkungen erst in 20 bis 30 Jahren zu erwarten sind. Die 1800 Atomtests haben Teile unserer Erde für immer unbewohnbar gemacht.

Daß Tschernobyl ein letztes Fanal für die Gefahren der Kerntechnologie werden könnte, haben viele gehofft. Aber zur Zeit stehen die Chancen gering. Im Gegenteil ist zu befürchten, daß sich die Opferung der Kinder von Tschernobyl noch viele Male wiederholen muß, bis Einsicht über Untergangsblindheit siegt.

IV. Kinder und Jugendliche klagen an

1. Umfrageergebnisse zur ökologischen Bedrohung

Die Tschernobyl-Katastrophe und das mit ihr verbundene Leid für die dortigen Menschen und nachfolgenden Generationen ist unter der Bedingung des äußeren Friedens ohne Vergleich. Aber wenn wir Tschernobyl zusätzlich als Symbol eines zivilisatorischen Irrweges begreifen wollen, müssen wir danach fragen, wie dieser unter hiesigen Voraussetzungen von der jungen Generation seelisch verarbeitet wird. Die wichtigsten Antworten bekommen wir von Kindern und Jugendlichen selbst. Was denken sie, was fühlen sie, was träumen sie, was macht ihnen angst? Erst wenn wir darüber genügend wissen, können wir durch eine genauere psychologische Analyse die individuellen und kollektiven Auswirkungen der globalen Umweltkrise erschließen.

Das vorliegende Material, auf das sich eine solche Analyse stützen kann, entstammt zwei verschiedenen Quellen, erstens statistischen Befragungen und zweitens persönlichen Zeugnissen. Statistische Umfragen bei größeren Gruppen von Kindern und Jugendlichen liegen heute in einiger Zahl vor. Sie stellen in der empirischen Sozialforschung eine wichtige Grundlage dar, um Informationen über bestimmte Einstellungen, Wertmuster und persönliche oder politische Meinungen zu bekommen und auch deren zeitliche Verschiebungen verfolgen zu können. Deswegen bilden sie hier den ersten Teil einer Dokumentation, die für die spätere psychologische Analyse notwendig ist.

So wichtig statistische Erhebungen sind, so begrenzt muß auch ihre Aussagefähigkeit eingeschätzt werden. Denn methodisch besitzen solche Untersuchungen oft nur eine geringe Befragungstiefe, wobei die Antworten auf vorgegebene Fragen offenlassen, inwieweit sie lediglich intellektuell-kognitive Urteile widerspiegeln oder auch wirklich durchlebte Gefühle und Erfahrungen.

Über sie bekommt man eher durch persönliche Zeugnisse Auskunft, die deswegen im zweiten Teil der Dokumentation beschrieben werden sollen. Dazu zählen Aufsätze, Geschichten, Briefe, Tagebücher, Interviews, Träume und Zeichnungen. Gegenüber statistischen Methoden haben sie den Nachteil, weniger repräsentativ für die Ansichten größerer Gruppen zu sein, aber den Vorteil, tiefere Einblicke in das persönliche Fühlen und Erleben des einzelnen zu ermöglichen.

Sowohl bei den statistischen Daten als auch bei den persönlichen Zeugnissen beschränke ich mich auf eine kleine Auswahl aus der Fülle des vorliegenden Materials. Sie hat hier nur die Funktion, die später zu besprechenden psychologischen Zusammenhänge zu illustrieren. Der speziell interessierte Leser findet in der angegebenen Literatur genügend Wegweiser zur Vertiefung.

Wenn man bei den statistischen Kinder- und Jugendbefragungen etwa den Zeitraum der letzten zehn Jahre berücksichtigt, stehen zwei gesellschaftliche Themen ganz im Vordergrund: die atomare Kriegsgefahr und die Umweltzerstörung.

Die Atomkriegsangst war ein Niederschlag des politischen Klimas der achtziger Jahre, das nach dem Nato-Doppelbeschluß zur Nachrüstung mit atomaren Mittelstreckenraketen in Europa im Dezember 1982 ganz im Zeichen einer neuen Welle des kalten Krieges stand. Die atomare Abschreckungspolitik und der wachsende Widerstand in breiten Teilen der Bevölkerung gegen den Wahnsinn des Wettrüstens bestimmten die öffentliche Diskussion von den Medien bis in die Klassenzimmer. Zahlreiche in- und ausländische Studien zeigten, wie stark die Angst vor einem Atomkrieg weltweit die seelische Befindlichkeit der Kinder prägte, wie sehr sie unter der permanenten Dauerbedrohung litten und wie ihre breiten Kenntnisse über die Folgen eines Atomkrieges ihre Lebenseinstellung und ihre Zukunftsperspektiven negativ beeinflußten. Der ebenso unerwartete wie plötzliche Umbruch der politischen Landschaft mit der Versöhnung der Supermächte und dem Beginn der atomaren Abrüstung seit Ende der achtziger Jahre hat nach neueren Umfragen auch die Kriegsängste der Kinder reduziert. Trotzdem wäre es ein Mißverständnis, ihre weitere Existenz und ihren Einfluß auf die kindliche Entwicklung zu leugnen. Der Golfkrieg, der Krieg in Jugoslawien und im Teilstaaten der ehemaligen UdSSR, das unkalkulierbare Gefahrenpotential der Atomwaffen in immer mehr Ländern der Erde und nicht zuletzt die psychologischen Nachwirkungen der nuklearen Bedrohungsängste im letzten Jahrzehnt haben Kinder und Jugendliche in tiefer Weise geprägt und in ihnen das Bewußtsein eines jederzeit möglichen Krieges gefestigt. Da außerdem durch die Medien und andere Formen der Aufklärung ihr Wissen über die Grauen eines Krieges sehr viel lebendiger ist als in früheren Generationen, bleibt durch diese Art der Sensibilisierung auch eine unterschwellige Angstbereitschaft erhalten.

Wie schlagen sich diese Vorüberlegungen in statistischen Daten nieder? In einer repräsentativen Infratest-Befragung im Frühjahr 1983 von 2066 Jugendlichen zwischen 15 und 19 Jahren beantwortete die Mehrheit die Frage, ob sie vor irgend etwas ausgesprochene Angst hätten, mit »ja«. »Die offene Nachfrage, wovor sie Angst hätten, ergab uniform ›Krieg‹ oder ›Atomkrieg‹. Es gab keinen triftigen Hinweis, daß die Kriegsangst etwa nicht echt war; so läßt sich das Problem nicht wegwischen; bei so einheitlichen Meinungen braucht man keine Prozentzahlen.«[62]

In einer repräsentativen Jugendstudie des Landes Niedersachsen von 1984 mit 5307 Jugendlichen zwischen 14 und 21 Jahren wurde nach zehn verschiedenen Zukunftshoffnungen und -ängsten gefragt. Dabei stand die Angst vor der Umweltzerstörung mit 77 % an erster und die Angst vor einem Atomkrieg mit 61 % an zweiter Stelle.[63] Diese Ängste schlagen sich auch bei der Frage nach persönlichen Interessen nieder. Bei 23 möglichen Interessen wählten 74,5 % der Jugendlichen »Umwelt- und

Naturschutz« an erster und »Frieden in der Welt« an zweiter Stelle. Wie skeptisch dabei die Einschätzung aktueller politischer Fragen ist, zeigen folgende Ergebnisse: Die These: »Der technische Fortschritt macht die Menschen immer mehr zu Nummern und erschwert ihr Zusammenleben untereinander« wird von 71,4 % bejaht; dagegen stimmen nur 25,5 % der Gegenthese zu: »Der technische Fortschritt verschafft den Menschen mehr Freiräume und erleichtert ihr Zusammenleben untereinander.«[64]

Noch krasser sind die Unterschiede bei der Umweltfrage. Die These: »Die Umweltverschmutzung ist ein Tod auf Raten, der kaum noch zu bremsen ist, wenn nicht dringend etwas passiert« findet bei 93,3 % Zustimmung; nur 5,7 % neigen zu der Gegenthese: »Die Umweltverschmutzung ist nur ein vorübergehendes Problem, das wir wieder in den Griff bekommen.«[65]

Eine Bestätigung dieser Befunde liefert auch die repräsentative Bundesbefragung der Shell-Studie 1984.[66] 74 % der 15- bis 24jährigen halten es für »bestimmt« bzw. »wahrscheinlich«, daß »Technik und Chemie die Umwelt zerstören werden«. 64 % sprechen sich gegen neue Technologien aus, und 47 % stimmen dem Statement zu: »Ich fürchte, daß der technische Fortschritt unser Leben zerstört.«

Als Beispiel einer empirischen Untersuchung über Zukunftshoffnungen und Zukunftsängste möchte ich einige Ergebnisse der in der Einleitung erwähnten »bundesweiten Befragung« zusammenfassen, die wir mit einer eigenen Arbeitsgruppe 1985 durchgeführt haben.[67] An der Untersuchung nahmen 3499 Kinder und Jugendliche im Alter von neun bis 18 Jahren teil. (Durchschnittsalter 14,6 Jahre; 52 % Mädchen, 48 % Jungen). In einer offenen Frage wurde zunächst nach den drei größten Hoffnungen und Wünschen gefragt. Die Hoffnung auf Frieden wurde von 35 % der Gesamtgruppe mit weitem Abstand zu anderen Hoffnungen an erster Stelle genannt. In einer weiteren offenen Frage nach den drei größten Ängsten gaben mit weitem Abstand zu anderen Ängsten 51 % der Befragten »Krieg« an erster Stelle an, insgesamt wurde er unter den drei spontan genannten größten Ängste von zwei Dritteln der Untersuchungsgruppe angegeben.

Nach diesen offenen Fragen sollte eine Angstskala mit 20 vorgegebenen persönlichen und politischen Lebensängsten beantwortet werden. Die Angststärke war unterteilt in »viel Angst«, »etwas Angst«, »kaum Angst« und »keine Angst«. Ich zitiere hier nur die fünf häufigsten Ängste, vor denen die Befragten »viel Angst« hatten: »daß ein Atomkrieg ausbricht« (66 %); »daß meine Eltern sterben« (63 %); »daß die Umweltzerstörung noch schlimmer wird« (55 %); »daß immer mehr Menschen in der Welt verhungern« (43 %) und »daß ein Atomkraftwerk explodieren könnte« (37 %) (weitere 28 % hatten davor »etwas Angst«). Besonders das letzte Ergebnis hat uns sehr überrascht, weil die Untersuchung vor Tschernobyl lag. Nach der Katastrophe hat uns das Ergebnis die etwas unheimliche Frage aufgedrängt, wer denn eigentlich in unserer Gesellschaft die notwendige Klarsicht und Gefühlsbereitschaft besitzt, um künftige Katastrophen vorauszuahnen, und auch die Frage, wer definiert, was Begriffe wie Realitätstüchtigkeit und Realitätsprüfung meinen. Diese Fragen sollten wir für die spätere Erörterung der psychologischen Verarbeitung der Umweltsituation bei Kindern und Jugendlichen in Erinnerung behalten. Dazu sind noch folgende Ergebnisse zu ergänzen: Politische Ängste nehmen im Erleben der Befragten einen größeren Raum ein als persönliche. Das betrifft alle Altersstufen. Dabei leiden Mädchen sehr viel stärker unter Ängsten als Jungen - ein Befund, der sich in allen Jugendbefragungen wiederfindet. Bei der jüngsten Altersgruppe (9 bis 12 Jahre) sind die Ängste, speziell die politischen Ängste, am ausgeprägtesten und fallen über die Altersgruppe der 13- bis 15jährigen bis zur Altersgruppe der 16- bis 18jährigen leicht ab. Als Beispiel: 43 % der Kinder bis 12 Jahre hatten »viel Angst«, daß ein Atomkraftwerk explodieren könnte; bei den 16- bis 18jährigen waren es »nur« 23 %. Das Ergebnis beleuchtet stellvertretend für andere die Tatsache, daß jüngere Kinder mit größeren Ängsten auf Bedrohungen reagieren, weil ihre Möglichkeiten, Gefahren aktiv zu bewältigen, noch gering entwickelt sind; zudem verfügen sie noch nicht über die notwendigen seelischen Abwehrmechanismen, um auftretende Ängste aus dem Erleben zu löschen.

Als Beispiel für die Akzentverschiebungen, die sich im Laufe der letzten Jahre in der Rangliste gesellschaftlicher Bedrohungen abzeichnen, sei abschließend auf eine Umfrage der Zeitschrift »Eltern« verwiesen.[68] Dabei wurden im Herbst 1989, also mit Beginn des Tauwetters im Ost-West-Verhältnis, 2430 Schülerinnen und Schüler zwischen 8 und 16 Jahren nach ihren größten und wichtigsten Wünschen befragt. Unter zehn Wünschen nahm jetzt ein besserer Umweltschutz, vor allem Maßnahmen gegen das Ozonloch, die Luft- und Wasservergiftung und das Tiersterben den ersten Rangplatz ein, gefolgt von dem Wunsch nach Frieden und Abrüstung.

2. Persönliche Zeugnisse

Ein Tag im Juni 1981. Plainfield, Vermont, USA. Susie und Becky Dennison, Nessa und Hannah Rabin und Solveig, Max und Maria Schumann, alle zwischen 12 und 17 Jahre alt, sitzen zusammen. Sie sprechen über die Atomrüstung und über ihre eigenen Ängste. Was können sie dagegen tun? Plötzlich ist die Idee geboren. Sie schreiben einen Brief an »Dear Mister President Reagan!« Sie bitten ihn, sich dringend für eine nukleare Abrüstung einzusetzen. Mit diesem Schritt war die erste großangelegte Kinderaktion gegen den Irrsinn der Massenvernichtungsmittel geboren - die »Childrens Campaign for Nuclear Disarmament«. Bereits im Oktober 1981 hatte die Gruppe 2832 Briefe von Kindern aus den gesamten USA gesammelt. Die Idee sprach sich herum; bis zum Juni 1982 kamen weitere 5404 Briefe hinzu.

Im Juni 1981 und erneut im Oktober 1982 versuchte eine Kinderdelegation, dem Präsidenten die Briefe persönlich zu übergeben und mit ihm zu sprechen. Als sie beide Male abgewiesen wurden, verlasen die Kinder in vielen Stunden sämtliche Briefe öffentlich vor dem Weißen Haus in Washington.[69]

Die Idee einer von Kindern selbst organisierten Briefaktion weitete sich aus. »Peace Bird« wurde zu einer internationalen Bewegung, die 1985 anläßlich des Gipfeltreffens von Reagan und Gorbatschow über atomare Abrüstung 300 000 Kinderbriefe aus aller Welt unter dem Stichwort »A Letter to both« in Container verfrachtete, um sie beiden Politikern in Genf gemeinsam zu überreichen. Auch diesmal wurde die Kinderdelegation nicht empfangen.[70]

Als Beispiel für die Meinung einiger »Peace-Bird«-Kinder, die sich für Frieden und den Erhalt der Umwelt einsetzen, zitiere ich aus einem Interview, das »Der Spiegel« im Herbst 1989 führte.[71] Auf die Frage, was ihrer Meinung nach in den nächsten zehn Jahren passieren werde, antworteten vier Mädchen:

Nazmiye, 15 Jahre: »In zehn Jahren lebe ich nicht mehr. Das mit der Umwelt ist schlimm, das ist wirklich katastrophal. Irgendwas wird bestimmt passieren, oder ich mache Selbstmord und kapituliere. Entweder bringt mich jemand um, oder ich bringe mich selbst um.«

Lisa, 11 Jahre: »Das Ding wird in zehn Jahren bestimmt seine Wirkung zeigen.«

Spiegel: »Welches Ding?«

Lisa: »Na, das Ozonloch. Und vielleicht explodiert auch ein Atomkraftwerk. Ich hab' so Angst vor dem Jahr 2000. Da geht bestimmt irgendwas los, irgend so ein riesiges Chemiewerk könnte auch explodieren. Oder Politiker sagen, sie wollten etwas ausprobieren, etwas, was nicht gefährlich ist, und dann schmeißen sie 'ne Atombombe. Dann geht die Welt auseinander, sie zerbricht.«

Veronika, 11 Jahre: »Also lange geht das bestimmt nicht mehr weiter, es könnte so viel passieren, vielleicht kommt eine Sintflut. Vielleicht machen sie auch einen Atombombenversuch, und dann kommt der Weltuntergang.«

Güven, 14 Jahre: »Ich glaube, die Menschen können sich irgendwie nicht verändern. Vielleicht sollten sich die Staaten zusammentun. Aber bis das passiert, wird es bestimmt zu spät sein, und wir stehen da im Dunklen und sind tot.«

Aus dem Begleittext erfährt man, daß allein im Jahre 1989 Bundesumweltminister Töpfer 50 000 Kinderbriefe erhalten hat.

Wenn man solche Interviews oder auch nur eine kleine Auswahl politisch motivierter Kinderbriefe liest, kann man sich sehr schnell davon überzeugen, wie stark die heutige junge Generation in den westlichen Industrienationen bereits ein globales Denken verinnerlicht hat. Im Unterschied zu Dokumenten von Kindern über deren konkrete Kriegserfahrungen[72] umfassen die Briefe von Kindern, die im äußeren Frieden aufwachsen, ein breites Spektrum von angstproduzierenden Bedrohungsfaktoren: Krieg, Naturzerstörung, Lebenszerstörung durch Umweltvergiftung, Klimakatastrophe, Hunger in der Dritten Welt mit täglich 40 000 sterbenden Kindern sowie die Entwicklung neuer Technologien, die die menschliche Arbeitskraft überflüssig machen und somit zu wachsender Arbeitslosigkeit und massiven Einschränkungen beruflicher Zukunftsplanungen führen. Wie global das Denken in der jungen Generation geworden ist, wurde zuletzt anläßlich des Golfkrieges deutlich. Das Nachrichtenmagazin für Kinder des ZDF »logo« forderte seine Zuschauer im Januar 1991 auf, ihre Gedanken und Gefühle an die Redaktion zu schreiben. Aus der Vielzahl der eingesandten Briefe und Zeichnungen entstand die Dokumentation »Ich kann nicht beschreiben, wie die Angst ist«.[73] Auch diese Zeugnisse, die unter dem Titel »Kinderbriefe für den Frieden« angeregt wurden, zeigen, ähnlich wie die Briefe der »Childrens Campaign for Nuclear Disarmament« und von »Peace-Bird«, daß der konkrete Anlaß – damals die Atomrüstung und die Angst vor einem Atomkrieg, heute der Golfkrieg – vielen Kindern dazu dient, ihre globalen Ängste zu formulieren. Um diesen Eindruck zu überprüfen, habe ich die 45 vom ZDF veröffentlichte Briefe auf die Vielfalt der Themen durchgesehen. Neben den am häufigsten geäußerten Gefühlen der Angst, Trauer und des Mitleids für die vom Krieg betroffene Bevölkerung, besonders für die Kinder, lassen sich folgende Themenblöcke grob unterscheiden (die Zahlen in Klammern geben die Anzahl der Nennungen an).

1. Kritik an der mangelnden Verantwortungsfähigkeit von Erwachsenen und Politikern, einschließlich ihrer fehlenden Einsicht und politischer Versäumnisse, profitsüchtigem Waffenhandel, Rassismus und Folter (20)
2. Verlust von Zukunftshoffnungen (Heirat, eigene Kinder, Beruf) und Zukunftschancen von Kindern, einschließlich der Zerstörung der Menschheit (14)
3. Angst vor allgemeiner Naturzerstörung und Klimakatastrophe (14)
4. Generelle Aussagen gegen die Barbarei des Krieges (11)
5. Angst vor einem Übergreifen des Golfkrieges auf unsere Region (10)
6. Generelle Angst vor Atom- und Chemiewaffen (7)
7. Angst vor dem Tod der Eltern im Zusammenhang mit Krieg (5)

Angst spiegeln alle Briefe wider, oft verbunden mit Schlafstörungen, Alpträumen und vereinzelt mit Selbstmordphantasien.[74] Der hintergründige Witz, mit dem die Denk- und Handlungsstrukturen der Erwachsenen entlarvt werden, bleibt die Ausnahme, so in der Formulierung der 14jährigen Denise: »Der Mensch hat die Atombombe gebaut, aber keine Maus auf der Welt würde je eine Mausefalle bauen.«[75] Oder der »Spruch«, der der 9jährigen Lena »immer durch den Kopf surrt«: »Spielt Golf, keinen Krieg!«[76] Für die Gesamtstimmung der Briefe ist eher die kurze Schilderung des 13jährigen Jan charakteristisch: »Ich habe im März Geburtstag. Wenn der Krieg bis zu meinem Geburtstag anhält, dann werde ich nicht mit meinen Freunden Geburtstag feiern, sondern mich in mein Zimmer setzen und über die vielen Toten nachdenken.«[77]

Obwohl die junge Generation in der westlichen Welt bis auf wenige Ausnahmen - zu denken ist an die Kinder in Nordirland oder an die Flüchtlingskinder aus Kriegsgebieten - bisher keine persönlichen Kriegserfahrungen machen mußte, steht die Aussage von Jan stellvertretend für viele Kinder und Jugendliche, die erstaunlich konkrete Vorstellungen von den Grauen eines Krieges haben. Diese bleiben nicht nur theoretisches Wissen, sondern scheinen tief in das Gefühlsleben einzudringen, lösen Verzweiflung über die Sinnlosigkeit des Krieges und das Leiden der Opfer aus und sind eng mit der Angst verbunden, eines Tages selbst von einem Krieg betroffen zu sein. Wie erklärt sich dieses Phänomen und seine Verbreitung? Ich glaube, die Wurzeln dafür reichen bis zum Zweiten Weltkrieg zurück. Seine Grauen haben auf dem europäischen Kontinent ihre Spuren tief in die weitere historische Entwicklung bis zur Gegenwart eingeschnitten. Nach Überwindung des Traumas leitete das erklärte Ziel »Nie wieder Krieg« einen Demokratisierungsprozeß ein, der, verstärkt in den letzten beiden Jahrzehnten, gegen alle noch vorhandenen Verdrängungsversuche eine gründliche Aufarbeitung unserer Geschichte einschloß. Dabei bestand Einigkeit darüber, daß eine Erziehung zum Frieden schon in der Kindheit einsetzen muß. So lernen Kinder in der Schule schon relativ früh, was der Holocaust war und daß die Atombombenabwürfe über Hiroshima und Nagasaki nicht nur unvorstellbares Leid für die betroffene Bevölkerung brachten, sondern die Dauerbedrohung der Welt durch das Atomzeitalter einleiteten.

Aber die Sensibilisierung für Fragen bezüglich Krieg und Frieden setzt noch früher ein - in Bilderbüchern, Erzählungen und Geschichten, die auch Vorschulkinder an die Realität von Ungerechtigkeit und kriegerischer Gewalt heranführen. Die blutigen Szenarien, die Kinder und Jugendliche dann in den allabendlichen Fernsehberichten zugemutet werden - der jahrelange Krieg im Libanon, der Iran-Irak-Krieg, der Golfkrieg, die Bombardierung der Kurden, der Krieg in Jugoslawien, um nur einige besonders dramatische Beispiele der jüngsten Geschichte zu nennen –, bilden dann den täglichen Stoff, der innerlich zu angsterfüllten Erfahrungsstrukturen, Gefühlen und nächtlichen Träumen zusammengeschmolzen wird. Dabei spielt eine wesentliche Rolle, daß Kinder über geringere Möglichkeiten zur Verdrängung von Leiden verfügen als Erwachsene. So sind auch ihre Fähigkeiten zur Einfühlung, Anteilnahme, Besorgnis und zum Mitleid noch nicht verschüttet, und ihre Bereitschaft, sich mit dem Leiden anderer zu identifizieren, noch weniger gebrochen.

Die gespielte Gewalt dagegen, wie sie von Kindern täglich in Kriegsfilmen, Western, Krimis, Action-Filmen und Horror-Videos konsumiert wird, erscheint mir in ihrer psychischen Wirkung im Vergleich zur realen Gewalt wenn nicht gerade harmlos, so doch weniger ängstigend und verletzend zu sein, weil Kindern die differenzierende Wahrnehmung von »echt« und »gespielt« die Möglichkeit gibt, die gespielte Gewalt vom eigenen Gefühlserleben abzuspalten.[78] Natürlich enthält auch diese Gewalt Spiegelungen unserer Welt, die als Symbole der Zerstörung die verinnerlichten Objektbilder bei Kindern ergänzen.

Ich bin auf die fundamentale Erfahrung von Krieg etwas näher eingegangen, weil sie heute untrennbar mit dem Welterleben der jungen Generation zusammenhängt und daher einen wichtigen Teilaspekt der »vergifteten Kindheit« bildet. Krieg, das sollten wir nicht vergessen, ist nicht nur mit der Zerstörung von Menschenleben, sondern auch mit mehr oder weniger massiven Umweltzerstörungen verbunden. Er gehört zu den von Menschen gemachten Katastrophen, die an der Innenweltzerstörung der nachfolgenden Generationen einen wesentlichen Anteil haben.

Betrachtet man nun die Umweltzerstörung im engeren Sinne, so existieren hierzu zahlreiche persönliche Zeugnisse von Kindern und Jugendlichen. Unter den Generalthemen »Umwelt« und »Zukunft« sind in den letzten Jahren viele Mal- und Schreibwettbewerbe und Briefaktionen veranstaltet worden.[79] Als Beispiel möchte ich hier auf das bekannte Buch von Rusch etwas ausführlicher eingehen.[80] Es enthält eine Auswahl von 128 aus insgesamt 550 Briefen eines Kinderschreibwettbewerbs, den die IG Metall im Herbst 1988 für Kinder zwischen 8 und 14 Jahren zum Thema »Meine Zukunft« ausgeschrieben hatte. Aus dem Buch »So soll die Welt nicht werden« sind inzwischen viele Briefe ihrer Eindringlichkeit wegen in den Medien häufig zitiert worden. Ich möchte mich daher an dieser Stelle auf eine inhaltliche Analyse der Briefe beschränken. Für einen Überblick habe ich die in negativer Bedeutung auftauchenden Begriffe herausgesucht und, ebenso wie bei der Dokumentation des ZDF zum Golfkrieg, zu 19 Themenkomplexen zusamengefaßt (die Zahlen in Klammern geben wieder die Häufigkeit der Nennungen an):

1. Das Sterben von Natur (46), Tieren (44) und Menschen (23)
2. Umweltverseuchung, -zerstörung, -verschmutzung einschließlich Müllhalden, -bergen und -deponien (74)
3. Fabriken, Hochhäuser, Beton und Plastik als bestehende und zukünftige Sinnbilder menschlicher Entfremdung (65)
4. (Atom-)Waffen (34)
5. (Atom-)Krieg (30)
6. Atomkraftwerke (29)
7. Gift (33)
8. Autos, negativ besetzt (32)
9. Roboter und Computer, negativ besetzt (22)
10. Angst (29)
11. Zweifel an der Verantwortungsfähigkeit und Handlungsbereitschaft von Politikern und Erwachsenen (28)
12. Sorge um eigene spätere Kinder (21)
13. Krankheit allgemein, Krebs und Aids (20)
14. Zweifel am Fortbestand der Erde (18)
15. Ozonloch und Klimakatastrophe (17)
16. Arbeitslosigkeit (16)
17. Geld, negativ besetzt (16)

18. Hunger in der Welt (15)
19. Gasmasken für die Zukunft (8)

Zu betonen ist bei einer solchen Aufstellung, daß es sich nicht, wie bei Fragebogenuntersuchungen, um vorgegebene Fragen und Antworten handelt, sondern um spontan genannte Begriffe, die den Kindern zum Thema »Meine Zukunft« einfallen.

Begriffe wie Macht, Herrschsucht, Habgier, Egoismus, Bequemlichkeit, Neid, Geiz, Rassismus, verletzte Menschenrechte, Unfriede, Streit, Haß, Wüste, kalt, öde, leer, tot, Langeweile, Einsamkeit, Alleinsein, Hölle, hilflos, ohnmächtig, kraftlos, Alpträume, Selbstmord, Katastrophe und Tschernobyl tauchen neben den bereits genannten Themenkomplexen zwar nur in geringerer Häufigkeit auf; sie bestimmen aber die Atmosphäre der Briefe im Sinne des Umschlagens von äußerer Realität in innere Objektbilder in eindrücklicher Weise mit. Eine angstvoll erlebte und pessimistisch eingeschätzte Zukunftsperspektive kennzeichnet in ausgeprägter Form 64 der Briefe, also genau die Hälfte. Bei 63 Briefen finden sich neben den negativen auch positive Einschätzungen der Zukunft. Dabei geben die Kinder in Phantasien, Science-fiction-Geschichten, Erfindungen und Träumen ihrer Hoffnung Ausdruck, daß sich die Welt retten läßt und daß sie selbst zu einer Veränderung beitragen können.

Das globale Denken, das sich in der aufgeführten Themenvielfalt der Briefe in plastischer Weise niederschlägt und das sich auch in vielen anderen Dokumentationen persönlicher Zeugnisse von Kindern und Jugendlichen wiederfindet, scheint mir kennzeichnend für die Befindlichkeit in breiten Teilen der jungen Generation zu sein. Danach verfügt diese Generation über ein erstaunlich präzises und je nach Bildungsstand unterschiedlich differenziertes Weltbild. Dessen Grundstrukturen scheinen in der Wahrnehmung der Kinder etwa folgendermaßen auszusehen: Erwachsene sind egoistisch, profitsüchtig und konsumorientiert. Um ihre Bedürfnisse zu befriedigen, ist ihnen jeder Weg recht. Sofern sie die Macht dazu haben, beuten sie schwächere Menschen rücksichtslos aus und setzen ihre Interessen notfalls auch mit der Brutalität von Kriegen durch. Ebenso dient ihnen die Ausplünderung der Natur dazu, ihre Besitzgier zu stillen. Die pathologisch entgleisten Ansprüche schließen Gefühle von Verantwortung und Mitleid immer mehr aus und richten sich immer zerstörerischer gegen Menschen und Natur. Wir, die Kinder, sind davon am stärksten betroffen, weil das Zerstörungswerk sich nicht nur gegen unsere Gesundheit richtet; es setzt auch unsere Zukunft aufs Spiel. Dies ist eine Form des indirekten Krieges, den Erwachsene gegen uns Kinder führen.

Wenn man diese in unsere Sprache übersetzte Gedankenkette von Kindern betrachtet, wird verständlicher, warum Umweltzerstörung und Krieg im Bewußtsein und in der Gefühlswelt der jungen Generation zur unteilbaren Einheit verschmolzen sind. Die Differenzierung in einen direkten und einen indirekten Krieg hebt sich auf diese Weise in einem grundlegenden Lebensgefühl vieler Jugendlicher auf: »Es ist Krieg.« Und dieser Krieg wird gegen sie geführt.

Unter psychodynamischen Gesichtspunkten zeigen die Begriffskomplexe aus der Dokumentation von Rusch und andere persönliche Zeugnisse, wie breit die bedrohliche Objektwelt in die heutige Kindheit einbricht. Dabei geht es nicht um eine abstrakte Angst, sondern um ganz konkrete, oft erschütternde innere Bilder und Phantasien des Zerfalls, der Entmenschlichung, der Zerstörung und der verzweifelten Ohnmacht und Resignation, die die Vision des Todes, des eigenen wie des der Menschheit, als ein langsames und qualvolles Sterben oder ein plötzliches, alles überwältigendes Ereignis einschließen. Diese inneren Bilder und Phantasien sind psychoanalytisch sehr viel ergiebiger als bloße Statistiken. Die so erlebte Welt wird als versagende, feindliche, verletzende und verfolgende verinnerlicht und konfiguriert die innere Welt der »bösen« Objekte. Der Grad ihrer Gefährlichkeit, das wird an der häufigsten Nennung des Sterbethemas deutlich, kulminiert in der völligen Vernichtung des Subjekts. Aus der Narzißmusforschung wissen wir heute, wie wichtig die Welt der inneren Objekte für den Selbstaufbau und das Selbstwertgefühl ist. »Gute« Objekte dienen als Quelle narzißtischer Zufuhr und libidinöser Besetzung des Selbst. Besonders in Zeiten von Krisen und Objektverlusten, so schreibt der Narzißmusforscher Kernberg (1975), zieht das Selbst aus ihnen Liebe und Bestätigung als Kompensation für Enttäuschungen in der Realität. Umgekehrt läßt sich schlußfolgern, daß bei der Etablierung eines Systems vorwiegend »böser« Objektrepräsentanzen ein stabiles Selbst erst gar nicht entsteht, da dieses nur in enger Verflechtung mit guten inneren Objekten aufgebaut werden kann.

Die durch die ökologische Situation bedingte Zukunftsangst greift also nicht nur in die Regulation der Triebvorgänge und in den Aufbau des Ich, sondern auch in die Strukturbildung des Selbst, d. h. in die Ganzheit der Person ein. Vergiftete Kindheit meint daher die Gleichzeitigkeit von Umwelt- und Innenweltzerstörung, deren psychische, psychosomatische und psychosoziale Folgen wir im Folgenden näher zu betrachten haben.

3. Gespräch mit Daniela

Nach dem allgemein orientierenden Überblick über die wissenschaftlichen Umfrageergebnisse und die Dokumente von mehr persönlichem Charakter möchte ich die Frage der Umwelterfahrung von Kindern anhand von zwei Gesprächen vertiefen, die ich unabhängig von meiner beruflichen Praxis selbst geführt habe. Dazu erscheinen mir ein paar Vorbemerkungen zu ihrem Zustandekommen notwendig.

1989 plante der WDR eine Fernsehserie unter dem Titel: »Was Kinder so denken . . .« Ziel der Sendung war es, Eltern zu zeigen, welche Fragen zu Familie und Gesellschaft unsere Kinder beschäftigen, und ihnen Möglichkeiten aufzuzeigen, wie sie mit ihren Kindern den Weg zu einem offenen Dialog finden können. Der Sender beauftragte mich mit der Planung und Durchführung der Interviews zur Erprobung dieses Pilot-Projektes.

Dazu wählte ich aus einer Gruppe von zwölf Kindern im Alter von 9 bis 10 Jahren aus verschiedenen Grundschulklassen nach einem Vorgespräch fünf Kinder aus. Mit Daniela und Hellmut führte ich Einzelgespräche von jeweils eineinhalbstündiger Dauer, mit den drei anderen Kindern ein Gruppengespräch, auf das ich aus Raumgründen hier nicht näher eingehen möchte. Alle Gespräche fanden bei schönem Wetter im Freien statt, so daß die Kinder sehr schnell jede Scheu vor den weit entfernt stehenden Kameras verloren. Die Kinder sollten aus einer Liste von elf Themen, die die wichtigsten privaten und öffentlichen Lebensbereiche eines Kindes umfassen, drei auswählen, über die sie am liebsten sprechen wollten. Die vorgegebene Struktur schien mir notwendig, um einzelne Themen in einem locker und assoziativ geführten Gespräch genügend vertiefen zu können und damit gleichzeitig der Gefahr eines zu sprunghaften Gesprächsablaufs zu entgehen.

In den folgenden Ausschnitten der Gespräche mit Daniela und Hellmut habe ich versucht, den Zusammenhang zwischen äußerer und innerer Erfahrungswelt der Kinder zu veranschaulichen und mit einigen grundlegenden Beobachtungen zu verbinden.[81]

Ich beginne mit dem Gespräch mit Daniela. Sie ist zehn Jahre alt und lebt mit ihren Eltern und ihrer drei Jahre jüngeren Schwester in einer sozial stabilen und harmonisch wirkenden Familiensituation. In der Familie herrscht ein liberales Erziehungsklima. Politik ist kein Thema, das eine größere Rolle zu spielen scheint. Daniela ist ein hübsches, lebendiges, phantasievolles und kontaktfreudiges Mädchen, das in seinem sozialen und psychischen Verhalten nach außen hin zunächst keinerlei Auffälligkeiten zeigt.

Aus den elf Themen wählte sie zunächst drei aus, konzentrierte sich dann aber nur auf die Themen »Was finde ich an meiner Familie gut, was finde ich weniger gut?« und »Jeder Mensch hat vor irgend etwas Angst. Was sind meine größten Ängste?«

Daniela erzählt zunächst zum ersten Thema ausführlich über die schönen Seiten des Familienlebens, schildert gemeinsame Unternehmungen, betont die Möglichkeit, mit der Mutter über vieles sprechen zu können, und berichtet in anrührenden Beispielen von der engen Gemeinsamkeit mit der Schwester, mit der sie besonders abends im Bett alle Geheimnisse austauschen kann; insbesondere sprechen sie viel über ihre Ängste und Angstträume und sind sich dabei gegenseitig eine wichtige Stütze. Aber sie hält auch mit ihrer Kritik nicht zurück. In der Familie werde nie über Probleme gesprochen, weder über die der Eltern noch die der Kinder. Die Eltern, meint sie, nehmen die Ängste der Kinder nicht ernst. Außerdem sei der Vater seiner Arbeit wegen fast nie zu Hause, sei abends erschöpft, lese dann Zeitung oder stelle den Fernseher an. Die Schwester werde vom Vater bevorzugt. Mit ihr gebe es auch öfter Streit. Manchmal zweifelt Daniela daran, daß sie von den Eltern geliebt wird. Sie möchte, daß in der Familie mehr und offener miteinander gesprochen wird, daß man sich gegenseitig zuhört und bei unterschiedlichen Meinungen mehr Kompromisse schließt.

Vor dem geschilderten Hintergrund ist dann überraschend, über wie viele Ängste sie beim zweiten Thema berichtet. Zunächst schildert sie einige sich häufiger wiederholende Angstträume. In einem sind Mörder oder Soldaten mit Gewehren und Messern hinter ihr her und wollen sie umbringen. In einem zweiten, besonders ängstigenden Traum wird sie von einem Werwolf bedroht, und in einem dritten kehrt die Angst vor einem Kugelblitz häufig wieder.

Ich frage sie dann, ob diese Träume auch in ihrem täglichen Leben eine Rolle spielen, oder wovor sie sonst noch Angst habe. Sie meint, solche Phantasien und Ängste überfielen sie auch gelegentlich tagsüber; man wisse ja nie; man höre ja gelegentlich von Kindermördern und Exhibitionisten, die sich an Kinder heranmachten. Sie kann diese Ängste aber relativieren und gut mit ihnen umgehen, da sie sich schon für selbständig genug hält, Gefahren auch erkennen zu können.

Ich bestätigte ihr, daß es ja für Kinder tatsächlich eine ganze Menge an Gefahren gibt, und ob sie noch an andere denke, die ihr angst machten. Daraufhin sagt sie:

»Manchmal habe ich auch Angst vor Krieg oder so, daß irgendwann mal wieder Krieg, 'n Weltkrieg oder sonst was ausbricht, und ich habe so 'ne Angst, irgendwann mal auf der Straße Leichen liegen zu sehen, ja. Das ist nämlich so alptraumhaft für mich, wenn man sieht, wie tote Menschen, richtig tot, die nie wieder erwachen werden, da auf dem Boden liegen. Das ist so gräßlich, da kann man, da habe ich richtig wahnsinnige Angst vor. Und überhaupt, daß man selbst mal davon getroffen wird und daß man selber nicht mehr aufwacht. Das ist so grausam.«

Was in dieser inhaltlich überraschenden Wendung des Gesprächs nur angedeutet ist, kommt an anderen Stellen deutlicher zum Ausdruck: Danielas Mitleid und Einfühlung für andere Menschen. Als ich dies zu einem späteren Zeitpunkt anspreche, entwickelt sich folgender Dialog:[82]

ICH: »Mir fällt auf, wenn du über andere Menschen sprichst, daß du sehr viel Gefühl für sie hast, daß du viel für andere Menschen mitdenkst und zum Teil auch mitleidest.«

DANIELA: »Ja, manchmal leide ich auch mit. Aber manchmal meine ich auch so, die anderen Menschen können mir egal sein. Wenn ich sauer bin oder so, ach, die können mir ja Wurscht sein. Aber sonst mache ich mir eigentlich schon mehr Gedanken über die anderen.«

ICH: »Ja, du machst dir viel Gedanken über andere.«

DANIELA: »Wie's denen geht, und was man denen helfen kann oder so. Das muß man ja machen irgendwie, sonst müßten ja alle Menschen irgendwann dran glauben oder so.«

ICH: »Wie meinst du das ›dran glauben‹?«

DANIELA: »Sagen wir mal, da ist 'n Bürgerkrieg, und dann glauben alle, das ist doch deren Sache. Dann kann der ja nie aufhören, und dann leiden ganz viele Menschen dran, Hunderte oder so, die sind dann tot mit einem ganz jungen Alter, und das nur, weil sich andere keine Gedanken drüber machen. Und nämlich, wenn sich alle Gedanken drüber machen würden: ›Was passiert, wenn wir jetzt nicht irgendein Mittel erfinden, was, sagen wir mal, die Ozonschicht schützt‹ oder so. Irgendwie kommt es mir so vor, machen sich viel zuwenig Leute Gedanken darüber. Sollten sich viel mehr darüber machen.«

ICH: »Jetzt fällt dir der Bürgerkrieg und die Ozonschicht ein. Es scheinen dich doch mehr Dinge zu beunruhigen, was alles noch passieren kann. Zuerst hast du gesagt, die Angst vor dem Krieg, es könnte ein Krieg kommen, jetzt sprichst du vom Bürgerkrieg und von der Zerstörung der Ozonschicht, so, als wenn du eine ganze Menge an Phantasien und Ängsten hast, was noch alles Schreckliches geschehen kann.«

DANIELA: »Ja, ich glaube, daß es zu viel Plastik gibt.«

ICH: »Plastik?«

DANIELA: »Ja, alles voller Plastik.«

ICH: »Und warum stört dich das?«

DANIELA. »Na ja, irgendwie, irgendwann denke ich manchmal, irgendwann kann man das nicht mehr stoppen, dann wird es zu voll, und dann kann man so viele Verbrennungsanlagen gar nicht mehr bauen, um das Ganze wegzukriegen, das wird dann immer mehr, und irgendwann schlafen wir im Müll.«

ICH: »Woher weißt du eigentlich so viel über diese Dinge?«

DANIELA: »Na ja, manche Sachen weiß ich aus Büchern oder so, und Gedanken mache ich mir meistens mehr im Bett, dann habe ich Ruhe, dann sabbelt keiner dazwischen. Da kann ich richtig über andere Menschen nachdenken und versuchen, auch irgendwelche Lösungen zu finden, irgendwie, wie man das bessern kann. Ich versuch's auch, jede Nacht zu machen, aber manchmal klappt's nicht, wenn meine Schwester Alpträume hat, dann helf' ich ihr lieber. Dann ist mir das erst mal wichtiger.«

ICH: »Ja, aber helfen müßte man dir auch.«

DANIELA: »Ja.«

ICH: »Dann müßte man euch beiden helfen.«

DANIELA: »Ja, müßte man auch.«

Wir sprechen dann über ihre Phantasien und Gedanken, die sie sich abends im Bett macht, um Dinge zu verändern. Die »Welten, die ich mir träume«, sind voller Widersprüche. Fülle für alle, Befriedigung, Ausgleich und Harmonie werden als Sinnbilder des Friedens kontrastiert mit Fabriken und Autos. »Wir könnten langsam ersticken, weil so schlechte Luft ist.« Deswegen entwirft Daniela phantastische Erfindungen, Ballons und Pumpen, Wundermaschinen und unschädlichen Sand, um Autos zu betreiben. »Dann wäre es nicht so umweltschädlich den Bäumen gegenüber – jetzt sterben ja schon so viele Bäume.«

Ich frage sie: »Was könnte passieren, wenn deine Wundermaschinen nicht erfunden werden und die Leute, wie du eben gesagt hast, weiterhin nicht genügend nachdenken?«

DANIELA: »Was da passieren könnte? Oje, das stelle ich mir meistens nur im Chaos vor so ungefähr. Was richtig passiert, also was den Menschen passiert oder so, will ich mir gar nicht ausdenken, das würde nämlich so schlimm sein, das würde nämlich so furchtbar schlimm sein, daß man vielleicht überhaupt nicht mehr schlafen könnte. Es würde ein Riesenchaos entstehen oder wie im Krieg, da würde man sagen, es würde Tausende von Leichen geben.«

ICH: »Was stellst du dir unter Chaos vor?«

DANIELA: »Na ja, wie soll man sagen, also würden sie entweder sich streiten, wer daran schuld wäre, oder sich kloppen, oder es würde noch so gehen: ›Ja, ich hab' hier noch 'n freien Platz‹, und dann würden sich alle Menschen darauf stürzen und vielleicht dem letzten einen Armen, der noch ein ganz kleines Gebiet Land hat, die Hälfte von 'nem Garten wegnehmen, und alle würden dann mit Gewehren kommen, ihn erschießen und das Land für sich behalten wollen. Oder irgend so 'ne Sachen. Daß die dann versuchen wollten, ›der Baum gehört mir und so, ich will noch gut ernten können, die anderen können ja ruhig sterben, ist doch Wurscht, ich bin ja hier der King‹. Und so was. Das ist irgendwie Chaos.«

Ich frage sie dann, was man gegen dieses Chaos und gegen die Angst davor tun könne.

DANIELA: »Oh, vielleicht, daß jemand einem besser erklärt, daß das nicht wahr ist. Dann könnte man vielleicht weniger Angst haben oder besser damit fertig werden. Und auch mal versuchen, mit anderen darüber zu reden, welche Ängste sie haben, und dann versuchen, ihnen zu helfen, daß man nicht immer nur an sich selbst denkt: ›Ja, meine Angst muß ja weg, die anderen können sie ja behalten.‹ Sondern daß man sich auch Gedanken um andere macht, um Arme oder so, daß sie ihr letztes Geld verlieren.«

Danielas Versuche, mit anderen zu reden, mit den Eltern, Verwandten, Freunden, so stellt sich heraus, sind in der Regel wenig erfolgreich. Entweder werden ihre Ängste mit Ausreden und fadenscheinigen Erklärungen abgetan, oder sie wird damit sogar lächerlich gemacht. Sie glaubt, andere hätten auch solche Ängste, würden aber nicht darüber sprechen, um nicht ebenfalls ausgelacht zu werden. Es sei aber wichtig, darüber zu sprechen: »Ich finde, das sollte man sich schon mal trauen und es sagen. Dann würden's andere auch tun und die wiederum auch, und dann könnte man vielleicht irgendwie 'nen Stab oder so drüberlegen. Sagen wir mal, ganz viele haben Angst vorm Weltkrieg oder so, daß man dann irgendwie ewige Freundschaft mit Ländern machen könnte, versuchen zu regeln, daß es dann feststeht, mit denen würde man nie Krieg führen. Wenn das geschieht, passiert was ganz Ungeheures, ja! Und das wäre dann, glaub' ich, 'ne große Erleichterung für viele Kinder.«

Wenn man den Gesprächsablauf und die Problemlage von Daniela in einigen Zügen charakterisieren will, so fällt am stärksten die enge Vermischung persönlicher und gesellschaftlicher Konflikte auf. Nach allen Erfahrungen scheint sie mir aber nicht nur für dieses Mädchen typisch oder bei ihr gar besonders ausgeprägt zu sein. Daniela besitzt lediglich die Sensibilität, Phantasie und Sprachfähigkeit, die Konflikte in der ihr eigenen kindlichen Art auch zu formulieren. Ihre Traumbilder von verfolgenden Männern, Soldaten, Werwölfen oder Kugelblitzen, die sie bis in den Alltag hinein begleiten, können aus tiefenpsychologischer Sicht zum einen als Ausdruck persönlicher innerer Konflikte gedeutet werden, bei denen es um eine altersspezifische, vorpubertäre Auseinandersetzung mit dem anderen Geschlecht und den bedrohlichen Aspekten der Sexualität geht. Dabei werden die eigenen als gefährlich erlebten Triebkräfte durch Projektion auf männliche Verfolger abgewehrt. Aber die Traumbilder symbolisieren zugleich Anteile der Realität, in der Männer als potentielle Gewalttäter erlebt werden und es häufig auch sind. Darüber hinaus scheint mir aber auch die gesellschaftliche Realität mit ihren Bedrohungen (Krieg, Tod, Zerstörung von Menschenleben und Natur) in den Angstträumen verdichtet zu sein. Denn die auch für mich während des Gesprächs überraschenden Assoziationen, die Daniela zu den Traumbildern entwikkelte, zeigten ihre stärkste Gefühlsbeteiligung nicht bei der Übertragung der Inhalte auf die persönliche Realität, sondern auf das gesellschaftliche Gefahrenpotential im Bereich von Krieg und Umwelt. Daher scheint eine enge Wechselbeziehung zwischen Innen- und Außenwelt zu bestehen. Erst aus dieser Dialektik lassen sich die seelischen Auswirkungen der Umweltbedrohung verstehen, die uns in den folgenden Kapiteln ausführlich beschäftigen werden.

Ein weiterer wichtiger Punkt läßt sich aus dem Gespräch mit Daniela für die weitere Diskussion gewinnen. Das Gespräch, der Dialog mit den Eltern über die das Kind bedrückenden Fragen und Ängste ist gemessen an seinen Bedürfnissen stark eingeschränkt. Die Eltern nehmen die Tiefe der kindlichen Konflikte nicht wahr; Daniela fühlt sich daher nicht entsprechend verstanden und ernstgenommen, woraus ihr zeitweiliges Gefühl resultieren könnte, nicht geliebt zu werden. Ich verbinde diese Aussage mit keinerlei Vorwurf an die Eltern von Daniela. Nach meinem persönlichen Eindruck gingen sie liebevoll und mit viel Verständnis mit ihren Kindern um. Aber sie sind, wie noch die meisten Eltern ihrer Generation, zu Opfern einer Erziehungsideologie geworden, in der der Austausch persönlicher Gefühle oder gar von innerfamiliären Konflikten strengen Tabus unterlag. Hier bahnen sich Veränderungen an. Gleichzeitig aber fühlen sich Eltern durch den gewaltigen Problemdruck, unter dem Kinder durch die gesellschaftlich-zivilisatorische Entwicklung stehen, in ihrer entsprechend gewachsenen Verantwortung überfordert und mit diesen Aufgaben häufig hilflos allein gelassen. In dieser Situation ist es daher nicht verwunderlich, wenn sie versuchen, die brennenden Probleme zu verdrängen.

Für Kinder kommt in dieser Situation erschwerend hinzu, daß auch die soziale Gemeinschaft außerhalb der Familie zu wenig an Schutz und Geborgenheit anbietet. Im Gegenteil trägt unsere Kultur viel zur Vertiefung des Gefühls der Ungeborgenheit bei, indem sie Kinder mit Bedrohungen konfrontiert, die von diesen nicht mehr alleine zu verarbeiten sind.

Wie das Gespräch mit Daniela in eindrucksvoller Weise gezeigt hat, entwickelt sie einen ausgeprägten Altruismus – d. h. eine Einfühlung und ein Mitleid für andere –, der mir etwas über das für diese Altersstufe zu erwartende Maß hinauszugehen scheint. Auch wenn er bei Mädchen stärker ausgeprägt ist als bei Jungen, hatte ich bei Daniela den Eindruck, daß ihr Altruismus nicht nur ihrem normalen sozialen Mitgefühl entstammt, sondern, was häufig der Fall ist, auch aus eigenen Verletzungen resultiert. Besonders sensible Kinder tendieren häufiger zu altruistischen Haltungen. Dahinter verbirgt sich in der Regel der Wunsch, selbst mehr umsorgt und in den eigenen Ängsten verstanden und angenommen zu werden. Wenn diese Wünsche unerfüllt bleiben, kann auch der Altruismus als Abwehrversuch – psychoanalytisch sprechen wir dabei von einer Reaktionsbildung – auf lange Sicht nicht verhindern, daß diese Kinder in eine zunehmende innere Einsamkeit und Isolation geraten. Sie fühlen sich mit ihren Ängsten allein gelassen, und das in einer Entwicklungsphase, in der sie noch stark auf sozialen Schutz, Liebe und Geborgenheit angewiesen sind. Auch wenn bei Daniela der Altruismus besonders stark ausgeprägt ist, scheint sich mir in ihren Konflikten ein typisches Kinderschicksal widerzuspiegeln. Dabei ist zu berücksichtigen, daß nach allen Erfahrungen Mädchen ein höheres Maß an Sensibilität, Engagement und Verantwortung für Fragen der Umweltzerstörung besitzen - und auch mit mehr Angst auf sie reagieren. Das Gespräch mit Hellmut wird zeigen, welche Unterschiede diesbezüglich zwischen Mädchen und Jungen bestehen.

Die Koppelung von persönlichen und gesellschaftlichen Ängsten, wie wir sie bei Daniela kennengelernt haben, macht zugleich die enge Verflechtung von Familie und sozialem Umfeld deutlich. Sie sind die zentralen Orte, an denen individuelle und kollektive Konflikte entstehen und die aus ihnen resultierenden Ängste zusammenfließen.

Den Bericht über Daniela möchte ich mit den Reaktionen der Eltern abschließen. Wir führten ihnen den ungeschnittenen Film vor, um mit ihnen das Interview zu besprechen. Sie waren nicht nur überrascht, sondern zum Teil auch betroffen und bestürzt, jetzt zum erstenmal zu hören, über welche Fragen sich ihre Tochter Gedanken macht und von welchen Ängsten sie geplagt wird. Dadurch wurde der Film für sie zu einer wichtigen Erfahrung über die Notwendigkeit, ihre Gesprächsangebote und Gefühlskontakte zu ihren Kindern zu vertiefen. Dabei konnten sie offen über ihre eigenen Ängste sprechen, die die von Daniela angeschnittenen Probleme bei ihnen selbst auslösten. Aber ihnen wurde auch klar, daß für alle Familienmitglieder die Öffnung des Gesprächs auch die Chancen enthalten würde, die Ängste mehr zur Sprache zu bringen und sie dadurch gemeinsam besser zu bewältigen.

4. Gespräch mit Hellmut

Hellmut ist ein ebenfalls 10jähriger, aufgeweckter und freundlicher Junge, der mit den Eltern und einer zwei Jahre älteren Schwester in einer stabilen Lebenssituation aufwächst. Er ist ein guter und recht ehrgeiziger Schüler mit vielseitigen, besonders sportlichen Interessen.

Aus den elf Themen wählt er die drei folgenden aus: »Wie wichtig sind mir meine Freunde?«, »Fernsehen für Kinder, was denke ich darüber?« und »Ist Politik ein Thema, das Kinder noch nichts angeht?«

Auf das erste Thema geht er relativ allgemein und ohne größere emotionale Beteiligung ein. Er findet es wichtig, Freunde zu haben, weil sie einem bei Schwierigkeiten helfen können. Er hat das Gefühl, »alle in der Klasse« sind seine Freunde, schildert aber keine persönlichen Erfahrungen, in denen er Freundschaft als beglückend erlebt hat. Ausführlicher beschäftigt er sich in einigen Beispielen mit den Schwierigkeiten von Außenseitern und Ausländern und mit der Frage, wie man ihnen am besten helfen könne.

Persönlicher geht Hellmut mit dem zweiten Thema um. Er hat eine eher ablehnende Haltung zum Fernsehen, weil die meisten Filme »Brutalserien« sind, »hat alles irgendwie mit Krieg zu tun oder Waffen«. Es gebe kaum noch Sendungen, »wo nichts mit Gewalt ist«, und das sei auf die Dauer ansteckend. Die Leute würden ausprobieren, wie es sei, wenn man es nachmacht, zum Beispiel »Autoraserei« oder bei Kindern, die sich »mit Maschinengewehren oder anderem Kriegsspielzeug gegenseitig totschießen«. Allerdings könne er sich da nicht ganz ausschließen, er sehe auch schon mal gerne eine solche Serie. »Das ist also nicht so, daß ich der bin, der immer ohne Gewalt spielt. Das geht ja heute kaum noch. In den Köpfen ist's ja schon so drin. Und viele Kinder, die träumen ja dann nachts davon, das kann man ihnen aber kaum noch verbieten.«

Hellmut kann die Meinung nicht bestätigen, daß Kinder vom Fernsehen viel lernen. »Ich würde sagen, man lernt viel mehr, wenn man ungefähr 'ne halbe Stunde am Tag durch die Stadt marschiert. Ich glaube, da kriegt man viel mehr mit, was da alles so passiert; wenn man zum Beispiel mal 'nen Unfall miterlebt oder so.«

In konfrontiere ihn daraufhin mit den realen Informationen, die man durch das Fernsehen erhält: »Ich habe noch nie erlebt, daß die Leute überlegt haben: Wie wirken denn die ganzen Nachrichten auf Kinder, die so täglich über die Tagesschau ins Kinderzimmer oder ins Wohnzimmer flimmern? Das ist ja unsere Realität, wie sie hier in Deutschland, wie sie in der ganzen Welt besteht.«

HELLMUT: »Ja, ich meine, man soll die Kinder vielleicht nicht vollstopfen mit allen Nachrichten, aber ich find's auch wichtig; Wenn jemand zum Beispiel noch nie etwas über die Verhältnisse gehört hat, was soll er denn als Erwachsener dagegen tun? Wenn die Eltern ihre Kinder von diesen Themen fernhalten, können sie sich als Erwachsene gar keine Meinung bilden, zum Beispiel ›Wen soll ich denn jetzt wählen, welche Partei? Oder was kann man denn dagegen tun?‹ Ich finde, manche Themen könnte man ruhig mal mit den Kindern besprechen.«

ICH: »Ja, aber entweder dürfen Kinder Tagesschau sehen oder nicht. Du kannst ihnen ja nicht nur die Bilder zeigen, wo, sagen wir mal, Steffi Graf gegen Boris Becker gewinnt. Entweder du siehst Tagesschau oder nicht. Was denkst du, ab welchem Alter sollten Kinder Tagesschau sehen?«

HELLMUT: »Also, ich meine, in meinem Alter, denke ich mir mal so. Mir wird's auch nicht immer zuviel. Die Tagesschau hat auch nicht soviel Auswirkungen auf mich. Ich höre mir das an, mache mir Gedanken darüber, und dann ist es sozsuagen o. k. In meinem Alter oder meinetwegen zwei Jahre später sollten die Kinder schon irgendwas darüber wissen.«

Hellmuts Hinweis auf eine Art »Selbstzensur«, mit der er sich gegen eine zu nachhaltige Wirkung von Fernsehinformationen schützt, erscheint mir für die kontroverse Diskussion wichtig, ob und ab welchem Alter man Kinder über die negativen Realitäten in Vergangenheit und Gegenwart aufklären sollte. Tatsächlich wird von Erwachsenen dieser Abwehrmechanismus unterschätzt, mit dem Kinder in der Regel nur soviel an Informationen zulassen, wie sie verarbeiten können, um nicht von der gleichzeitig ausgelösten Angst überschwemmt zu werden. So glaube ich, daß bei den normalen Formen der Aufklärung, wie sie im pädagogischen Alltag die Regel sind, die individuelle und altersgemäße Belastbarkeit der Kinder in ausreichender Weise berücksichtigt wird. Nicht zu leugnen ist dagegen, daß die »Aufklärung«, der Kinder oft zwangsläufig durch die Medien ausgeliefert sind, die Reizschranke häufig gewaltsam durchbricht, so daß die Kinder durch die Intensität und Flut der Informationen unter einen überhöhten Angststreß geraten. Ich sage daher zu Hellmut, das Fernsehthema abschließend: »Du schaust dir Fernsehen nur so oft an, daß es dir nicht zuviel wird und um daraus zu lernen. Das scheint mir ein sehr vernünftiger Weg, um sich allmählich über die Realität zu informieren und dann auch Bescheid zu wissen.«

Damit gehen wir auf das dritte Thema über, das ich ihm noch einmal begründe: »Viele Erwachsene sind der Meinung, Politik sei nichts für Kinder, das ginge sie noch nichts an, interessiere sie auch nicht. Kinder sind Kinder, und die sollen glücklich sein, und aus der Politik solle man sie raushalten.«

HELLMUT: »Na, ja, das hört sich auf den ersten Blick vielleicht ganz fürsorglich an, wenn Eltern das sagen; aber wenn Kinder mal größer werden, dann irgendwie in die Politik eingreifen müssen oder sollen, dann kriegt man ja erst mal 'nen Schock. Zum Beispiel wenn man keine Arbeit kriegt, und man weiß noch nicht, daß es viele Arbeitslose gibt und was dadurch passieren kann. Ich meine, was macht man denn da in so einem Falle, wenn man ganz uninformiert ist? Ich finde, Kinder sollten schon viel über Politik wissen. Vielleicht nicht überschwenglich, nicht so, daß ihnen bald der Kopf platzt, aber man müßte vor allem die Themen behandeln, die um einen herum passieren, und die Politik, die einen auch später was angeht als Erwachsener.«

ICH: »Was sind das für Themen, die dich interessieren und mit denen du dich beschäftigst?«

Hellmut spricht dann ausführlich über die Notwendigkeit, sich rechtzeitig über die Parteien zu informieren, um später zu wissen, welche man wählen soll. Besonders haben ihn die letzten Wahlen in Berlin »schockiert«, weil die Republikaner zum erstenmal in den Landtag gekommen seien; jeder kenne ihre Ausländerfeindlichkeit.

Diese mir zu »erwachsen« und kopflastig erscheinende Ebene versuche ich dann zu verlassen, indem ich Hellmut frage, ob es nicht Themen gebe, die für Kinder von aktueller Bedeutung seien; dazu greife ich als Stichwort den vorher im Gespräch gefallenen Begriff »Umweltfrage« auf; ob ihm diese Sorgen bereite.

HELLMUT: »Das macht mir schon Sorgen, das macht mir natürlich Sorgen, aber man macht sich das niemals so klar. Ich ärgere mich jedesmal darüber oder mache mir auch Gedanken darüber. Aber es ist immer nur für eine bestimmte Zeitspanne.«

ICH: »Das kann ja auch eine sehr gesunde Reaktion sein, das schnell wieder zu vergessen. Du kannst dich ja nicht dein ganzes Leben lang ärgern. Das Leben ist ja auch einfach viel zu schön dafür.«

Hellmut bestätigt das, meint aber, er würde sich sicher mehr engagieren, wenn er größer wäre. Als Kind habe man doch kaum Möglichkeiten. Zum Beispiel würde er gerne mal auf eine »friedliche« Demonstration mitgehen; seine Eltern seien zwar politisch eingestellt, gingen aber nicht auf Demonstrationen.

ICH: »Wogegen würdest du denn am meisten demonstrieren wollen?

HELLMUT: »Ich glaube, ich würde sehr viel gegen das viele Autofahren demonstrieren, denn erstens finde ich, dürften wir nicht so mit diesem Öl rumaasen, weil die Quellen ja nicht unerschöpflich sind, und überhaupt, das ist ja meines Erachtens die größte Verdreckung, die es überhaupt gibt, dieses viele Autogefahre.«

Außer für den Umweltschutz würde er für die »Abrüstung der Waffen« demonstrieren: »Und ich meine, das geht mich insofern schon was an, denn wenn ich größer bin, kann ich ja auch viel dagegen tun. Oder es geht mich ja auch was an, wenn 'ne Rakete abgeworfen wird, wenn sie in meine Stadt fällt oder überhaupt irgendwo landet.«

Ich frage ihn daraufhin: »Kannst du dich noch an Tschernobyl erinnern?« Hellmut war damals sieben Jahre alt.

HELLMUT: »Ja, da hat man ja auch irgendwie 'n bißchen drunter gelitten. Wir hatten dann diese merkwürdige Milch gekauft, das war gar keine Milch, da mußte man Wasser und so 'n Zeug dazugießen, die hat aber ganz eklig geschmeckt; und überhaupt durfte man nicht mehr richtig essen, was man wollte. Das war dann doch ziemlich schlimm. Wenn ich diese kleinen Strahlenheftchen sehe, wo drinsteht, wie schädlich die verschiedenen Lebensmittel sind, dann erinnere ich mich wieder dran, oder wenn jemand von Fabriken spricht, die in die Luft gegangen oder explodiert sind. Ich meine, natürlich gibt es noch bestimmte Strahlen, also es gibt ja noch manche Lebensmittel, die bestrahlt sind. Die kaufen wir dann aber auch nicht.«

Auf meine Frage, was er bei all seinem Interesse und Wissen über Politik Politikern gerne sagen würde, zählt er auf, daß diese sich für Demokratie und Bürgerrechte einsetzen sollten; außerdem müßten sie Politikern in anderen Ländern mehr helfen, zum Beispiel bei Naturkatastrophen oder, wie zum Beispiel in dem langen Krieg zwischen Iran und Irak, durch ihren Einfluß auf verfeindete Politiker zur Wiederherstellung des Friedens.

ICH: »Und was würdest du Erwachsenen allgemein sagen?«

HELLMUT: »Daß sie auch ihre Meinung vertreten sollen. Sie sollen nicht immer sagen, ›das finde ich aber gut‹, sondern die sollen sich auch dafür einsetzen und nicht nur immer was sagen, aber doch nichts machen.«

ICH: »Wofür sollen sie sich einsetzen?«

HELLMUT: »Zum Beispiel für die Umwelt. Da können sie ja was machen, wenn sie unbedingt wollen. Nur die meisten, das ist ja bei den meisten so und vielleicht auch bei mir, wenn ich älter bin, daß ich dann sage, ich bin zwar dagegen, aber selber machen will ich's nicht.«

Gegen Ende des Gesprächs stelle ich Hellmut noch die Frage, die häufig in statistischen Untersuchungen, Briefaktionen oder Zeichenwettbewerben gestellt wird: Wie er sich seine Zukunft im Jahre 2000 vorstelle, das sei in elf Jahren, und er sei dann 21 Jahre alt.

HELLMUT: »Also ich stell' mir vor, daß dann viel mehr Hochhäuser, also mehr Klötze da sind. Und ich stelle mir vor, daß sich alles einfach 'n bißchen verschlimmert hat. Ich glaube auch nicht, daß man mit diesem Ozonloch, daß man das irgendwie bessern kann, ich glaube auch nicht, daß es im Jahre 2030 ganz toll auf der Welt aussieht. Ich glaube, daß es eher noch ein bißchen schlimmer geworden ist, denn es hat ja auch keiner was getan.«

ICH: »Das müßte dir ja eigentlich auch verdammt viel Angst machen, oder?

HELLMUT: »Ja, wenn man dran denkt, macht's einem auf jeden Fall angst; aber wie gesagt, durch meine Freizeitaktivitäten lenk' ich mich ab, und man denkt, ›och, ist ja nicht so schlimm, und dann habe ich noch so lange Zeit und kann mir das alles noch überlegen.‹ Ich schiebe das immer so auf die lange Bank. Wenn's dann aber da ist, dann mache ich mir natürlich Sorgen. Aber irgendwie muß es ja kommen.«

ICH: »Und welche Konsequenzen hat das für dich selbst? Wie stellst du dir deine eigene Zukunft vor? Was willst du zum Beispiel beruflich machen? Willst du heiraten und Kinder kriegen?«

HELLMUT: »Ja, heiraten will ich, ich will auch Kinder haben, aber dann kommt mir der Beruf in den Weg. Ich würde zum Beispiel unheimlich gerne Forscher werden.«

ICH: »Was möchtest du denn forschen?«

HELLMUT: »Och, es gibt so viel. Das weiß ich halt noch nicht.

Ich könnte im Dschungel forschen nach diesen alten Tempeln. Natürlich, wenn man nichts findet, ist es natürlich schlecht. Oder nach Pyramiden, oder es gibt so viel, was man forschen kann.«

ICH: »Altertumsforscher?«

HELLMUT: »Ja, genau, Altertumsforscher.«

ICH: »Jetzt reden wir von der Zukunft, und du willst zurück ins Altertum.«

HELLMUT: »Oder ich würde was machen, was mit Technik zu tun hat.«

Das Gespräch endet optimistisch. Hellmut stellt es sich »schon ganz wunderschön« vor, einen befriedigenden Beruf zu haben, auch eine Familie; aber für letztere will er sich Zeit nehmen, möchte noch lange Junggeselle bleiben und machen, was er will. Familie sei mit Verantwortung und vielen Gedanken über die Probleme der Kinder verbunden. »Man ist dann nicht mehr so frei.«

Wie das Gespräch mit Daniela viele für Mädchen typische Merkmale zeigte, weist Hellmut charakteristische Eigenschaften von Jungen auf. Bereits die Themenauswahl macht die Unterschiede deutlich. Daniela wählt »Familie« und »Angst«, also sehr persönliche Bereiche, während Hellmuts Themen »Freunde«, »Fernsehen« und »Politik« stärker sachbezogene Interessen anzeigen und den engeren persönlichen und familiären Gefühlsbereich überschreiten. Diese Unterschiede findet man in allen vergleichbaren Untersuchungen und auch in den persönlichen Zeugnissen von Kindern wieder. Zum Jugendalter hin sind sie noch stärker akzentuiert.

Unabhängig von der Themenauswahl lassen sich die Unterschiede auch beim Vergleich der Gesprächsausschnitte erkennen. Bei etwa gleichem Wissensstand gehen Daniela und Hellmut völlig verschieden mit Fragen eigener Betroffenheit über die Umweltsituation um. Während Daniela mit vielen Ängsten reagiert, sich intensiv mit den Gefahren beschäftigt und recht kreative Phantasien entwickelt, wie man sie vermindern kann, hält Hellmut eine innere Distanz aufrecht; seine Überlegungen wirken mehr theoretisch und abstrakt, und seine vielen Interessen und sportlichen Aktivitäten bewahren ihn davor, belastende Erfahrungen zu nah an sich herankommen zu lassen.

Es handelt sich hier um verschiedene Strukturen und Mechanismen des Umgangs mit Gefühlen und der Gefahrenabwehr, bei denen schwer zu entscheiden ist, inwieweit sie auf konstitutionellen, geschlechtsspezifischen Merkmalen beruhen oder eher das Ergebnis unterschiedlicher Sozialisationserfahrungen im Erziehungsprozeß sind. Wenn man die Forschungsergebnisse zu dieser Frage zusammennimmt, geht man heute von der Annahme einer wechselseitigen Ergänzung beider Einflußbereiche aus. Das stärker praktische und versachlichte Interesse von Jungen an der Welt und ihr mehr verstandesmäßig orientierter Umgang mit Problemen kann also neben dem durchaus sinnvollen Realitätsaspekt auch unter einem psychologischen Abwehraspekt gesehen werden. Die Gefahren einer solchen Abwehrhaltung werden spätestens im Erwachsenenalter erkennbar, wenn es darum geht, wie diese Jungen später als künftige Männer die Realität verwalten werden. Die diesbezügliche Ambivalenz ist bei Hellmut bereits deutlich ausgeprägt, auch wenn sein Leiden unter der Situation tiefer gehen dürfte, als es zunächst den Anschein hat. Einerseits kreist er immer wieder um den Gedanken, wie notwendig es wäre, etwas zur Gefahrenminderung beizutragen, und um den Wunsch, dies auch als Erwachsener zu tun; andererseits beanspruchen andere Interessen bereits eine so hohe Priorität, und seine Tendenz zur Rationalisierung und Verleugnung von Gefahren ist im Ansatz bereits so weit entwickelt, daß seine spätere innovative Handlungsbereitschaft nicht ohne weiteres zu erwarten ist. Ich möchte betonen, daß es sich bei dieser Aussage um eine aus allgemeinen Erfahrungen abgeleitete theoretische Prognose handelt; die persönliche Entwicklung von Hellmut läßt viele Wege offen.

Mädchen dagegen, das zeigt das Beispiel von Daniela sehr plastisch, erfassen Lebenszusammenhänge mit größerer gefühlsmäßiger Beteiligung. Dadurch ist ihre Bewältigung von Konflikten mit mehr Einfühlung, Mit-Leiden, aber auch mit mehr eigenem Leiden verbunden. Inwieweit dieses später in den persönlichen Bereich eingebunden bleibt und dadurch das Lebensschicksal der erwachsenen Frau mitgestaltet, oder inwieweit es konstruktiv verarbeitet wird und den außerpersönlichen Handlungsspielraum erweitert, ist eine Frage, die von vielen zusätzlichen individuellen wie gesellschaftlichen Faktoren abhängt.

Sicher scheint mir, daß die hier geschilderten geschlechtsspezifischen Unterschiede zwischen Mädchen und Jungen für die Erziehung allgemein, aber speziell auch für die Umwelterziehung von großer Bedeutung sind. Ihre stärkere Berücksichtigung dürfte für die künftige Gestaltung der Beziehung zwischen Mensch und Natur eine entscheidende Rolle spielen.

V. Zur Psychoanalyse der Umwelt- und Zukunftsangst in der jungen Generation

Die Bedrohungsängste in der jungen Generation, die den Inhalt der letzten Kapitel bildeten, sind in den letzten Jahren unter den Begriffen »Umweltangst« und »Zukunftsangst« in die öffentliche Diskussion eingegangen. Dabei hat der inflationäre Gebrauch beider Begriffe leider zu einer unproduktiven Polarisierung im politischen Meinungsstreit geführt. Je mehr von Initiativen besorgter Eltern, kritischer Umweltverbände und anderer Kinderrechtsorganisationen die Begriffe nicht nur als politisches Argument benutzt, sondern auch zur moralischen Waffe instrumentalisiert werden, um so stärker schlägt ihnen der Widerstand einer konservativ orientierten Öffentlichkeit und Politik entgegen. Dabei wird mit Zuschreibungen wie »Angsthasentum«, »künstliche Angstmacherei« und »politische Panikmache« gekontert. Auf diese Weise läßt sich kein konstruktiver Dialog führen.

Ein wesentlicher Grund für die mangelnde Verständigung scheint mir darin zu liegen, daß, neben den Versuchen, das Problem zu vertuschen, der Angstbegriff, so wie er benutzt wird, außerordentlich verschwommen ist. Denn er läßt die Frage offen, was die tieferen Ursachen für die spezifischen Umweltängste sind, welche Bedeutung sie im seelischen Entwicklungsprozeß und bei der Konfliktverarbeitung spielen, und schließlich, welche psychische und psychosomatisch krankmachende Wirkung von ihnen ausgeht.

Es ist bekannt, daß Angst bei höher entwickelten Tieren und beim Menschen zur normalen Lebensausstattung gehört, ja daß sie sogar eine lebenserhaltende Funktion hat, da sie zuallererst ein Signal auf eine drohende Gefahr darstellt. Ohne das

Signal könnte auf Gefahren nicht angemessen reagiert werden, wodurch das Leben der Bedrohung schutzlos preisgegeben wäre. Ich habe bereits darauf hingewiesen, daß bei Kindern die schrittweise zu verarbeitende Angst zunächst stärker ausgeprägt ist als bei Erwachsenen, weil für sie das Gefahrenpotential durch die Außenwelt größer und ihre notwendigen Fähigkeiten und Techniken zur eigenständigen Gefahrenabwehr noch nicht ausreichend entwickelt sind. Umwelt- und Zukunftsängste bleiben also so lange »normale« Ängste und in ihren Aussagen unverbindlich, solange ihr psychologischer Hintergrund nicht ausreichend geklärt ist.

Hierbei steht man nun eingestandenermaßen vor großen methodischen Schwierigkeiten. Als wir 1986 unsere »bundesweite Befragung« abgeschlossen hatten, waren wir über das Ausmaß der angegebenen politischen Ängste sehr erschrocken.[83] Bei der Frage ihrer Bedeutung waren wir jedoch lediglich auf Hypothesen angewiesen. Denn wissenschaftlich überzeugend wären nur streßpsychologische, streßbiologische und klinische Untersuchungen über die psychosomatischen Auswirkungen angstproduzierender Umwelteinflüsse. Solche liegen aber bisher nicht vor. Außerdem werden von solchen Untersuchungen auch Vergleichsgruppen verlangt, also Untersuchungen an Kindern und Jugendlichen, die nicht unter der für unsere Zivilisation normalen Umweltbelastung leiden. Bei der Besprechung der naturwissenschaftlichen Ergebnisse wurde bereits deutlich, wie eigentlich unerfüllbar der exakte Nachweis von Gesundheitsschäden durch Umweltgifte ist, wenn er sich an hochstehenden Untersuchungsstandards orientiert. Um wieviel schwieriger die psychologischen Auswirkungen zu messen und zu beurteilen sind, wird erkennbar, wenn man sich die Vielzahl der Variablen vor Augen führt, die die psychosoziale Entwicklung eines Kindes mitbestimmen.

Diese theoretischen Hinweise erscheinen mir notwendig, um die Kompliziertheit der Materie anzudeuten. Ohne sie zu berücksichtigen, verfängt man sich zu schnell in leichtfertigen Annahmen und trennt nicht genügend zwischen dem, was ist, und dem, was sein könnte. Eine unnötige Dramatisierung kann aber den übergeordneten Interessen mehr schaden als nützen. Deswegen sind auch alle nachfolgenden Überlegungen unter den genannten Einschränkungen zu bewerten. Eine solche Vorsicht schließt jedoch grenzüberschreitende Formulierungen nicht aus. Sie sind Ausdruck eines Denkens, das über die Forderung wissenschaftlicher Nachweisbarkeit hinausführt und probeweise fremde Interpretationsbereiche eröffnet. In der Wissenschaft bezeichnet man solche erfinderischen Annahmen zur Gewinnung neuer Erkenntnisse als heuristische Verfahren. Sie sind als Denkkonstruktionen zulässig, solange sie sich ihrer Grenzen bewußt sind und sich nicht fälschlicherweise als gültiges Wissen ausgeben.

Die Psychoanalyse ist ein klassisches Beispiel einer heuristischen Wissenschaft. Ihre Theorien basieren zwar auf direkten Beobachtungen und therapeutischen Erfahrungen, aber die Übertragbarkeit und Verallgemeinerung der dabei gewonnenen Einsichten auf die Gesamtheit aller Individuen und auf die Funktionsmechanismen sozialer Gruppen ist nur in engen Grenzen möglich und nach naturwissenschaftlichen Maßstäben schwer überprüfbar. Trotzdem hat die Psychoanalyse gerade durch ihre Form heuristischer Erkenntnisgewinnung in vielen Anwendungsbereichen als anthropologische Wissenschaft zentrale Bedeutung erlangt und unser Verständnis für individuelle wie kollektive psychische Reaktionsweisen enorm erweitert.

Was leistet die psychoanalytische Heuristik bei der tieferen Deutung der Umwelt- und Zukunftsangst in der jungen Generation? Angst, sagten wir, ist lediglich ein Signal auf eine Bedrohung. Insofern sagt sie noch nichts über die Konflikte aus, die durch die Bedrohung entstehen, und nichts über die Art, wie diese verarbeitet werden. Die Angst entsteht im Ich. Das Ich ist nach psychoanalytischer Auffassung eine Instanz im psychischen Apparat oder, weniger technisch ausgedrückt, innerhalb der seelischen Regulationsmechanismen, die folgende Aufgaben hat: Sie regelt erstens nach außen hin die Beziehung des Subjekts zu den umgebenden Objekten, wobei Objekte definitionsgemäß sowohl Menschen als auch Teile der gegenständlichen Welt sein können. Zweitens regelt das Ich die seelischen Innenvorgänge, das heißt, es greift vermittelnd in den dauerhaften Spannungszustand ein, der zwischen den Gefühls- und Triebkräften des Subjekts einerseits und seiner Gewissensinstanz, dem sogenannten Über-Ich, andererseits besteht. Ohne ein funktionierendes Ich wäre der Mensch hilflos dem Einfluß von Außenkräften und der Überflutung durch innere Triebquellen ausgesetzt. Bedrohungen können also sowohl von außen als auch von innen auf das Ich einwirken und die Signalangst auslösen.

Bei der Umwelt- und Zukunftsangst ist es naheliegend, sich zunächst die äußeren Bedrohungen genauer anzuschauen. Krieg und Umweltzerstörung als die beiden führenden Gefahren sind zugleich die existentiell bedrohlichsten: Sie richten sich unmittelbar gegen das eigene Leben, ob durch plötzlichen Tod oder über den Weg eines mehr oder weniger langsamen Sterbens durch Krebs und andere unheilbare Krankheiten. Daher ist es präziser, hierbei von »Todesangst« zu sprechen. Im Vergleich zu ihr haben die Begriffe »Umwelt-« und »Zukunftsangst« einen ausgesprochen verharmlosenden Charakter.

Auffallend ist in diesem Zusammenhang, wie häufig bei größeren Befragungen und in persönlichen Zeugnissen Kinder von der Angst vor dem Tod der Eltern sprechen. In unserer »bundesweiten Befragung« stand diese Angst an zweiter Stelle von 20 vorgegebenen Ängsten; 63 % der Befragten hatten »viel Angst« davor, weitere 22 % »etwas Angst«. Wir waren über diesen Befund sehr überrascht und konnten ihn nicht deuten. Durch die weitere Beschäftigung mit dem Thema erscheint mir heute folgende Vermutung am plausibelsten: Immer dann, wenn von Krieg und Umweltzerstörung die Rede ist oder wenn diese Themen die nächtlichen Phantasien und Träume ausfüllen, wird zuerst die in jedem Menschen vorhandene Todesangst aktiviert. Aber offenbar ist diese Angst, bei Kindern mehr als bei Jugendlichen, fast reflexhaft mit der Angst gekoppelt, die Eltern könnten sterben. Als Erklärung könnte man hierin einen Abwehrmechanismus im Sinne einer Verschiebung sehen: »Nicht ich muß sterben, sondern meine Eltern.« Durch einen solchen Mechanismus läßt sich erfahrungsgemäß die eigene Todesangst erheblich mildern. Nach einer anderen psychoanalytischen Deutung ließe sich der Befund als Ausdruck einer projektiven Abwehr verstehen, bei der die eigenen aggressiven und mörderischen Impulse des Kindes gegen die Eltern auf äußere Gefahren projiziert werden: »Nicht ich will meine Eltern umbringen, sondern Krieg und Umweltkatastrophen sind an ihrem Tod schuld.« In diesem Fall würde die Angst durch die eigenen Schuldgefühle entstehen, weswegen die Todeswünsche ungeschehen gemacht werden müssen (»Ich will ja gar nicht, daß sie sterben, im Gegenteil, ich habe Angst davor«). Solche Deutungen mögen im Einzelfall zutreffen, besonders dann, wenn die Eltern-Kind-Beziehung von mächtigen Spannungen und Konflikten geprägt ist. Naheliegender scheint mir die Vermutung, daß die automatische Koppelung von eigener Todesangst und Angst vor dem Sterben der Eltern mit der Urangst des Kindes vor der Trennung zusammenfällt.[84] Je jünger Kinder sind, um so stärker ist diese Angst ausgeprägt. Der Tod der Eltern bedeutet den totalen Verlust von Schutz und Geborgenheit, der angesichts der Umweltbedrohung für das Kind zur absoluten Katastrophe im Sinne eines endgültigen Verlassenseins würde. Wir haben es hier also mit einer elementaren Trennungsangst, oder wir können auch sagen: mit einer erweiterten Todesangst zu tun, die durch die Umweltbedrohung ausgelöst wird. Auch ihr gegenüber erfassen die Begriffe »Umwelt-« und »Zukunftsangst« nur die Oberfläche.[85]

Zur Trennungsangst lassen sich auch andere Bilder rechnen, die von der jungen Generation zur Kennzeichnung unserer Situation häufig genannt werden: Beton, Hochhäuser, Plastik, Fabriken, Roboter, Computer und Technik allgemein. Soweit sie gefühlsmäßig negativ besetzt sind, lassen sie sich als Symbole menschlicher Entfremdung deuten. Sie sind mit der Aufkündigung von Emotionalität, Wärme, Nähe und Zusammengehörigkeit verbunden und drücken darin ein Grundgefühl von Trennung und Getrenntsein aus. Daß unsere Zivilisation mit einer zunehmenden Entfremdung und Vereinzelung verknüpft ist, nehmen wir inzwischen als sozialpsychologischen Tatbestand widerspruchslos hin. Wie die junge Generation auf diese Prozesse reagiert, danach wird in der Regel wenig gefragt. Aber in der Umweltzerstörung konkretisieren sich für sie vielleicht am greifbarsten die Ängste vor den zunehmenden Entfremdungs- und Trennungserfahrungen.

Die verallgemeinernden Begriffe »Umwelt-« und »Zukunftsangst« zeigen schon in einem ersten Schritt der Differenzierung tiefere Schichten, die als Todes- und Trennungsangst - die zwei Elementarängste des Menschen - zu identifizieren sind. Bei der Zukunftsangst kommt etwas Entscheidendes hinzu. Oberflächlich betrachtet, wird sie allgemein als ein undefinierbares Gefühl von Unsicherheit oder Ungewißheit in bezug auf Planung und Vorhersehbarkeit von künftigen Entwicklungen angesehen. In Zeiten wirtschaftlicher Rezessionen, nationaler Spannungen oder internationaler Konflikte, von Hungersnöten, Naturkatastrophen oder andern einschneidenden Veränderungen der aktuellen Situation bezieht sich die Zukunftsangst auf konkrete Gefährdungen wie Armut, Krieg, Hunger, Zerstörung von Eigentum, Diktatur, Krankheit, Arbeitslosigkeit und vieles andere. Aber in der bisherigen Menschheitsgeschichte gab es jenseits aller Katastrophen und Schicksalsschläge immer auch das Gegenstück zur Zukunftsangst - die Zukunftshoffnung. Sie bezeichnet den Glauben an die Überwindbarkeit und das Vorübergehende des Unglücks und im umfassenden Sinne die Gewißheit, daß die Tradition und Kontinuität menschlicher Geschichte und das Überleben menschlicher Kultur nicht ernsthaft in Frage gestellt sind. Dieses »Prinzip«, wie es Ernst Bloch nennt[86], überstand alle religiös gefärbten Bewußtseinskrisen in den vergangenen Jahrhunderten, die den Weltuntergang im Sinne der biblischen Apokalypse prophezeiten, weil sich die

Hoffnung als eine ursprüngliche menschliche Kraft immer wieder gegen die Angst durchsetzte. In der Auffassung, daß ein Leben ohne Hoffnung für den Menschen auf Dauer nicht möglich ist, sind sich viele Philosophen und Psychologen einig.

Auf diesem Hintergrund stellt sich die Frage, was die Zukunftsangst in der heutigen jungen Generation von früheren Epochen unterscheidet. Der geschichtliche Bruch beginnt mit dem Bombenabwurf auf Hiroshima am 6. August 1945. Das Atomzeitalter läutete das mögliche Ende der Menschheit ein. Das ist das fundamental Neue. Was bisher nur denkbar war, ist jetzt möglich geworden - die Auslöschung der menschlichen Art durch den Menschen selbst. Heute steht die Nukleartechnologie stellvertretend für das Arsenal der destruktiven Produkte, die die Lebensgrundlagen auf unserem Planeten für immer zu zerstören drohen. Damit ist der generationenübergreifende Konsens über die Kontinuität menschlicher Geschichte außer Kraft gesetzt.

Die Zukunftsangst in der jungen Generation ist durch diese Entwicklung unvergleichbar geworden. Sie rührt an die Fundamente menschlicher Existenz, indem sie die Hoffnung auf Zukunft untergräbt. Deswegen bliebe eine Analyse der Zukunftsangst an der Oberfläche, wenn sie sich lediglich auf konkrete Ursachen beschränken würde. Berechtigterweise haben Kinder und Jugendliche heute Angst vor einer zerstörten Natur, vor mangelnden Berufschancen, vor Arbeitslosigkeit und Umweltkrankheiten bis hin zum individuellen Tod. Aber ich glaube, daß die neue Qualität der Zukunftsangst umfassender begriffen werden muß und daß die von Kindern und Jugendlichen konkret benannten Ängste nur die äußeren Formeln für eine viel tiefer reichende und nicht artikulierbare Angst sind. Solange man noch in Prozenten berechnen kann, wie groß die Gefahr ist, von einem Unglück getroffen zu werden, so lange rechnet die Hoffnung mit der Chance, von diesem Schicksal verschont zu bleiben. Ohne dieses »Prinzip« würde, um ein alltägliches Beispiel zu nennen, heute kein Mensch mehr in ein Auto steigen. Aber das Gefühl, daß es in absehbarer Zeit keine Zukunft, und das bedeutet kein Leben mehr geben wird, daß, wie viele Jugendliche es formulieren, das eigene Leben vielleicht nur noch zehn, höchstens zwanzig Jahre dauert, manchmal noch weniger, und das Gefühl, daß im Grunde jede Planung und Vorstellung von Zukunft sinnlos geworden sind, daß es völlig gleichgültig ist, was ich tue, wenn sich das endgültige Ende als unabwendbar abzeichnet - diese Gefühle können das innere Hoffnungspotential auf tiefgreifende Weise erschüttern und aushöhlen. Der Effekt wird epidemisch verstärkt, weil die Gefühle nicht nur einzelne befallen, sondern kollektiv sind, und weil nicht individuelle Schicksale betrauert werden müssen, sondern das Ende der menschlichen Art selbst. Die neue Qualität der Zukunftsangst besteht daher in dem Verlust von Zukunftshoffnung, der nicht weniger bedeutet als den Verlust existentiell notwendiger Lebenskraft.[87] Hierin liegt nach meiner Einschätzung das Spezifische der Zukunftsangst, das die Todes- und Trennungsangst ergänzt. Man mag die Angst vor dem Verlust eigener Lebenskräfte auch der Todesangst zurechnen; mir scheint aber eine Abgrenzung deswegen wichtig, weil die innere Verarbeitung beider Ängste sehr unterschiedlich ist.

Fassen wir bis hierher zusammen: Umwelt- und Zukunftsängste werden durch äußere Bedrohungen erzeugt. Wie sich gezeigt hat, sind die Begriffe im psychologischen Sinne unbrauchbar, weil sie die tieferliegenden Ängste verdecken, die durch die Bedrohung aktiviert werden: Todesangst, Trennungsangst und die Angst vor dem Verlust eigener Lebenskraft gehören zu den elementaren menschlichen Ängsten, die zu einer Vielzahl von seelischen Reaktionen führen, um die Unerträglichkeit der Angst zu vermeiden. Erst diese Reaktionen entscheiden über die zentrale Frage, ob die Angst ein Ausmaß erreicht, das beim einzelnen oder bei breiten Gruppen von Kindern und Jugendlichen zu psychischen oder psychosomatischen Störungen führt, oder ob die Angst schrittweise bewältigt werden kann. Der Bedeutung dieser Frage wegen ist es im

Folgenden notwendig, die wichtigsten Angstreaktionen kurz zu beschreiben.

Angst ist einer der wirksamsten Streßfaktoren, die die körperliche und seelische Balance des Organismus gefährden. Entsprechend reagiert der Körper sowohl mit physiologischen Reaktionen, zum Beispiel durch die Ausschüttung von Streßhormonen (z. B. Adrenalin), als auch mit psychischen Reaktionen, um dem Streß entgegenzuwirken. In der Streßpsychologie unterscheidet man heute hauptsächlich zwei entgegengesetzte Reaktionen – coping- und defence-Mechanismen.[88]

Coping-Mechanismen sind aktive Bewältigungsversuche des Individuums, den Streß abzubauen und die psychophysiologische Balance des Organismus wiederherzustellen. Angst als Streßfaktor kann zum Beispiel reduziert werden, indem die Angstquelle, d. h. in der Regel eine konkrete äußere Bedrohung, ausgeschaltet wird oder indem durch soziale Unterstützung von Familie, Freunden oder der weiteren sozialen Gemeinschaft die angstauslösende Bedrohung erträglicher gemacht oder sogar gemeinsam bewältigt wird. Ob die coping-Mechanismen greifen, hängt zum einen von den eigenen innerne Kraftreserven ab und zum anderen von den objektiven Chancen, eine äußerlich bedrohliche Situation abzuwenden. Dauerhafter Streß und eine real nicht zu verändernde Gefahrenquelle können zu einer Erschöpfung der coping-Mechanismen führen. Der Kampf wird aufgegeben, weil die Kräfte verbraucht sind.

Nun setzen defence-Mechanismen ein. Bei ihnen handelt es sich um Abwehrstrategien des Organismus, die bereits einen Zusammenbruch der psychophysiologischen Balance signalisieren. Von der Streßpsychologie wurden dabei besonders die Gefühle der Hilflosigkeit, Hoffnungslosigkeit und Ohnmacht untersucht. Mit ihnen flüchtet sich das Individuum in einen Zustand der Passivität. Nach Engel und Schmale können sich daraus Gefühle des »giving up«, des Aufgebens, bis hin zum »given up« entwickeln, einer Verzweiflung, in der sich das Individuum auch von der Gemeinschaft aufgegeben fühlt.

Die Befunde der Streßpsychologie, die im Zusammenhang mit vielen einschneidenden Lebensereignissen (life-events) wie Scheidung, Tod des Partners, KZ-Haft, Folter, Geiselnahme, akuten Umweltkatastrophen und vielen anderen Streßerlebnissen untersucht und bestätigt wurden, scheinen mir auch für die Fragen von großer Bedeutung, wie Kinder und Jugendliche auf den dauerhaften Angststreß durch die schleichende Umweltzerstörung reagieren. Dazu muß man sich nur Folgendes vor Augen führen: Die Tatsache, daß Kinder unter stärkeren Ängsten leiden als Erwachsene, weil sie mehr Gefahren ausgesetzt und ihre Techniken der Gefahrenbewältigung noch wenig entwickelt sind, kommt hier voll zum Tragen. Ihrem relativ großen Wissen über die Auswirkungen der Umweltzerstörung stehen nur wenige coping-Mechanismen gegenüber: Erstens sind ihre subjektiven Voraussetzungen gering, etwas gegen die Bedrohung zu tun; zweitens ist auch objektiv die Aussicht gering, daß das Gefahrenpotential abgebaut wird; drittens finden Kinder und Jugendliche bei eigenen Versuchen, etwas gegen die Gefahr zu tun, nur wenig Unterstützung im familiären oder außerfamiliären Umfeld. Im Gegenteil werden solche Versuche von der Erwachsenenwelt eher abgewertet, belächelt oder sogar boykottiert. Einen eindrucksvollen und traurigen Beleg hierfür lieferte die Öffentlichkeit im Januar 1991, als Zehntausende von Kindern und Jugendlichen auf die Straße gingen, um - im Sinne der aktiven Angstbewältigung - auf friedliche Weise ihre Sorge über den Golfkrieg und die mit ihm verbundenen ökologischen Katastrophen zum Ausdruck zu bringen. Ihr aus der Angst geborener Protest wurde nicht nur nicht ernst genommen oder gar unterstützt, sondern im Gegenteil lächerlich gemacht und durch administrative Maßnahmen, zum Beispiel durch die Androhung disziplinarischer Strafen in der Schule, unterdrückt. Entsprechend schnell ebbte ihr Widerstand ab.

Wie das Beispiel zeigt, können coping-Mechanismen bei Kindern und Jugendlichen schnell in defence-Mechanismen umschlagen. Gefühle von Hilflosigkeit, Hoffnungslosigkeit, Ohnmacht und Alleingelassenwerden breiten sich aus und bestimmen die weiteren innerpsychischen Konflikte. Um diese aufzuklären, reicht das Instrumentarium der Streßpsychologie nicht aus. Die Ergänzung durch psychoanalytische Theorien und Deutungsverfahren kann aber hier die tieferen Schichten aufdecken.

Ich möchte an dieser Stelle für den Leser keine Entschuldigung, aber eine Erklärung einfügen. Manchen mögen die bisherigen und die folgenden Überlegungen zu theoretisch erscheinen und langweilen. Ich bin aber der Auffassung, wenn wir die innere Dramatik der vergifteten Kindheit verstehen wollen, um uns unserer Verantwortung in Familie, Gesellschaft und Politik bewußter zu werden, können wir nicht umhin, uns jenseits aller oberflächlichen Erklärungen um ein vertieftes Verständnis zu bemühen. Ich sehe daher meine Aufgabe darin, die komplexen Zusammenhänge so einfach wie möglich darzustellen, ohne aber auf die Grundlagen zu verzichten, die mir für ein wirkliches Verstehen unverzichtbar erscheinen.

Der nächste Schritt führt zu der Frage, was die durch unbewältigte Todes- und Trennungsängste ausgelösten Gefühle der Hilflosigkeit, Hoffnungslosigkeit und Ohnmacht innerseelisch bewirken und wie sie verarbeitet werden. In erster Linie destabilisieren solche Gefühle das Ich, dessen eine Aufgabe, wie wir sahen, darin besteht, die Beziehungen des Subjekts zur Außenwelt zu regeln. Ein in dieser Weise hilflos und ohnmächtig gemachtes Ich wird in seinen Möglichkeiten der Realitätsbewältigung geschwächt. Das betrifft alle Aufgaben, die das Kind im Laufe seiner Entwicklung schrittweise bei der Aneignung und Kontrolle realer Weltzusammenhänge zu leisten hat. In der Praxis und für das Umfeld am auffälligsten schlägt sich das Versagen in erster Linie im Leistungsbereich, speziell in der Schule, nieder, weil ein geschwächtes Ich nur über eine verminderte Konzentration, Ausdauer und Aufnahmefähigkeit verfügt und auf jedwede Form von Belastung schneller mit Rückzug und entsprechendem Scheitern reagiert.

Sehr viel dramatischer als solche Störungen der Realitätsbewältigung sind die Auswirkungen auf die Regulation der Innenvorgänge. Wenn das Ich in seiner Vermittlungsaufgabe zwischen Innen- und Außenwelt durch Hilflosigkeit und Ohnmacht geschwächt wird, gerät es in die Gefahr, von der Willkür seiner Trieb- und Gefühlswelt überwältigt zu werden. Zuallererst sind es aggressive Triebkräfte, die im Zustand der Hilflosigkeit und Ohnmacht freigesetzt werden und die sich um so ungehemmter nach außen entladen können, je mehr das Ich die Kontrolle über sie verloren hat. Die Aggression ist mit Gefühlen von Zorn, Wut, Rache und Haß gekoppelt. Sie bilden gemeinsam eine explosive Mischung, die sich als blinde Gewalt gegen Personen und Sachen richten kann.

An dieser Stelle erscheint mir ein kurzer Exkurs angebracht. In der Öffentlichkeit wird heute viel über die eskalierenden Gewaltphänomene in der jungen Generation diskutiert. Die zunehmenden Ausschreitungen jugendlicher Gruppen gegen Gleichaltrige oder jüngere Kinder, gegen Ausländer, speziell Asylanten, gegen Homosexuelle, Obdachlose oder in anderer Weise hilflose und unbeteiligte Erwachsene oder die sexuelle Einzel- oder Gruppengewalt gegen Frauen sind ebenso entsetzliche wie extreme Beispiele einer Logik, die den Gesetzen eigener Ohnmachtserfahrungen gehorcht. Die verbreiteten Reaktionen, solche Exzesse als »Rassismus« oder »Rechtsextremismus« zu etikettieren, zu kriminalisieren und strafrechtlich zu verfolgen, sind oft nur hilflose Versuche, kollektive Konflikte zu individualisieren und auf sogenannte Randgruppen zu verschieben. Ernsthafte Bemühungen, die enge Verflechtung sozialer und psychologischer Faktoren als Ursache der Gewalt aufzudecken und nach Möglichkeiten des Dialogs zwischen den Generationen und nach konstruktiven Auswegen zu suchen, bleiben dagegen seltene Ausnahme. Eine solche ist in dem Buch »Zwischen Resignation und Gewalt« dokumentiert.[89] Es handelt sich dabei um ein Forschungsprojekt des Zentrums für Psychosomatische Medizin der Universität Gießen im Auftrag des Bundesministeriums für Jugend, Familie, Frauen und Gesundheit. Mit einem sozialpsychologisch-psychoanalytischen Ansatz wurden von dem Forschungsteam die Lebensgewohnheiten, Gedanken, Gefühle, die lebensgeschichtlichen Erfahrungen und die Formen ihres Protestes von Hausbesetzern, Punks, Skinheads, Autonomen und christlichen Friedenskämpfern zusammengetragen und analysiert. Ohne die Ergebnisse hier im einzelnen zu referieren, bilden sie eine wichtige Grundlage auch zum Verständnis der »vergifteten Kindheit«. Eindrucksvoll sind bei der Lektüre die fließenden Übergänge zu verfolgen, die zwischen gewaltfreien Formen des politischen Widerstandes und der willkürlich ausagierten Gewalt bestehen. Psychologisch entsprechen sie auf der subjektiven Ebene den unterschiedlichen und wechselnden Stabilitätsgraden des Ich zwischen einer realitätsangemessenen Gefahrenabwehr (coping) und einer entdifferenzierten Reaktion (defence).

Die Gefahr einer kollektiven Entdifferenzierung in der jungen Generation unter dem Druck eines wachsenden gesellschaftlichen Bedrohungspotentials hat inzwischen erschreckende Science-fiction-Visionen inspiriert. Die erste wurde bereits 1974 von Doris Lessing in ihrem Roman »Memoiren einer Überlebenden« geschildert.[90] In einer umweltverpesteten und von Menschen weitgehend geräumten Großstadt hausen Hunderte, vielleicht Tausende von vergessenen und verlassenen Kindern in den unterirdischen Kanalsystemen und brechen eines Tages daraus hervor, ziehen plündernd, raubend und mordend durch die Straßen und zerstören in grenzenloser Willkür, Kälte und Grausamkeit alles noch Lebende und Lebendige.

»Über den drohenden Krieg der Jungen gegen die Alten« lautet der Untertitel zu Gronemeyers Streitschrift »Die Entfernung vom Wolfsrudel«.[91] Der Autor entwickelt darin ein Szenario, wie sich in Zukunft die zahlenmäßig immer kleiner werdende Bevölkerungsgruppe der jungen Generation an der immer breiter wachsenden Schicht der »Alten« für deren Versäumnisse rächt, indem sie sie in einen Apparat unmenschlicher Institutionen einsperrt und zu Tode verwaltet.

Als letztes Beispiel solcher beängstigenden Visionen, die, wie viele Vorfälle zeigen, inzwischen immer häufiger von der Realität eingeholt werden, wähle ich ein längeres Zitat aus einem Artikel von Jens Prüss »Der Alptraum des Papstes«:[92]

»Als sie beinahe alle Metropolen in Brand gesetzt hatten, zogen sie auf Rom zu, um den Papst zu töten. Nichts vermochte sie aufzuhalten. Mit Steinen, Eisenketten und Stöcken hatten sie ganze Heere geschlagen. Sie waren zu viele. Millionen von Erwachsenen knüpften sie an die wenigen noch gesunden Bäume. Niemanden verschonten sie . . . Auf ein geheimes Signal hin waren sie losmarschiert: 142 Millionen Kinder, sechs bis vierzehn Jahre alt . . . Zu verlieren hatten sie nichts . . . Auf dem Kreuzzug verloren sie täglich 40 000 durch Hunger, Erschöpfung und Drogen. Alles Schöne zerschlugen sie . . . Als die ersten Panzer auftauchten, hechelten sie zur Betäubung ihrer Angst ein hochgiftiges Lösungsmittel in ihre Lungen und marschierten weiter. Die Tanks schossen riesige Schneisen . . . Die Kinder stürmten die Kampfmaschinen, rissen die Fahrer aus den Luken, erwürgten sie oder bissen ihnen die Halsschlagader durch. Nun lag Rom vor ihnen . . .

Schweißgebadet wacht Johannes Paul II. aus seinem Alptraum auf . . .«

Kehren wir nach diesem Exkurs zur psychologischen Analyse zurück. Der Ausbruch von Gewalt bei einem auf Dauer hilflos und ohnmächtig gemachten Subjekt ist oft der letzte verzweifelte Versuch, gegen unerträgliche Bedrohungsängste anzukämpfen. Dabei wird das Ich von ungesteuerten Gefühls- und Triebkräften inflationiert, wodurch es zu einem vollständigen Verlust der Kontrolle über die Realität und die Innenvorgänge kommen kann.

Aber Gewalt ist nicht die einzige und kaum jemals dauerhafte Reaktion eines verohnmächtigten Subjektes. Ein unter chronischem Angstdruck stehendes und geschwächtes Ich rettet sich oftmals auch durch einen Rückzug von der Realität. Die leichteste Form ist der Verlust von Interesse an Dingen und Menschen;

sie kann sich über die Stufen der Resignation und Passivität bis zur völligen Apathie steigern und mündet in einen bei Kindern und Jugendlichen nicht seltenen depressiven Gemütszustand. Die Zunahme von Selbstmordphantasien, Selbstmordversuchen und von Selbstmorden in dieser Altersgruppe signalisiert die Verbreitung solcher Depressionen und drückt die extremste Form der Selbstaufgabe aus.

Neben den geschilderten seelischen Symptomen ist heute bekannt, daß anhaltender Angststreß auch körperliche Reaktionen im Sinne psychosomatischer Erkrankungen zur Folge haben kann. Sie entstehen durch psychisch nicht mehr zu verarbeitende Dauerspannungen und Konflikte, die in körperliche Funktionsstörungen umschlagen. Auch hier findet man eine Zunahme solcher Erkrankungen im Kindes- und Jugendalter. Zu den häufigsten psychosomatischen Erkrankungen in diesen Altersstufen rechnen Allergien, Asthma, Hauterkrankungen und Magen-Darm-Störungen.

Die bisherige Betrachtung der Umwelt- und Zukunftsangst hat sich auf die Frage beschränkt, wie die äußere Bedrohung durch die Schwächung des Ich in das Subjekt einwandern kann und dort verarbeitet wird. Aber das Subjekt steht nicht allein in dieser Welt. Es ist in einen engen sozialen Zusammenhang eingebettet, zunächst in die Familie, später in ein weiteres gesellschaftliches Umfeld. Die Beziehungen des Subjektes zu seinen Objekten gehören somit zum tragenden Bestandteil seiner Existenz; sie entscheiden über sein Gefühl zu sich selbst ebenso wie über sein Gefühl der Zugehörigkeit zur sozialen Gemeinschaft. Sein persönliches und soziales Ich sind unteilbarer Bestandteil seiner Identität. In einem weiteren Schritt der Analyse sind deswegen die Fragen zu klären, wie die Umweltzerstörung in das Gefüge der Objektbeziehungen eingreift und welche Folgen daraus für das Identitätsgefühl von Kindern und Jugendlichen erwachsen.

VI. Die Mutter als Verfolgerin[93]

Der Begriff »Verfolgung« wurde von der Kinderanalytikerin Melanie Klein in die psychoanalytische Literatur eingeführt. Schon vom Säuglingsalter an erlebt das Kind den Verlust der intrauterinen Geborgenheit sowie Schmerzen, Gefühle von Unbehagen, Versagungen oder Gefahren anderer Art als »Angriff feindlicher Kräfte, d. h. als Verfolgung. Insoweit, als er Entbehrungen ausgesetzt ist, verbindet sich im Säugling Verfolgungsangst von Anfang an mit seiner Objektbeziehung.«[94]

Die Mutter stellt für das Kind die früheste und damit wichtigste Objektbeziehung dar. Damit drängt sich für unser Thema die Frage auf, unter welchen Einfluß die Mutter durch die Umweltbedrohung gerät und wie sich dieser Einfluß auf die Beziehung zu ihrem Kind auswirkt. Zur Beantwortung muß man zunächst davon ausgehen, daß in heutiger Zeit jede schwangere Frau und Mutter über die Ernährungssituation mehr oder weniger gut informiert ist. Spätestens seit Tschernobyl hat sich das allgemeine Gefahrenbewußtsein enorm verstärkt. Solange sie für ihre Kinder Nahrung zubereiten, stehen sie vor der objektiv unlösbaren Aufgabe, die Giftzufuhr zu verhindern oder zumindest in kontrollierbaren Grenzen zu halten. Die Fragen, was sie während der Schwangerschaft essen und wie lange sie ihre Kinder stillen dürfen, stellen sich jeden Tag neu. Mit wachsendem Bewußtsein erhöht sich der Verantwortungsdruck, dem jedoch nicht entsprochen werden kann. Bei der Bewältigung der Situation sind die meisten Frauen sowohl von ihren Männern als auch vom weiteren sozialen Umfeld allein gelassen.[95] Der Dauerstreß von Angst, überhöhter Verantwortung, Schuld- und Versagensgefühlen ist mit dem Sackgassengefühl von Hilflosigkeit und Ohnmacht gekoppelt und dürfte psychodynamisch zunächst die Abwehr im Sinne von Verzweiflung, Wut, Haß, Protest und Widerstand aktivieren. Aber Widerstand wogegen? Nur wenige Frauen haben die Chance, ihn in einen politischen Handlungszusammenhang zu stellen. Selbst ihnen entzieht sich der eigentliche Auslöser, das Gift, durch seine alles durchdringende Unsichtbarkeit.

So geraten Mütter in eine ähnliche Situation wie die Kinder. Sie sind der Gefahr ausgeliefert, ohne aktiv etwas Entscheidendes dagegen tun zu können. Damit brechen ihre progressiven coping-Mechanismen zusammen, und die Angst und Aggression werden verdrängt. Statt dessen setzen regressive defence-Mechanismen ein und führen über die Stufen der Gleichgültigkeit und Resignation zu einer Apathie, bei der das weibliche Identitätsgefüge erhebliche Einbußen erleiden kann. Denn die mehr oder weniger realistische Überzeugung, dem Kind ab der Befruchtung eine vergiftete Gebärmutter und nach der Geburt eine vergiftete Brust zu geben, ist mit einer unerträglichen Kränkung und Verletzung des mütterlichen Selbstwertgefühls verbunden. Statt ihre sorgenden und beschützenden Funktionen dem Kind gegenüber erfüllen zu können, wird die Mutter durch das Gift, im Sinne Melanie Kleins, auf die Rolle der Verfolgerin festgelegt und verwandelt sich unfreiwillig, wie im Märchen vom Schneewittchen, zu einer verfolgenden Stiefmutter. Die Tragik der Situation besteht darin, daß sie durch die Vergiftung ihrer Nahrung nicht nur selbst eine Verfolgte ist, sondern in der Beziehung zum Kind auch noch zur Verfolgerin wird.

Es gibt verschiedene Möglichkeiten, wie dieser tragische Konflikt von der Mutter verarbeitet wird. Wichtige Hinweise lassen sich aus einer umfassenden Studie von Vyner mit dem Titel »Invisible Trauma« über die psychischen und psychosomatischen Auswirkungen der »unsichtbaren« Umweltbelastung durch Radioaktivität und Chemie entnehmen.[96] Vyner wertete alle englischsprachigen Untersuchungen seit Beginn der siebziger Jahre aus, die im Rahmen akuter Umweltkatastrophen durchgeführt wurden. Die übereinstimmend gefundenen streßpsychologischen Ergebnisse sprechen dafür, daß das »unsichtbare Trauma« ähnlich wie andere einschneidende Lebensereignisse zu einer traumatischen Neurose führen kann, wobei die Hypochondrie im Vordergrund steht.

Die Hypochondrie äußert sich in einer pathologisch übersteigerten Angst vor eigener Erkrankung oder, im Fall der Umweltvergiftung, auch vor der Erkrankung der Kinder. Beim Zustandekommen der Hypochondrie spielt die Etablierung unbeweisbarer Glaubenssysteme (nonempirical Belief Systems) eine entscheidende Rolle. Die streßpsychologisch wichtigen Gefühle der Unsicherheit und Ungewißheit (uncertainty) über die Auswirkungen toxischer Umweltbelastung können beispielsweise zu folgenden Glaubensgrundsätzen führen:

»Mein Blut ist bereits so stark toxisch belastet, daß ich mein Kind schon während der Schwangerschaft schädige.«

»Ich werde ein mißgebildetes Kind zur Welt bringen.«

»Meine Milch ist so vergiftet, daß ich mein Kind nicht stillen darf.«

»Meine Kinder werden durch die vielen Gifte unheilbar erkranken oder an Krebs sterben.«

»Ich selbst werde vielleicht vorzeitig erkranken oder sterben, so daß meine Kinder ihre Mutter verlieren.«

Solche und andere Glaubensgrundsätze führen, da sie in der Realität kaum überprüfbar sind, zu einer verstärkten Selbstbeobachtung bis hin zu Störungen des eigenen Körpergefühls und zu einer übersteigerten Sorge und Überwachung des Gesundheitszustandes des Kindes.

Vyners Auswertung bezieht sich zwar auf Untersuchungen an Bevölkerungsgruppen, die akuten Umweltkatastrophen ausgesetzt waren. Ich habe aber die Glaubensgrundsätze ausdrücklich aus der Sicht der schwangeren und stillenden Mutter formuliert, weil die Vermutung naheliegt, daß besonders sie die chronische Umweltbelastung ebenfalls wie ein akutes unsichtbares Trauma erlebt und entsprechend verarbeiten muß, wenn sie täglich mit der Vergiftung ihrer eigenen Nahrung konfrontiert ist.

Eng verwandt mit der Hypochondrie ist die paranoide Konfliktverarbeitung. Die Paranoia ist eine Geisteskrankheit, bei der wahnhafte Verfolgungsgefühle und -ängste im Vordergrund stehen. In stark abgemilderter Form sind paranoid gefärbte Gedanken auch bei gesunden Menschen nicht selten, zum Beispiel das Gefühl, von anderen beobachtet, belauscht oder ausgefragt zu werden. Bei der Umweltvergiftung besteht das besondere Problem darin, daß sich in der Realität schwer entscheiden läßt, ob man bereits in einem gesundheitsgefährdenden Ausmaß vergiftet ist oder ob man sich dies nur einbildet. Für werdende und stillende Mütter und für Mütter mit Kleinkindern stellt sich das Problem verschärft, da von der Art ihrer Ernährung eine reale Gefahr ausgehen kann. Um so verständlicher wären bei ihnen paranoide Gefühle und Reaktionen, die das eigene Identitätsgefühl erheblich verunsichern können.

Die Ursache für eine paranoide Reaktion liegt meist in einem inneren Konflikt zwischen einem strengen und bestrafenden Über-Ich (Gewissen) und einer stark verdrängten Aggression. In Lebenssituationen, die eine aggressive Gegenwehr notwendig machen würden, erfolgt wegen der eigenen Schuldgefühle eine Projektion der aggressiven Impulse auf einen Außenfeind, um dem inneren Konflikt zu entgehen. Die unbewußte Formel dafür lautet: »Nicht ich reagiere aggressiv, sondern der andere verfolgt mich mit seiner Aggression; ich bin nur das Opfer.«

Diese Hinweise sind zur Beantwortung des zweiten Teils unserer Ausgangsfrage wichtig: Wie gestaltet sich die Beziehung zwischen Mutter und Kind, wenn die Mutter durch die umweltbedingte Vergiftung ihrer Nahrung selbst zur Verfolgerin wird und unter dieser Erschütterung ihres Selbstbildes mit hypochondrischen und paranoiden Ängsten reagiert?

Ich glaube, daß die Frage an den Kern mütterlicher Existenz rührt, weil sie mit der Einsicht in die historisch einzigartige und beklemmende Situation zusammenfällt, in der die Mutter dazu verurteilt ist, ihrem Kind wissentlich und gegen ihren Willen mit jeder Nahrung Gift einzuflößen. Der gesellschaftlich verfügte unmenschliche Konflikt birgt eigentlich, wenn man ihn recht bedenken und einfühlen würde, eine seelische Sprengkraft in sich, die Mütter buchstäblich in den Wahnsinn treiben könnte. Solange aber die Tatsachen durch ein allgemein verhängtes Tabu und durch die individuelle Neigung zur Verdrängung und Verleugnung noch nicht in ihrer ganzen Tragweite wahrgenommen werden, bleiben auch die seelischen Reaktionen unterhalb der Schwelle des Wahnsinns fixiert. Liegen hier die Grenzen und Gefahren der Aufklärung? Aber solange man auf sie verzichtet, bleibt auch der kollektive Widerstand stumm. So wird Leiden individualisiert und dem Einzelschicksal der Mutter und der Beziehung zu ihrem Kind überantwortet. Aus diesem Dilemma führt nur eine Aufklärung, die sich ohne Dramatisierung um sachliche Argumente bemüht und die durch eine allgemeine Sensibilisierung des Bewußtseins zu gemeinsam getragenen Lösungen der anstehenden Probleme beitragen kann.

Wie sieht nun bei genauerer Betrachtung die Mutter-Kind-Beziehung in der geschilderten Konstellation aus? Wie wir heute aus der Pränatalen Psychologie wissen, entwickelt die werdende Mutter bereits in den ersten Monaten der Schwangerschaft eine intensive Beziehung zu ihrem Kind. Durch ihren Herzschlag, ihre Atmung und Stimme, durch die Berührung ihres wachsenden Bauches und durch ihr gesamtes seelisches und körperliches Befinden teilt sie dem Kind Gefühle der Ruhe, der Freude und beginnenden Liebe mit, aber auch, im umgekehrten Fall, Gefühle von Angst, Spannung und Unsicherheit. Das Kind reagiert seinerseits durch seinen Herzrhythmus und seine Motorik auf die Signale der Mutter. So entsteht der erste Austausch und pränatale »Dialog«, der die Art der Beziehung zwischen Mutter und Kind bereits deutlich widerspiegelt. Es handelt sich hierbei um eine enge psycho-somatische Gleichzeitigkeit seelischer und körperlicher Funktionsabläufe. Sie erst berechtigen dazu, von einer Mutter-Kind-Einheit vor der Geburt zu sprechen. Sie setzt sich nach der Geburt auf der seelischen Ebene noch über einen längeren Zeitraum fort. Beide Zustände bezeichnen wir als »Symbiose«.

In bezug auf die gegenwärtige Umweltsituation ergeben sich daraus folgende Überlegungen: Schon vor der Geburt ist das Kind nicht nur realen toxischen Belastungen durch die Giftstoffe im Nabelschnurblut der Mutter ausgesetzt, sondern auch psychosomatischen Irritationen. Dabei ist der Angststreß der Mutter, zum Beispiel vor einem mißgebildeten Kind, nur eine Seite des Geschehens. Schwerwiegender dürften ihre Aggressionen gegen das werdende Leben in sich sein. Die überraschende Annahme bedarf einer Erklärung. Schon unter normalen Bedingungen ist jede Objektbeziehung von einer mehr oder weniger ausgeprägten Ambivalenz bestimmt. Ambivalenz bedeutet das gleichzeitige Vorhandensein gegensätzlicher Gefühle: Zuneigung und Abneigung, Anerkennung und Kritik, Nähe- und Distanzbedürfnis, Liebe und Haß sind typische Beispiele für das breite Spektrum widersprechender Gefühle, die uns an andere Menschen binden. So sind auch die Gefühle einer Mutter ihrem werdenden oder geborenen Kind gegenüber ambivalent. Sie liebt es, schützt es und sorgt sich um sein Glück, aber sie kann das Kind gleichzeitig aus einer Vielzahl von Gründen innerlich auch abwehren. Das ist menschlich. Meist bleiben negative Gefühle unbewußt; seltener brechen sie als offene Formen der Ablehnung, der Wut und des Hasses an die Oberfläche. Wie tief neben der Liebe der Haß zuweilen reichen kann, kennen wir aus der traurigen Bilanz mißhandelter und vernachlässigter Kinder. Und wir kennen den Haß aus der Traumwelt. In meinen eigenen psychotherapeutischen Behandlungen sind mir zahlreiche Träume von Frauen und Müttern begegnet, in denen sie entsetzlich mißgebildete Kinder zur Welt brachten, oft als Totgeburten, oder in denen sie Säuglinge und Kleinkinder aktiv verstümmelten. Die betreffenden Frauen wichen in der Erziehung ihrer Kinder nicht auffällig vom Durchschnitt ab, hatten im Gegenteil oft ein besonders liebevolles Verhältnis zu ihnen. Solche symbolisch verdichteten Träume deuten jedoch darauf hin, daß Zerstörungs- und Tötungswünsche gegen Kinder im Unbewußten existieren (englisch: infanticid), die zur normalen menschlichen Konstitution gehören.

In der normalen Mutter-Kind-Beziehung wird der Ambivalenzkonflikt in der Regel dadurch gelöst, daß die aggressiven Impulse durch die stärker ausgeprägte Liebe zum Kind neutralisiert werden. Für Mütter jedoch, die in dem Bewußtsein leben, ihre Kinder durch ihre eigene Nahrung zu vergiften, dürfte die Lösung des Ambivalenzkonfliktes komplizierter sein. Man muß annehmen, daß die Ambivalenz nach beiden Seiten hin anwächst. Einerseits werden durch die Schuldgefühle der Mütter ihre Wiedergutmachungswünsche, ihre Sorge, ihre Schutzfunktion und ihre Liebe verstärkt; andererseits kann es aber auch zu einem gefährlichen Anstieg der Aggressionsbereitschaft kommen. Und das aus folgenden Gründen: Erstens werden bei einer Mutter, die sich durch den »Giftcocktail« ihrer Nahrung als Verfolgerin erleben muß, ihre bisher verdrängt gehaltenen Aggressionen erst aktiviert und bewußtgemacht, mit der erschreckenden Erkenntnis: »Ich habe ja tatsächlich Aggressionen gegen das Kind; ich bin eine potentielle Mörderin.« Zweitens sind ihre Schuldgefühle, das Kind zu vergiften, so unerträglich, daß aggressive Gegenimpulse ausgelöst werden, die auf das Kind projiziert werden, nach der inneren Formel: »Du bist schuld, denn wenn du nicht wärst, müßte ich dich nicht vergiften.« Eine dritte Möglichkeit für aggressive Impulse resultiert aus der paranoiden Konfliktverarbeitung. Dabei findet zur Bewältigung der Bedrohungsängste und der Schuldgefühle eine innere Spaltung statt, bei der die eigene Rolle der Verfolgerin aus dem Erleben isoliert und auf das Kind verschoben wird. Hier lautet die unbewußte Formel: »Nicht ich verfolge dich, sondern du verfolgst mich.« Das dadurch jetzt in die Rolle des Verfolgers geratene Kind zieht verständlicherweise massive Aggressionen auf sich. Denn bei dieser paranoiden Abwehr kann jeder Wunsch, jede Forderung, ja allein die Existenz des Kindes wie eine Verfolgung erlebt werden (»das Kind frißt mich auf«, »das Kind bringt mich noch mal um« usw.). Die aggressive Gegenwehr gegen diese vermeintliche Bedrohung durch das Kind ist dann eine fast zwangsläufige Folge.

Und schließlich gibt es noch eine vierte Quelle für die Aggression. Normalerweise benötigt die Mutter zur Stabilisierung ihres inneren Mutterbildes und zur Freisetzung möglichst ungebrochener Liebesgefühle die Symbiose mit ihrem Kind fast ebenso wie dieses selbst. Erst ihre Regression in den symbiotischen Zustand schafft das befriedigende Klima der vollen Geborgenheit in der Mutter-Kind-Einheit. Wenn dagegen die Beziehung durch eine hohe Ambivalenz gekennzeichnet ist und den Charakter einer Doppelbindung (double bind) annimmt, bei der Liebe und Haß unversöhnt nebeneinander existieren, bleiben die regressiven Symbiosewünsche der Mutter unerfüllt. Deren Erfüllung gehört aber in diesem Stadium ihrer Mutterschaft zur normalen narzißtischen Befriedigung, um mit dem Kind gemeinsam eine liebevolle Beziehung entwickeln zu können. Verletzungen solcher Bedürfnisse führen aber nicht zu der normalen und notwendigen Regression, sondern eher zu einer pathologischen Regression, bei der die Enttäuschungswut stärker ausgeprägt ist als Gefühle von Zärtlichkeit, Wärme und Liebe.

Die Beschreibung dieser Vorgänge macht uns erst die ganze Tragweite der Umweltzerstörung für die Mutter-Kind-Einheit deutlich. Sie zeigt, wie die äußere Vergiftung in innere Erlebensstrukturen einbricht, sich dort zwischen Mutter und Kind schiebt und zur seelischen »Vergiftung« der Beziehung führen kann.

Die Tragik der Umwandlung äußerer gesellschaftlicher Bedrohungen zu einem inneren Zerstörungspotenial haben wir bereits bei den Kindern und Jugendlichen verfolgt. Daraus leitete sich die Schlußfolgerung ab, daß die Umweltzerstörung eine Innenweltzerstörung des Subjektes zur Folge hat. Am Beispiel der Mutter-Kind-Beziehung läßt sich jetzt ergänzen, daß die Umweltbedrohungen nicht nur die seelische Struktur des einzelnen, sondern auch den Charakter der Objektbeziehungen in destruktiver Weise verändern.[97]

Die Folgen dieser Objektbeziehungsstörungen für Familie und Gesellschaft sind von großer Bedeutung. Aber wichtige Objektbeziehungen bestehen nicht nur zu den Müttern, sondern ebenso zu den Vätern. Welche Rolle ihnen im Zusammenhang der Umweltzerstörung zukommt, muß daher ebenfalls geklärt werden.

VII. Der Vater als Täter

In der Einleitung des Buches habe ich eine Assoziationskette nicht erwähnt, die neben dem Traum von Schneewittchen zur stärksten Motivation wurde: »Herbizide, Fungizide, Pestizide, Insektizide« - und dann der erschreckende Einfall: »Infantizide. Wollen wir auch unsere Kinder vertilgen?« Gleichzeitig mit dem Erschrecken war in mir das Tabu gebrochen, über das Kindesopfer in Vergangenheit und Gegenwart nachzudenken.

Seit Menschengedenken wurden Kinder für unterschiedliche Zwecke durch Tötung geopfert: für eine Idee - wie Glaube, Freiheit und Gerechtigkeit - oder für materielle Ziele wie Kriegsglück, Macht, Reichtum und technischen Fortschritt. Für unseren Kulturkreis finden sich in der griechischen Mythologie bis zur Bibel zahlreiche Beispiele für magische Kindesopfer. Aus dem klassischen Altertum ist die Opferung Iphigenies durch ihren Vater Agamemnon besonders berühmt geworden. Durch die Opferung erbat sich dieser von den Göttern günstige Winde für seine Kriegsflotte gegen Troja. Das bekannteste Beispiel aus dem Alten Testament ist die Opferung Isaaks durch seinen Vater Abraham. Gott führte Abraham in Versuchung und verlangte von ihm die Opferung seines einzigen Sohnes, um die Stärke seines Glaubens zu testen. Diese biblische Geschichte kann aus heutiger psychologischer Sicht als symbolischer Ausdruck für die Perversion des Handelns gedeutet werden, zu dem Menschen durch den anerzogenen Gehorsam gegenüber der Autorität getrieben werden können.[98] So wurden Söhne - und werden es noch heute - millionenfach von ihren Vätern in Kriegen geopfert, weil diese durch den blinden Glauben an die jeweiligen Ideologien ihrer Führer und aufgrund ihrer willenlosen Unterwerfung unter deren Befehlsgewalt ihre eigene Verantwortung »abgegeben« haben. Rascovsky spricht in diesem Zusammenhang von »Filizid«[99]. Die Opferung des Sohnes durch den Vater hat in unserer abendländisch-christlichen Tradition wohl keinen gültigeren und folgenschwereren Ausdruck gefunden als in der Kreuzigung Jesu. »Und um die neunte Stunde schrie Jesus laut und sprach: ›Mein Gott, mein Gott, warum hast Du mich verlassen?‹« . . . »Aber Jesus schrie abermals laut und verschied.«[100] Um die Religion des Christentums durchsetzen zu können, bedurfte es offenbar der Legende vom Märtyrertod des Gottessohnes. So steht am Beginn einer neuen Zeitrechnung die Opferung eines Kindes.

Die Kinderkreuzzüge des Mittelalters, in denen Kinder, von Kirchenfürsten verführt, zu Tausenden in den Tod zogen, sind wohl das entsetzlichste Beispiel und zugleich die logische Konsequenz einer Ideologie und eines Machtinteresses, zu deren Verwirklichung selbst das rituelle Kindesopfer dienen mußte. Aber es gibt nicht nur die Verbindung von Kindesopfer und Religion und Politik, sondern auch von Kindesopfer und zivilisatorischem Fortschritt. De Mause zitiert viele Beispiele aus der Psychohistorie der Kindheit, die diesen Zusammenhang belegen: »Häufig wurden Kinder auch in Mauern, Gebäudefundamente oder Brücken eingemauert!«[101] In Bali munkelt man, daß noch heute bei der Errichtung neuer Technologien solche Kindesopfer gebracht werden. Unverkennbar spielt bei solchen magischen Bräuchen die Versöhnung der Götter wegen des prometheischen Frevels eine entscheidende Rolle. Prometheus gilt gleichzeitig als Symbolgestalt der Auflehnung gegen die Götter, weil er ihnen das Feuer entreißt, um es zu den Menschen zu bringen, wie auch als Symbolfigur menschlicher Hybris – des Größenwahns, gegen die Gesetze der Götter verstoßen zu wollen.

Wir gehen heute davon aus, daß die Götter als Vatergestalten unsere eigenen Erfindungen sind oder, psychologisch ausgedrückt, Projektionen unseres eigenen Gewissens, in denen kollektive Wertmuster und Normen des sozialen Zusammenlebens gespeichert wurden. Entsprechend haben wir danach zu fragen, in welcher Form dieses kollektive Gewissen heute verletzt wird und welche magischen Opfer wir zu bringen bereit sind. Die technische Entwicklung ist in Bereiche vorgestoßen, in denen der Preis des Fortschritts als barbarische Verwüstungen erkennbar wird. Ob das Massensterben von Menschen bei Atombombeneinsätzen, im High-tech-Krieg oder im weltweiten Krieg auf den Straßen, ob das Massensterben von Menschen in den unterdrückten und ausgebeuteten Teilen der Welt, ob die rücksichtslose Ausplünderung und Zerstörung der Natur mit dem Risiko der planetaren Vernichtung - immer wird dahinter auch der Größenwahn des Menschen sichtbar, neue Grenzen überschreiten zu wollen, ohne die Folgen zu bedenken. Der entfesselte Prometheus von heute achtet weniger denn je die Gesetze kollektiver Moral und hätte deswegen allen Grund, panische Angst vor seinem permanent verletzten Gewissen zu entwickeln. Wenn man den Mythen und rituellen Gebräuchen folgt, nach denen das Erbringen von Opfern die Funktion hat, die Götter oder, in unserer Sprache, das Gewissen zu versöhnen und zu beschwichtigen, nachdem man gegen seine Gesetze verstoßen hat, müßten wir angesichts unserer Hybris eine große Opferbereitschaft besitzen.

Der Gedanke führt zu der schockierenden Frage, ob die globale Vergiftung unserer Kinder ein gigantisches Opferzeremoniell darstellt, bei dem die menschliche Gesellschaft, an die Grenzen ihrer Entwicklung geraten und erbleichend vor ihrem eigenen Größenwahn, schließlich sich selbst zum Opfer bringt. Wo die Kinder sterben, stirbt der Mensch.

Aber diese spektulative psychologische Deutung oder abstrakt-philosophische Behauptung enthebt uns nicht der Aufgabe, nach der konkreten gesellschaftlichen Rolle der Väter im Zusammenhang mit der Umweltzerstörung zu fragen. Vor knapp 30 Jahren vertiefte Alexander Mitscherlich die zuerst von Paul Federn gestellte Diagnose von der »vaterlosen Gesellschaft«.[102] Die Anonymität einer technokratisch verwalteten

Massengesellschaft und die wachsende Arbeitsteilung als Folge der Industrialisierung, so Mitscherlichs These, führen zu Entfremdungsprozessen in der Primärgruppe Familie. Dabei verliere der überwiegend »abwesende« Vater seine strukturbildende Autorität und seine Rolle als Identifikationsobjekt, die für die Identitätsfindung des Kindes von entscheidender Bedeutung seien. Der Schock bezüglich dieser Diagnose wirkt noch heute nach, ablesbar an der Häufigkeit, mit der sie zitiert wird. Aber reicht sie beim Stand der gegenwärtigen gesellschaftlichen Entwicklung noch aus? War sie überhaupt jemals zutreffend? Denn, so müssen wir fragen, was haben die »unsichtbaren« Väter während ihrer Abwesenheit getan? Wie haben sie die - in der Sprache Mitscherlichs - über sie verfügten gesellschaftlichen Diktate verwaltet? Können sie sich lediglich als passive Opfer sozialer Transformationsprozesse begreifen, oder müssen sie sich nicht ihres aktiven Tätigseins bewußt werden? Wir haben zu realisieren, daß das unaufhaltsam anwachsende destruktive Potential, das erbarmungslos gegen Kinder eingesetzt wird, ob als chronische Niedrigstrahlung, als schleichende Vergiftung oder in anderen Formen struktureller Gewalt, ausschließlich von Männern und Vätern inszeniert wird. Die inflationäre Verwendung des Begriffs »Anonymität« im Zusammenhang gesellschaftlicher Entscheidungsprozesse kann leicht über die Tatsache hinwegtäuschen, sie vertuschen oder entschuldigen, daß es das Heer der Männer und Väter ist, die an verantwortlicher Stelle als Physiker, Chemiker, Informatiker, Biologen, Politiker, Militärs, Ökonomen und Unternehmer für die Erfindung, Produktion und weltweite Verteilung von Produkten mit hoher Risikowirkung verantwortlich sind. Dem Heer der technischen, militärischen, wirtschaftlichen und politischen Eliten steht ein weit größeres, ebenfalls überwiegend von Männern und Vätern gebildetes Hilfsheer an Technikern, Handwerkern, Facharbeitern, Fachhilfsarbeitern, Aufsehern und Arbeitern zur Seite, das in gehorsamer Erfüllung seiner Aufgaben den Gesetzen von Vorgesetzten, Chefs, Abteilungsleitern, Vorstandsmitgliedern, Aufsichtsräten, Ministern und anderen »Göttern« auf der unendlichen Leiter der Hierarchien folgt.

Dagegen gebären Frauen die Kinder, stillen sie, ernähren sie, erziehen sie und sorgen sich um ihr Glück. Frauenberufe sind überwiegend im pädagogischen, sozialen und therapeutischen Bereich angesiedelt; Frauen arbeiten in öffentlichen Diensten und in Dienstleistungsbetrieben und bei geringer Qualifikation als Arbeiterinnen eher in einer Schokoladenfabrik als in einem Kernkraftwerk.

Es sind also hauptsächlich die Männer und Väter, deren Tätigsein sich gegen die Lebensinteressen, Zukunftsmöglichkeiten und die Gesundheit ihrer Kinder richtet und die, in der Erfüllung ihres Berufes, auch den Tod ihrer Kinder nicht ausschließen.

Um Mißverständnisse zu vermeiden, möchte ich betonen, daß mit den nachfolgenden Gedanken Vätern keine bewußten Tötungsabsichten gegen ihre Kinder unterstellt werden sollen. Aber wie im letzten Kapitel bei den Müttern muß man auch bei den Vätern fragen, von welchen destruktiven Impulsen gegen ihre Kinder sie beherrscht werden und wie sich diese Impulse, vom Bewußtsein abgespalten, real manifestieren.

Vom magischen Kindesopfer war bereits die Rede. Ebenso wie der rituelle Mord war jedoch auch die Kindestötung als Mittel der Geburtenkontrolle oder aus eugenischen Gründen, und das bis weit ins Mittelalter hinein, im abendländischen Kulturkreis erlaubt. Bei der Suche nach weiteren Ursachen für das destruktive Verhalten von Vätern ihren Kindern gegenüber können uns Mythologie, Religion und Dichtung weitere wichtige Hinweise liefern, weil in ihnen bekanntlich ein profundes Wissen über die menschliche Natur in symbolisch verdichteter Form gespeichert ist. Dabei lassen sich Motivketten verfolgen, die sich in den Objektbeziehungen zwischen Vätern und Kindern auch in der Realität wiederfinden.

Das Hauptmotiv für Konflikte zwischen Vätern und ihren Kindern, speziell den Söhnen, ist die Frage von Macht und Herrschaft. Schon in dem bekanntesten Schöpfungsmythos der Griechen steht die Ausstoßung der Kinder am Anfang der Weltentstehung. Die aus dem Chaos entsprungene Urmutter Gaia, die Göttin der Erde, verband sich, so der Mythos, mit Uranos, dem Himmelsgott. Dieser haßte seine Kinder, weil er fürchtete, von ihnen entthront zu werden. Deswegen verbannte er sie von der Erde und warf sie in den Tartaros, die Hölle. Gaia, empört über diese Mißhandlung und schändliche Tat, stiftete den jüngsten Sohn Kronos an, seinen Vater mit einer von ihr geschmiedeten Sichel zu entmannen. Kronos seinerseits verschlang seine Kinder, nachdem er die Macht erlangt hatte, aus Angst, von seinem stärksten Sohn gestürzt zu werden. Seine Frau Rea versteckte aber ihren jüngsten Sohn Zeus, der den Vater dann auch mit seinem Blitzstrahl besiegte und für ewig verbannte. Will man den Blitzstrahl als ein Phallussymbol interpretieren, steht also bei den ersten beiden Nachfolgegenerationen der Götterwelten die phallische Konkurrenz und die Entmachtung des Vaters durch Kastration im Vordergrund.

Der Phallus gilt als Symbol männlicher Macht und Stärke; aber seine gleichzeitige Funktion als Sexualorgan deutet darauf hin, daß der Machtkampf zwischen Vater und Sohn nicht nur um die allgemeine Vorherrschaft geführt wird, sondern auch um den Besitz der Frau und Mutter. Bekanntlich hat Freud dieser Tatsache sein Hauptaugenmerk gewidmet. In seiner frühen Arbeit »Totem und Tabu«[103] entwickelte er in bezug auf die Sitten und Gebräuche von Urvölkern die These, daß das Inzesttabu schon im Totemismus früher Kulturen aus der natürlichen Rivalität zwischen Vätern und Söhnen um den Besitz der Mutter entstanden sei. Mit dieser These untermauerte er seine Annahme vom Ödipuskomplex als Kern der Neurose. Tatsächlich erschlägt nach dem griechischen Mythos auch Ödipus seinen Vater, heiratet danach seine eigene Mutter und geht, nachdem er seine irrtümlichen Taten erkannt hat, an seiner Schuld über die Verletzung des Inzesttabus zugrunde. Aber auch hier steht die Entmannung des Vaters nicht am Anfang, sondern am Ende einer Geschichte, bei der zunächst der Vater den Sohn ausstößt und töten lassen will. Nachdem Laios seine Frau Iokaste betrogen hatte, mußte er die Rache des Sohnes für das seiner Mutter zugefügte Unrecht fürchten.

Das Motiv der Kindestötung aus Angst vor dem Verlust eigener Herrschaft finden wir auch im Alten und Neuen Testament wieder. Der Pharao, König von Ägypten, gibt den Befehl: »Alle Söhne, die geboren werden, werft ins Wasser.«[104] In der Angst, das hebräische Volk könne sich vermehren und seine Herrschaft bedrohen, macht er mit dem Tötungsbefehl auch vor seinem eigenen Volk nicht halt. Mose überlebt – wiederum unter dem Schutz einer Frau, der Tochter des Pharao. Auch Jesu Geburt und seine Flucht nach Ägypten steht unter den Vorzeichen eines kollektiven Kindermordes: König Herodes ließ alle Knaben unter zwei Jahren in Bethlehem töten, weil er den neugeborenen König der Juden als künftigen Rivalen fürchten mußte. »Auf dem Gebirge hat man ein Geschrei gehört, viel Klagens, Weinens und Heulens; Rahel beweinte ihre Kinder und wollte sich nicht trösten lassen, denn es war aus mit ihnen.«[105]

Frenzel beschränkt sich in ihrem Werk »Motive der Weltliteratur« auf die Untersuchung des »Vater-Sohn-Konfliktes« – ein Hinweis darauf, daß die Vater-Tochter-Beziehung in ihren destruktiven Anteilen kulturgeschichtlich bisher wenig bearbeitet wurde.[106] Anhand zahlreicher literarischer Beispiele zeichnet die Autorin die am häufigsten gestalteten Motive in der europäischen Geistesgeschichte nach: den Machtkampf um die Herrschaft zwischen junger und alter Generation als archaisches und generationenübergreifendes Phänomen; die wechselseitige Enttäuschung über nichterfüllte Ideale und Hoffnungen, die Väter und Söhne in bezug aufeinander hegen; den Zusammenprall weltanschaulicher Positionen in Zeiten starker ideologischer und politischer Umwälzungen; den Kampf um das Erbe; die Rivalität um Fragen von Intelligenz, Talent und Leistung; das Bündnis zwischen Mutter und Sohn gegen einen tyrannischen Vater; Eifersucht zwischen Vater und Sohn um die Frau und

Mutter, aber auch um andere Frauen, wobei letztlich immer das Inzestmotiv leitend ist; gravierende Unterschiede in den Eigenschaften und Charakterzügen, aber auch die Gleichheit von nichtakzeptierten Wesensmerkmalen, die im anderen projektiv abgewertet werden; Ungerechtigkeiten des Vaters in der Behandlung der einzelnen Geschwister und schließlich die durch Tyrannis, Gewalt, mangelnde Liebe und Verantwortung mißbrauchte Autorität des Vaters.

Frenzel weist zu Recht darauf hin, daß diese vielfach variierten Motivketten für Vater-Sohn-Konflikte keineswegs zwangsläufig sind. Die eigentliche Natur der Vater-Sohn-Beziehung zeichne sich im Gegenteil durch wechselseitige Liebe, Anerkennung, Wertschätzung und Förderung aus. Die Häufigkeit und Dramatik der Konflikte zeige aber in ihrer archetypischen Wiederholung die Anfälligkeit der Beziehung für Probleme persönlicher und gesellschaftlicher Herkunft. Wenn es sich aus psychologischer Perspektive bei den Demütigungen, Herabsetzungen und Verletzungen seelischer und körperlicher Art bis hin zur Tötung des anderen zwar um dialektische Vorgänge handelt, bei denen sich Konflikte wechselseitig aufschaukeln, und Väter ebenso zu Opfern werden können wie Söhne, muß man unter Berücksichtigung von Alter, Reife und Erfahrung das Scheitern der Vater-Sohn-Beziehung in der Regel primär in einem Versagen der Väter sehen. Ihre Destruktivität erzeugt nicht nur Unterwerfung, sondern auch Gegengewalt, wobei der jeweils Stärkere den Ausgang des Konfliktes bestimmt.

In diesen Zusammenhang gehört ein Begriff, der sich in der öffentlich-kritischen Diskussion des Umweltthemas durchzusetzen beginnt. Viele sprechen heute von einer »ökologischen Kindesmißhandlung«. Wenn man nach einem neuen Verständnis übergreifender Gewaltzusammenhänge Kindesmißhandlung als ein psycho-sozio-kulturelles Phänomen auffaßt, das sowohl die personale Gewalt zwischen Eltern und Kindern als auch die gesellschaftlich strukturelle Gewalt einschließt, definiert der Begriff »ökologische Kindesmißhandlung« eine spezifische Form der strukturellen Gewalt. Nur insoweit scheint er mir als Begriff brauchbar. Seine Grenzen liegen aber darin, daß in ihm die personalen und psychologischen Komponenten verwischt werden. Um sie geht es jedoch zentral bei der Frage, warum Männer und Väter die systematische Vergiftung ihrer Kinder aktiv betreiben. Andererseits ist der Zusammenhang zwischen der gebräuchlichen Verwendung des Begriffes »Kindesmißhandlung« und der »ökologischen Kindesmißhandlung« nicht zufällig. Die körperliche und seelische Gewalt gegen Kinder bis hin zu den schweren Formen der Kindesmißhandlung sind innerhalb unserer Gesellschaft dermaßen verbreitet, daß in ihnen unschwer das enorme destruktive Potential zu erkennen ist, dem Kinder in der Opferrolle ausgesetzt sind. Aus Statistiken geht hervor, daß Väter ebensooft Gewalt ausüben wie Mütter, obwohl sie sehr viel weniger mit den Kindern zusammen und daher geringer durch Erziehungsprobleme belastet sind; weiterhin ist bekannt, daß Mädchen etwa gleichhäufig wie Jungen von der Gewalt betroffen sind.

Hier schließt sich daher die Frage an, welche Wurzeln die destruktiven Impulse von Vätern gegen ihre Töchter haben. Es ist unklar, warum das Thema sowohl in der Wissenschaft wie in der geistig-kulturellen Tradition eine so geringe Beachtung fand. Das Tabu des Vater-Tochter-Konfliktes wird erst seit etwa 20 Jahren langsam gebrochen. Erst aus dieser Zeit stammen die ersten systematischen Untersuchungen über das erschreckende Ausmaß der sexuellen Gewalt gegen Mädchen, und da speziell der von Vätern gegen ihre Töchter. Inzwischen liegt eine umfangreiche Literatur – wissenschaftliche Studien, psychologische Analysen, therapeutische Erfahrungsberichte und persönliche Erlebensschilderungen – vor, die deutlich macht, daß es sich bei der sexuellen und körperlichen Gewalt und ihren häufigen Mischformen nicht um ein neuartiges Phänomen handelt, sondern um eine destruktive Beziehungsstruktur zwischen Vätern und Töchtern, die in die Anfänge des Patriarchats zurückreicht.[107] Trotzdem beschränken sich Analysen über die Auswirkungen des Patriarchats auf die Beziehung der Geschlechter hauptsächlich auf das Mann-Frau-Verhältnis. So vermißt man selbst in dem monumentalen Standardwerk von Bornemann »Das Patriarchat« in dem umfangreichen Sachregister die Stichworte »Mädchen« oder »Tochter«. Auch in dem Gesamtwerk von Freud bleiben die destruktiven Anteile der Vater-Tochter-Beziehung ausgeklammert.

Es kann hier nicht der Ort sein, die Geschichte des Patriarchats nachzuzeichnen. Da das genannte Tabu inzwischen verstärkt diskutiert wird, reichen einige Hinweise aus, um die zerstörerischen Kräfte zwischen Vätern und Töchtern zu beleuchten. In allen patriarchal organisierten Gesellschaften ist, mit verschiedenen Akzentsetzungen und historisch unterschiedlich verlaufenen evolutionären Entwicklungen, die Vormachtstellung des Mannes mit einer Verletzung von Frauenrechten verbunden. Dabei werden Frauen bekanntlich verachtet, gedemütigt, unterdrückt, erniedrigt, ausgebeutet, mißhandelt und vergewaltigt. Frauen galten lange Zeit als intellektuell minderwertig und während ihrer Periode als unrein. Die Angst des Mannes vor der Sexualität und Gefühlsstärke der Frau führte zu den häufig beschriebenen Exzessen der Gewalt bei den millionenfachen Hexenverbrennungen des Mittelalters. Ausläufer davon finden sich noch heute in den grausamen Beschneidungen von jungen Mädchen in einigen afrikanischen Staaten, die, anders als bei der Beschneidung von Jungen, keinerlei medizinisch-hygienische Bedeutung haben. Zur patriarchalen Ordnung gehört, daß Jungen mehr Wertschätzung erfahren als Mädchen und daß in Zeiten bevölkerungspolitischer Entscheidungen Mädchen eher getötet wurden als Jungen. Auch diese Tradition reicht in einigen asiatischen Regionen noch bis in die Gegenwart.

Wenn in unserer modernen Gesellschaft die schlimmsten Auswirkungen des Patriarchats auch abgebaut werden konnten, gilt in der Praxis noch immer die öffentlich-rechtliche Benachteiligung der Frau als Regel. Das weist darauf hin, daß die jahrtausendelang tradierten und verinnerlichten Denk- und Gefühlsstrukturen des Mannes noch sehr wirksam sind. Letztlich ist es die gefährliche Gefühlsmischung aus Vorurteil, Ressentiment, Verachtung, Neid, Angst und Haß, die sich immer wieder als offene Gewalt gegen Frauen nach außen durchsetzt.

Der geschilderte Hintergrund ist zum Verständnis der zerstörerischen Vater-Tochter-Beziehungen unverzichtbar. Die Psychoanalyse geht davon aus, daß die wechselseitigen sexuellen Wünsche zwischen Töchtern und Vätern natürlichen Ursprungs sind und ihre Realisierung nur durch das Inzesttabu verhindert wird. Nach diesem Verständnis ist die häufig mit der Sexualität gekoppelte Gewalt als Ausdruck unerträglicher Schuldgefühle zu deuten. Dies gilt auch für die Gewaltbeziehungen ohne sexuellen Mißbrauch. Durch die projektive Abwehr der eigenen sexuellen Wünsche und der mit ihnen verbundenen Schuldgefühle kommt es beim Mann zur Entladung der Gewalt nach der Formel: »Du bist schuld, wenn ich dich sexuell begehre.« Solche durch psychotherapeutische Erfahrungen aufgedeckten Zusammenhänge sind keineswegs selten. Aber wenn man die gesellschaftliche Dimension patriarchaler Entwicklung einbezieht, scheinen sie das Phänomen sexueller Gewalt nur unvollständig zu erklären. Warum, so muß man umgekehrt fragen, gehört der sexuelle Mißbrauch von Jungen durch ihre Mütter zu den wenigen Ausnahmen? Nach allen vorliegenden Erfahrungen bestehen wechselseitige sexuelle Wünsche zwischen Müttern und Söhnen ebenso häufig und intensiv wie zwischen Vätern und Töchtern. Hier scheint jedoch das Inzesttabu, das ja letztlich eine gesellschaftlich verfügte Grenze markiert, außerordentlich wirksam zu sein. So liegt der Schluß nahe, daß das in patriarchalen Gesellschaften errichtete Inzesttabu in erster Linie in der Mutter-Sohn-Beziehung durchgesetzt werden konnte, weil die Väter die Macht dazu besaßen, ihre Rivalitätsängste auf diese Weise zu beschwichtigen. Sie ihrerseits konnten durch selbstangemaßtes Recht und durch ihre Überlegenheit das Inzesttabu besser unterlaufen und mußten seine Verletzung mit geringeren Schuldgefühlen büßen. Dies um so leichter, als Mädchen und

Töchter als Abbilder ihrer Mütter und als künftige Frauen erlebt werden und daher die gleiche Einschätzung auf sich ziehen, denen Frauen in einem patriarchalen Weltbild unterworfen sind. Daraus läßt sich als logische Folgerung ableiten, daß der häufige sexuelle Mißbrauch von Mädchen außerhalb und die Verletzung des Inzesttabus gegen Töchter innerhalb der Familie und die Koppelung mit körperlicher Gewalt nicht nur Ausdruck durchgesetzter oder abgewehrter sexueller Bedürfnisse sind; vielmehr scheint in diesen Übergriffen das ganze Arsenal destruktiver Grundeinstellungen von Männern gegenüber Frauen einzufließen, das sich tief verinnerlichten patriarchalen Denk- und Gefühlsstrukturen verdankt. Hinter der äußerlich als Sexualität in Erscheinung tretenden Gewalt dürfte sich häufig das wesentlichere Element der destruktiven Haltung verbergen - der Haß gegen Frauen. So mischen sich Sexualität und Gewalt zu einem tragischen Komplex aus Ablehnung, Erniedrigung und Verachtung, der in letzter Konsequenz auch die Opferung des kleinen Mädchens oder der jungen Frau auf dem Altar männlicher Herrschaftsansprüche einschließt. Dabei werden Mädchen und Töchter nicht nur zu Opfern, weil sie besonders wehrlos gegen das Unrecht sind, sondern weil in ihnen der Ursprung des Frauseins getroffen und vernichtet werden soll. Wie erfolgreich solche frühen Angriffe sein können, ist aus der Erfahrung von Frauen hinreichend bekannt, die einem langjährigen sexuellen Mißbrauch in der Kindheit ausgesetzt waren und deren frauliche und mütterliche Identität und Gefühlswelt ohne therapeutische Hilfe für das weitere Leben im Kern erschüttert bleiben.

Einen radikalen und aufwühlenden Bericht über diesen Prozeß der Zerstörung, der Selbstentfremdung und der Entfremdung von anderen Menschen hat Anne Karedig als Selbstzeugnis vorgelegt.[108] Ein Vater aus gutbürgerlichem Milieu, der seine Tochter zehn Jahre lang bis zur Pubertät in einem regelmäßigen Ritual mit dünnen, biegsamen Plastikruten auf den nackten Po schlägt, sie mißhandelt, demütigt und erniedrigt. Immer wieder fragt die Tochter in der Rückerinnerung während ihrer therapeutischen Analyse vergeblich nach den Gründen: »Wenn du mich anschautest, wuchs dein Wunsch, mich zu zerstören. Deinem Begehren zu streicheln folgte stets der Wunsch zu schlagen. Was war an mir so verdammenswert, daß du es totschlagen wolltest? Das Rätsel läßt sich nicht lösen.«[109] Die Autorin kreist in ihren Gedanken um die tragische Verkettung von Liebe und Haß. Aber ist es vielleicht nur ihre Liebe zum Vater oder die Sichtweise ihres Therapeuten, die den Verdacht auf die abgewehrten sexuellen Wünsche des Vaters lenken? Nach dem Bericht hat der Vater die Tochter sexuell nie berührt oder aktiver bedrängt. Er war »nur« in sadistischer Weise gewalttätig. Vielleicht ist für das Opfer die zerstörerische Gewalt leichter zu ertragen, wenn sie scheinbar an eine noch so pathologische Liebe und deformierte Sexualität gebunden ist. Wenn die Autorin jedoch auch am Schluß ihres Erfahrungsberichtes ahnungslos bleibt: »Warum du das getan hast, läßt sich nicht ergründen«[110], liegt der schmerzhafte Verdacht nahe, der Vater habe die Tochter seelisch und körperlich wirklich vernichten wollen, nicht aus Liebe, nicht aus abgewehrter Sexualität, sondern aus einer gerade noch gebremsten Tötungslust, um in ihr die werdende Frau auszutilgen.

Wir sehen, die Motive für die destruktiven Beziehungsanteile im Verhältnis der Väter zu ihren Söhnen und Töchtern zeigen geschlechtsspezifische Unterschiede. Bei der weiteren Analyse stößt man jedoch auf zusätzliche und vom Geschlecht unabhängige Zerstörungskräfte bei Vätern ihren Nachkommen gegenüber. Kronos, der Gott der Zeit, fraß seine Kinder auf, Jungen wie Mädchen, sobald sie geboren waren. Tat er es nur aus Angst vor einem künftigen Rivalen? Die Psychoanalyse hat sich in den letzten Jahrzehnten noch mit einer anderen Motivkette beschäftigt, die tieferliegende seelische Schichten freilegt - den Neid der Männer auf die spezifischen Fähigkeiten der Frau. Der Gebärneid und der Neid auf die mütterliche Brust und ihre stillende Funktion wurden als schon in früher Kindheit angelegte Frustrationen für die psychische Entwicklung des Jungen erkannt.[111] Unter dem Einfluß des patriarchalen Denkens sind diese Gefühle wegen ihres kränkenden Charakters lange Zeit verleugnet worden. Inzwischen wissen wir aus psychotherapeutischen Erfahrungen von Männern ebenso wie aus ethnopsychoanalytischen Befunden bei frühen Urkulturen und gegenwärtigen zivilisationsfernen Völkerstämmen, daß der tiefverwurzelte Neid eine mächtige Ambivalenzspannung im Geschlechterverhältnis erzeugt. Da der Neid jedoch zu den destruktivsten menschlichen Antrieben gehört, dürften die zerstörerischen Impulse primär stärker sein als Gefühle von zärtlicher Anerkennung und Zuneigung. Kronos könnte seine Kinder angstfreier aufwachsen lassen und die wechselseitige Konkurrenz mit väterlicher Autorität lenken, wenn er nicht gleichzeitig zum Urbild männlichen Neides auf die Gebär- und Stillfähigkeit der Frau geworden wäre. Indem er seine Kinder verschlingt, macht er ihre Geburt ungeschehen und entwertet die Frau in all ihren lebenspendenden Begabungen. Die Annahme wird diskutiert, ob hierin vielleicht der psychologisch tiefste Kern für die Entwicklung patriarchaler Systeme und die Formen ihres Mißbrauchs liegt.

Die seelische Realität der männlichen Neidproblematik führt noch einmal auf die anfängliche Spekulation hinsichtlich eines kollektiven Opferzeremoniells zurück und variiert sie in einer besonderen Weise. Seit Menschengedenken, so will ich die dazugehörige Überlegung einleiten, ist die lebenzerstörende Potenz natürlicher chemischer Stoffe bestimmter Tier- und Pflanzenarten bekannt. Giftmischerinnen und Giftmischer aller Zeiten verstanden sich auf das Handwerk des Giftmords. Natürliche Giftstoffe fanden auch bei der Jagd und bei der Kriegsführung sogenannter Naturvölker Anwendung. Eine dramatische Wende trat jedoch erst mit der Möglichkeit der massenhaften Produktion künstlich synthetisierter Giftstoffe ein. Bis in die jüngste Geschichte gehört der Einsatz chemischer Kampfstoffe zu den besonders grausamen und geächteten Kriegstechniken; dessenungeachtet wächst das Arsenal solcher Stoffe weltweit an. Die historisch einzigartige Greueltat war der Genozid an fünf Millionen Juden während des Dritten Reiches durch das blausäurehaltige Schädlingsbekämpfungsmittel Zyklon B. Die zwangsläufig naheliegende Assoziation »Genozid - Insektizid« ist insofern ebenso makaber wie realistisch, als in den Köpfen der Männer, die das Gift herstellten und seinen Einsatz zur Tötung eines ganzen Volkes befahlen, die Kinder, Frauen und Männer zu »Ungeziefer« deklassiert wurden, wodurch ihre Vertilgung schuldgefühlsfreier erfolgen konnte.

Dieser Exzeß »menschlicher« Grausamkeit bleibt ohne Vergleich. Aber gerade er hat uns auch für die abgestuften Dimensionen aggressiver Handlungsbereitschaften des Menschen stärker sensibilisiert. So können wir uns heute nicht mehr über die Tatsache hinwegsetzen, daß bereits seit Jahrzehnten die Gefahren der sogenannten »chemischen Keulen« bekannt sind, die gegen natürliche Schädlinge eingesetzt werden. Trotz aller medizinischen Warnungen und fundierter Einwände gegen den angeblichen agrarischen Nutzen einer grenzenlosen Chemisierung der Natur läuft, wie wir sahen, die Erfindung und Produktion immer neuer, angeblich »gesundheitsfreundlicherer« Giftstoffe auf Hochtouren.

Diese wohl ausschließlich von Männern »organisierte Unverantwortlichkeit«[112] richtet sich - auch das ist hinlänglich bekannt - hauptsächlich gegen Kinder ab der Befruchtung und gegen Frauen im gebärfähigen Alter. Die vergiftete mütterliche Gebärmutter während der Schwangerschaft und die vergiftete Brust während der Stillperiode - aus psychologischer Sicht stellt sich dieser kollektive Angriff der Männerwelt gegen Frauen, Mütter und Kinder als ein inszeniertes Zerstörungsritual dar, bei dem der Neid der Männer auf das gebärende und geborene Leben triumphiert, indem er es vertilgt und seiner Rache opfert. Kronos im Gewande der modernen Zeit.

Eine solche öko-psychoanalytische Deutung, so schockierend sie ist, gewinnt an Plausibilität, wenn man sie im Kontext konkreter gesellschaftlicher Entwicklungen ansiedelt. Die »vaterlose

Gesellschaft« bedeutet nicht nur einen Verlust für die nachfolgenden Generationen der Kinder, sondern ebenso für die Väter selbst. Ihre Abwesenheit von der Familie und ihre dortige Entfremdung setzt sich auch im Beruf fort. Bis auf wenige Ausnahmen arbeiten Männer in Berufszweigen, in denen sie auf primäre Vaterfunktionen wie die Förderung der Entwicklung und Begabung von Kindern oder auf die gemeinsame Freude durch solidarisches Handeln mit der jungen Generation verzichten müssen. Dadurch verlieren sie ihre Aufgabe, identitätsstiftende Vorbilder und eine akzeptierende wie akzeptierte Autorität zu sein. Die Kluft des Vertrauensverlustes wird durch Tätigkeiten vertieft, die ihren eigentlichen Vaterfunktionen der Verantwortung, Sorge und des Schutzes ihrer Kinder geradezu entgegengesetzt sind. Durch die zivilisatorische Entwicklung werden Männer nicht nur ihren Kindern entfremdet, sondern zunehmend auch ihrem eigenen Vater-Ideal. Sie müssen also sowohl einen äußeren wie inneren Verlust erleiden, woraus sich, wie ich glaube, ein großer Teil männlicher Einsamkeit erklärt. Im schmerzhaften Gefühl des Versagens kann sich die Einsamkeit mit Selbsthaß aufladen, wodurch eine unerträgliche innere Spannung entsteht. Aus dieser für Männer und Väter tragischen Entwicklung resultiert der Schluß, daß ihr Neid, ihre Zerstörungsimpulse und ihr kompensatorischer Anspruch auf eine falsche und daher unerbittliche Autorität der Abwehr angestauter innerer Konflikte mit dem eigenen väterlichen Selbstbild dienen. So scheint der Grad äußerer Zerstörung, den sie anrichten, dem Ausmaß innerer Entfremdung zu entsprechen.

Ein konkreter Hinweis auf diese Zusammenhänge scheinen mir die Ergebnisse aller demoskopischen Umfragen unter Jugendlichen über ihre Einschätzung öffentlicher Repräsentanten aus Politik und Wirtschaft zu sein. Dabei überwiegt das Mißtrauen, die kritische Einschätzung ihrer Verantwortungsfähigkeit und -bereitschaft und ihr Autoritätsverlust bei weitem die positiven Erwartungen der Jugendlichen. Welche Einsamkeit muß für solche Männer mit dieser Einschätzung durch die junge

Generation verbunden sein, deren Recht auf Glück, Gesundheit und Zukunft sie nach kodifizierten gesellschaftlichen Wertnormen zuallererst verpflichtet wären!

Und von wieviel Scham müßten sie erfüllt sein! Denn der Verrat des Vater-Bildes ist normalerweise von tiefen Schamkonflikten begleitet. Das Ausmaß männlicher Destruktivität spiegelt so auch die Abwehrkämpfe gegen unerträgliche Schamgefühle wider.

Das Sonderheft des Umweltmagazins »natur« zum Thema »Alles über Kind und Umwelt« brachte unter der Überschrift »Der lange Marsch durch die Familie« einige Porträts von bekannten Topmanagern und Politikern, die den Konflikt zwischen Berufsaufgaben und familiärer Vereinsamung in anschaulichen Beispielen beschreiben.[113] Die Krise und Wandlung dieser Väter kam erst durch den entschiedenen Einspruch ihrer Kinder zustande: »Ich mußte ihn auf die banale Tatsache hinweisen, daß er Kinder hat, die länger leben als er.«[114] Ihren Kindern zuliebe waren die beschriebenen Väter bereit, alte Positionen zugunsten ökologisch bewußter Optionen aufzugeben: »Weil ich meinen Sohn nicht verlieren wollte, mußte ich mir neue Gedanken machen.«[115] Nur dadurch konnten die Väter ihre positive Autorität in der Familie und damit die Stabilität ihrer inneren väterlichen Selbstbilder retten. Die Beispiele zeigen auch, wie eng sich familiäres Schicksal mit öffentlichem Handeln verbindet. Heute gehören solche Entwicklungen der Vater-Kind-Beziehung, in denen die gesellschaftlich bedingte wechselseitige Entfremdung wieder aufgehoben werden kann, noch eher zu den Ausnahmen. Aber die Zeichen mehren sich, daß der Dialog der Generationen – häufig von den Kindern initiiert – langsam in Gang kommt und Wandlungen erzwingt, die der jungen Generation ein Stück Hoffnungspotential zurückgeben könnten.

VIII. Die Verletzung der Loyalität in Familie und Gesellschaft

Die seelischen Auswirkungen der Umweltzerstörung reichen weit über die individuellen Ängste in der jungen Generation und über die gestörten Objektbeziehungen zwischen Eltern und Kindern hinaus. Seit wir gelernt haben, Familien und größere soziale Gemeinschaften unter ganzheitlichen Gesichtspunkten, d. h. als in sich geschlossene Systeme zu betrachten, stellen sich zum Verständnis der »vergifteten Kindheit« zwei weitere Fragen: a) Wie greift unter einem familiensystemischen Ansatz die äußere Bedrohung in das Loyalitätsgefüge der Familie ein? und b) Wie wird im gesellschaftlichen Kontext die künftige Auseinandersetzung der Generationen und die Beziehung der jungen Generation zum Staat und zur Gesellschaft geprägt, wenn sich in ihr das Bewußtsein einer lebenslangen Vergiftung und der Zerstörung der planetaren Zukunft gefestigt hat?

Den Ausgangspunkt für die folgenden Überlegungen bilden die familientheoretischen Konzepte der bekannten amerikanischen Familienforscher Boszormenyi-Nagy und Spark. Innerhalb ihrer Theorie nimmt der Begriff der Loyalität eine zentrale Stellung ein. Loyalität ist nach ihrer Auffassung das entscheidende Regulativ der bewußten wie unbewußten familiären Bindungen, »insofern nämlich, als sie eine Verbindung herstellt zwischen den Bedürfnissen und Erwartungen eines sozialen Verbandes ... und dem Denken, den Gefühlen und Motivationen jedes einzelnen Verbandsmitgliedes als Person«.[116] Und sie definieren: »Das Loyalitätsprinzip ist eine grundlegende Voraussetzung für das Verständnis der Moral, das heißt der tieferliegenden Beziehungsstruktur von Familien und anderen sozialen Gruppen.«[117] In diesem Sinne hat Loyalität ein Ensemble wechselseitiger Verpflichtungen und Rücksichtnahmen zur Folge, die für das Gleichgewicht des Systems notwendig sind. Für unseren Zusammenhang ist wichtig, daß die Autoren das Prinzip der Loyalität in einen Generationen übergreifenden, historischen Kontext stellen: »Der Kern der Familiensystem-Dynamik ist Teil der menschlichen Grundordnung ... (Sie) beruht auf den historischen Folgen des zwischenmenschlichen Geschehens im Leben jeder sozialen Gruppe ... Die ursprüngliche biologische Basis des Familiensystems war die Zeugung und Aufzucht der Nachkommenschaft ... Loyalitätsverpflichtungen, die in den Erfordernissen des biologischen Fortbestehens verankert sind, werden laufend weiterentwickelt in Übereinstimmung mit der historischen Buchführung über Taten und Vermächtnisse.«[118]

Die Autoren führen zur qualitativen Bestimmung der Loyalität in Anlehnung an Martin Bubers Konzept der menschlichen Gerechtigkeitsordnung den Begriff der Gerechtigkeit ein: »Wir glauben, daß der Begriff ›Gerechtigkeit der menschlichen Ordnung‹ ein gemeinsamer Nenner für die Einzel-, Familien- und Gesellschaftsdynamik ist ... Wir entschieden uns für das Wort Gerechtigkeit, weil es nach unserer Meinung menschliche Verpflichtung und menschlichen Wert mit all ihrer reichhaltigen Motivierungskraft und Bedeutung widergibt.«[119]

Boszormenyi-Nagy und Spark konstatieren den wachsenden Zerfall von Familie und Gesellschaft und sehen ihn in dem zunehmenden Abbau von Verpflichtung, Verantwortlichkeit, Loyalität und Gerechtigkeit, »um die Erhaltung der Gruppe selbst bekümmert zu sein«.[120] Sie vermeiden dabei die Diskussion konkreter und zeitgemäßer Problemfelder. Trotzdem können viele Passagen, wie z. B. folgende, von unserem Thema geleitet sein: »Was Wunder, daß denen, die schon in der Wiege um das Wesentliche betrogen wurden, später jegliche Umwelt, jede staatliche Institution, ja die Welt selbst zur Zielscheibe der Vergeltung wird.«[121]

Die »Vergeltungsdynamik« resultiert aus der »Ausbeutung«, die immer dann vorliegt, wenn die genannten moralischen

Grundprinzipien des Zusammenlebens einer Gruppe verletzt werden und in »Ungerechtigkeit« umschlagen. In diesem weitgefaßten psychodynamischen Verständnis der Ausbeutung sehen die Autoren »eines der wichtigsten Probleme« unserer Zeit: »Ausbeuterische Eltern (und soziale Gruppen, H. P.) bringen ausbeuterische Kinder hervor, und die über Generationen reichende Kettenreaktion führt zu immer frustrierteren und immer weniger gebenden Eltern (und sozialen Gruppen, H. P.) - bis diese Kettenreaktion schließlich in der Zerstörung des schöpferischen Potentials des Familienlebens (und der Gesellschaft, H. P.) mündet.«[122]

Die skizzierten Grundpositionen der beiden Familienforscher legen es nahe, unser Thema sowohl auf der Ebene des Familien- als auch des Gesellschaftssystems zu betrachten. Im Familiensystem bestehen die Loyalitätsverpflichtungen gegenüber Kindern, wie wir sahen, primär darin, ihnen Gerechtigkeit widerfahren zu lassen. Psychoanalytisch verstehen wir unter Gerechtigkeit die Erfüllung primärer Bedürfnisse wie Liebe, Anwesenheit, Empathie - ausführlich beschrieben zum Beispiel als »Spiegeln«, »basic mothering«, »holding« und »Urvertrauen«. Das elementarste, weil körperliches Wachstum allein garantierende Grundrecht, das Recht auf gesunde Ernährung, hat uns bisher wenig beschäftigt, weil wir von einem Normalzustand der westlichen Zivilisation ausgingen, in der Nahrung für alle in ausreichender und verträglicher Menge zur Verfügung steht. Die vergiftete Nahrung lenkt unser Interesse jetzt verstärkt auf dieses Grundrecht - und auf seine Verletzung. Sie geschieht primär in der Familie. Mit ihr ist es zu einer Gefährdung des Gerechtigkeitssinns und mithin der Loyalitätsverpflichtungen gekommen, wodurch eine Erkrankung im Sinne einer Desintegration des familiären Systems nicht auszuschließen ist. Ich habe deswegen bereits an früherer Stelle die Hypothese abgeleitet, daß die Umweltsituation zu einer völlig neuartigen Beziehung der Generationen führen wird, weil sich mit der Zerstörung kindlicher Zukunftshoffnungen auch der familiäre Konsens über die Kontinuität menschlicher Geschichte aufzulösen droht.

Diese fundamental neue Erfahrung wird nicht ohne Rückwirkungen auch auf das Verhältnis der nachfolgenden Generationen zu Staat und Gesellschaft bleiben. Die in der Vergiftung zum Prinzip gewordene ökologische, physische und psychische »Ausbeutung« kann, hauptsächlich unter dem Einfluß der Vergeltungsaggression, die Dynamik des gesellschaftlichen Systems grundlegend verändern. Damit werden Zukunftsbilder heraufbeschworen, wie ich sie im Kapitel über die Zukunftsängste in der jungen Generation an einigen Science-fiction-Beispielen angedeutet habe. Sowohl Doris Lessing als auch Reimer Gronemeyer und Jens Prüss beschreiben eine Kindergeneration, die die Aufkündigung elementarer Loyalitätsverpflichtungen durch die Gesellschaft nicht mehr verarbeiten kann. Die Desintegration ihres persönlichen Selbst und ihres Sozialverhaltens führte in der visionären Phantasie der Autoren zu extremen Formen der Vergeltungsaggression und Gewalt. Ich habe in diesem Zusammenhang auch bereits ausdrücklich darauf hingewiesen, in wie vielen Erscheinungsformen solche Phantasien inzwischen von der Realität eingeholt werden.

Eine andere Form der Regression beim Zerbrechen familiärer und gesellschaftlicher Loyalität finden wir symbolisch im Märchen von Schneewittchen dargestellt. In einer Analyse des Märchens schreibt Seifert: »Vom psychologischen Standpunkt aus gesehen stellen Könige und Königinnen die herrschenden Meinungen und Prinzipien unseres persönlichen Lebens dar, die Übervorstellungen religiöser, politischer und wissenschaftlicher Art, die Regeln, denen wir uns wie selbstverständlich unterwerfen . . .«[123] Er weist zu Recht darauf hin, daß der König, der Vater von Schneewittchen, sich um das Schicksal seiner Tochter in keiner Weise kümmert. Er verletzt also sowohl als Person als auch als Repräsentant gesellschaftlicher Prinzipien seine Loyalitätsverpflichtungen – ein Doppelaspekt, der im letzten Kapitel ausführlich thematisiert worden ist. Aber das Märchen konzentriert sich mehr auf die Rolle der Stiefmutter, die in der Ursprungsfassung die eigene Mutter war. Hier liegt die Aktualität des Märchens. Wenn man nämlich die Königin auch als Symbolfigur gesellschaftlicher Normen betrachtet, wird sie im Märchen all ihrer beschützenden und sorgenden Funktionen beraubt. Damit verrät auch sie ihre Loyalitäten und verwandelt sich in das Prinzip der Verfolgung und Zerstörung - in das Sinnbild der »bösen« Brust. Was ist darunter zu verstehen?

Melanie Klein verdanken wir eine lange Zeit umstrittene Theorie über die mütterliche Brust, die heute, 30 Jahre später, durch die gesellschaftliche Entwicklung eine beklemmende Aktualität bekommen hat. Die Brust stellt nach Auffassung der Autorin ein wichtiges Teilobjekt der frühen Mutter-Kind-Beziehung dar und bekommt ihre besondere Bedeutung durch den Wechsel von Befriedigung und Versagung. Dieser Erfahrung wegen kommt es im kindlichen Erleben zu einer Spaltung in eine »gute« und eine »böse« Brust: »Die gute Brust wird das Vorbild aller hilfreichen und befriedigenden Objekte, die böse Brust dasjenige aller äußeren und inneren verfolgenden Objekte.«[124]

In einer früheren Arbeit hat Klein davon gesprochen, daß »die Brust und die Milch, die sie gibt, als die Quelle des Lebens angesehen werden«.[125] Dank dieser menschlichen Fähigkeit zur Symbolisierung erlangt die Brust eine Bedeutung, die weit über ihre ursprüngliche Funktion und die Begrenzung auf das Säuglingsalter hinausgeht. Die »gute« Brust wird zum Symbol für eine ewig fließende nahrungsspendende Natur, zum Paradies der Geborgenheit; die »böse« Brust dagegen zum Symbol für eine ausgetrocknete, verwüstete Natur, die nur noch vergiftete Nahrung abgibt und aus der sich der Mensch vertrieben fühlt. Aus der Beschreibung wird deutlich, daß auf einer archaischen Erlebnisstufe die Brust als Symbol der Mütterlichkeit eine enge Verwandtschaft mit Mutter Erde eingeht.

Schneewittchen flieht, so können wir jetzt schlußfolgern, vor einer »bösen«, versagenden und sie verfolgenden Stiefmutter, und das bedeutet: aus einer vergifteten Kindheit. Ihre Regression reicht über die von Doris Lessing beschriebene schizoide und oral-kannibalistische Ebene zurück in den Zustand des primären Narzißmus. Die Berge, die Zwerge und die Zahl Sieben repräsentieren allesamt ein magisches Land der »guten« Geister und symbolisieren die vollendete Einheit und Harmonie der inneren unbewußten Kräfte - Ziele, die sich, zeitgemäß interpretiert, in der Suche und Flucht der spirituell-esoterischen Bewegung als Reaktion auf die Katastrophen unserer Zeit wiederfinden. Aber wie im Märchen, so auch heute: Es gibt kein Entfliehen. Das Böse, die Stiefmutter holt uns ein: das atemberaubende Mieder als das Korsett der vergifteten Luft, der schöne, aber vergiftete Kamm als die toxischen Abfallhalden unseres Konsum- und Wohlstandsmülls, der rote Apfel schließlich als unsere vergifteten Nahrungsmittel.

Der Apfel, normalerweise ein Sinnbild der Ewigkeit und Unsterblichkeit und in der christlichen Symbolik ein Bild der Erde, und die Brust als »die Quelle des Lebens« verwandeln sich heute unversehens zu Symbolen der Vernichtung unseres Planeten und allen nachwachsenden Lebens.

Wie wir sehen, gibt es nach dem familien- und gesellschaftsdynamischen Verständnis zwei psychopathologisch auffällige Reaktionen in der jungen Generation auf die Verletzung des Gerechtigkeitssinns, der Auflösung der Loyalitätsverpflichtungen und der psychosozialen Ausbeutung. Auf der einen Seite steht ein desintegriertes Sozialverhalten, bei dem die nach außen oder innen abreagierte Vergeltungsaggression im Vordergrund steht: Gewalt gegen Personen und Sachen, andere Formen der Kriminalität, die Aussteigermentalität mit gegenausbeuterischen Tendenzen in Form sachlich ungerechtfertigter Ansprüche an soziale Leistungen und die autoaggressiven Suchterkrankungen des Alkoholismus und der Drogensucht bis hin zum Drogentod. Ihre dramatische Zunahme demonstriert am eindringlichsten das Ausmaß von Verweigerung, Enttäuschung, Wut, Rache und Einsamkeit. Wo Gefühle der sozialen Zugehörigkeit zerstört werden und der soziale Ort der Sicherheit verlorengeht, bleibt oft nur die Verzweiflung der Gegengewalt.

Auf der anderen Seite stehen die Fluchtbewegungen, die der Bedrohung der eigenen Existenzgrundlagen einen Überlebenswillen entgegensetzen, der sich in Gegenwelten realisiert: Sektentum, spirituelle Zirkel, Okkultismus, esoterische Glaubensgemeinschaften und Guru-Kulte west-östlicher Prägung breiten sich in Negation bestehender Familien- und Gesellschaftsformationen immer mehr aus. Der Entwurf gesellschaftsferner Scheinwelten ist die Reaktion auf den Verlust von Moral, verbindlichen Wertesystemen und einer an menschlichen Bedürfnissen und Interessen orientierten Gestaltung des sozialen Zusammenlebens. Viele Anhänger solcher Ersatzreligionen haben sich so entschieden aus dem Gesellschaftssystem ausgeklinkt, daß auch ihre Verantwortung für eine kreative Umgestaltung der gegenwärtigen Lebensbedingungen auf der Strecke bleibt. In welcher Form die ursprüngliche Verzweiflung und Vereinsamung, die solche Massenbewegungen erst möglich machen, nach der psychoanalytischen Lehre von der Wiederkehr des Verdrängten eines Tages an die Oberfläche treten werden, nachdem die kompensatorische »Glückseligkeit« sich als Scheinidentität erwiesen hat, ist bisher kaum vorauszusagen.

Ob Gegengewalt oder Flucht - beide Konfliktlösungen sind Indikatoren für die tiefen Risse und Spaltungen, die zwischen den Generationen entstanden sind. Nach der Katastrophe von Tschernobyl hat Christa Wolf den »Störfall« geschrieben. Es ist eine bittere Bilanz der »Nachrichten eines Tages« - so der Untertitel. Sie verbindet die Schreckensmeldungen mit der radikalen Frage: »Tötung innerhalb der eigenen Art zur Vermeidung von Überpopulation? Begrenzte Tötung biologisch tragbar?«[126] Die Fragen beziehen sich auf die damalige akute Umweltkatastrophe. Aber sie lassen sich auch im Zusammenhang mit der chronisch-schleichenden Vergiftung durch Radioaktivität und Chemie stellen. Gründe dafür hat die bisherige Bestandsaufnahme genügend geliefert. Und von der »Tötung« sind die Kleinsten am stärksten betroffen. In einem fiktiven Dialog mit ihrem Bruder schreibt die Autorin folgerichtig: »Der Vorteil heutzutage, älter zu sein. Also sag ehrlich: Möchtest du heute zwanzig sein? Zehn? Die innere Gebärde des Entsetzens: Nur das nicht!«[127]

Dieses öffentlich gemachte Bekenntnis einer Frau, die einer ganzen Generation zu einem persönlichen und geistigen Vorbild wurde, hat mich in dem Buch am meisten erschreckt und beschämt durch seine Ohnmacht und die Banalität einer schrecklichen Wahrheit. Die innere Gebärde des Entsetzens. Wenn schon Erwachsene ein solches Katastrophengefühl überfällt, welche Panik mag es dann bei denen auslösen, die die eigentlichen Betroffenen sind!

Aber auch hier wieder: Es sind nicht anonyme Kräfte, die solche Gefühle über die junge Generation verhängen; es sind die Eltern, die mitmachen und schweigen, die Politiker, die Männer aus Industrie, Wirtschaft und Militär, das Heer der Erwachsenen, die allesamt ihre Kinder mit ihren Verzweiflungsgefühlen nicht nur allein lassen, sondern durch ihr Tun aktiv die Vertrauenskluft vertiefen, die sich zwischen die Generationen schiebt. In der Sprache der Kinder bedeutet die Gebärde des Entsetzens: »Ihr habt den Generationenvertrag aufgekündigt, ihr baut täglich neue Tschernobyls wie damals den Turmbau zu Babel und gebt uns in eurem Größenwahn dem Verderben preis. Nach eurem Motto kann die Sintflut ruhig kommen, nachdem ihr gut gelebt habt, und wenn wir in den Fluten versinken, habt ihr noch nicht mal ein Gefühl der Schuld, sondern wenn es hochkommt ein mitleidvolles Lächeln.«

Der Verrat an der Kindheit. Die Folgen werden schrecklich sein, wenn es nicht gelingt, dem Ende menschlicher Kultur vorzubeugen. Zum Glück gibt es außer den zwei Gruppen von Kindern und Jugendlichen, die mit einer Regression in Gegengewalt oder Realitätsflucht reagieren, noch eine dritte Gruppe, die den Herausforderungen der Zeit nicht nur ihr »Wir sagen nein!« entgegenschleudert, sondern die mit konstruktivem Interesse und Aktivität die Hoffnung auf Veränderung einzulösen versucht - die ökologische Kinderrechtsbewegung.

Teil C
Der Gefahr begegnen – Wiedergutmachung und vorbeugender Kinderschutz

IX. In der Familie fängt es an

Historisch leben wir heute in einer unvergleichbaren Situation. Mitten im Frieden, im Gefühl der Freiheit und des allgemein gepriesenen Fortschritts der Gesellschaft tun sich unsichtbare Abgründe auf, oder genauer, klaffende Löcher im schützenden Ozongürtel, die uns das Ausmaß der Zerstörung verdeutlichen, mit dem wir unser eigenes Verhängnis vorbereiten. Wie sehr die Verleugnung der Gefahr bisher funktioniert hat, wird in der breiten ökologischen Debatte deutlich, die jahrelang fast ausschließlich über Waldsterben, Fisch- und Robbensterben und die Zerstörung der »Umwelt« geführt wurde. Der Mensch, unsere Innenwelt, körperlich und seelisch, unsere eigene Natur als Opfer unseres blinden Fortschrittsglaubens und besonders unsere Kinder und die nachfolgenden Generationen blieben bis in die jüngste Zeit aus der Diskussion fast ausgeschlossen. Aber angesichts der rapiden Entwicklung bricht unsere Abwehr zusammen, und heute können wir, weniger denn je, das kollektive Schicksal und seine Widerspiegelung in der Seele jedes einzelnen verleugnen. Wir ahnen, daß die Vergiftung eine qualitativ neuartige und vielleicht tieferreichende, jedenfalls globale Dimension der Bedrohung unserer Existenz darstellt.

Nur in diesem umfassenden Sinn erschließt sich die Bedeutung des Begriffs »vergiftete Kindheit«. Es handelt sich hier um eine ebenso individuelle wie auch kollektive Krankheit. Angesichts dieser Diagnose erhebt sich die dringende Frage nach den Wegen und Chancen einer Heilung. Da die Krankheit in der hier beschriebenen umfassenden Dimension allgemein noch gar nicht erkannt ist, gibt es bisher nur widerstreitende Teilantworten. Nach der einen, besonders von Politikern und Vertretern der Wirtschaft propagierten Auffassung reichen ein verbesserter Grenzwertkatalog und schärfere Sicherheitsbestimmungen aus, um die Gefahren langfristig unter Kontrolle zu bekommen. Dabei wird unterstellt, daß die Anpassungsfähigkeit des menschlichen Organismus an veränderte Umweltbedingungen bisher groß genug sei, um die angeblich unvermeidbaren Schadstoffbelastungen kompensieren zu können.

Kritiker dieser Auffassung gehen davon aus, daß nur durch radikale Eingriffe, zum Teil durch Abschaffung ganzer Technologiezweige, dauerhafte Gesundheitsschäden vermieden bzw. verringert werden können.

Beide »Behandlungskonzepte« übersehen bisher die psychische, psychosomatische und psycho-soziale Dimension der Umweltzerstörung. Erst durch sie aber wird die Krankheit, über die möglichen körperlichen Schäden hinaus, zu einer Gefahr, die das Funktionieren des Gemeinwesens auf Dauer in Frage stellt. Es erscheint mir geradezu blind, die Frage der Anpassungsfähigkeit lediglich auf den Chemiehaushalt des Körpers zu beschränken. Spätestens seit den Arbeiten des ökologischen Systemsforschers Bateson mit Beginn der siebziger Jahre[128] und der Evolutionsforscher Maturana und Valera[129] kennen wir die engen Verflechtungen und wechselseitigen Abhängigkeiten zwischen einem Organismus und seiner Umwelt. Die Strukturkoppelung von Lebewesen und Milieu schließt nach einer systemischen, d. h. ganzheitlichen Auffassung die seelische und soziale Dimension eines Organismus ebenso ein wie seine körperliche. Transformationen, die in Teilen des Systems Mensch-Umwelt auftreten, zum Beispiel durch Veränderungen des Klimas, der Bodenbeschaffenheit, der Nahrungsquellen usw., wirken auf das Gesamtsystem zurück und verändern die Summe seiner Einzelteile. Nur in diesem umfassenden Sinn kann heute ein Nachdenken über ökologische Zusammenhänge noch sinnvoll sein. Die Ökologie ist unteilbar.

Dabei kann es jedoch nicht Aufgabe dieses Buches sein, die vielfältigen Vorschläge und Bemühungen zu würdigen, die bisher zur Eingrenzung der Technologiegefahren unternommen wurden, oder gar, in Überschreitung meiner Kompetenz, eigene Vorschläge zu unterbreiten. Ich gehe davon aus, daß diesbezüglich ein schneller Wandel nicht zu erwarten ist. Im Gegenteil wird die Kette kleiner und mittelschwerer Umweltkatastrophen oder sogar solcher von großen Ausmaßen nicht abreißen – abgesehen von der weiter bestehenden chronisch-schleichenden Vergiftung. Um so dringender erscheinen mir Überlegungen, wie man den Gefahren im erzieherischen Bereich begegnen kann. Im Sinne eines systemischen Ansatzes läßt sich mit diesem Weg die Hoffnung verbinden, daß ein veränderter psycho-sozialer Umgang mit den Problemen nicht ohne Rückwirkungen auf die weitere Entwicklung im Technologiebereich bleiben wird.

Ein zentraler Ort der Prävention liegt in der Familie. Zur Veranschaulichung möchte ich eine Fallbeschreibung voranstellen, die in Umrissen zeigt, welche Konflikte in der Familie schwerpunktmäßig auftreten und wie schwierig ihre Bewältigung ist.[130]

In einer Schulveranstaltung für Eltern und Lehrer über Fragen von Kinderängsten im nuklearen Zeitalter, drei Monate nach Tschernobyl, berichtete eine Mutter über die Reaktion ihres 7jährigen Sohnes. Eines Nachts sei sie von seinem Weinen wach geworden und zu ihm gegangen. Er erzählte ihr einen Alptraum. Darin sei er mit ihnen, den Eltern, in einer öden und menschenleeren Landschaft gewesen; die Häuser waren ausgestorben und die Bäume kahl und verbrannt. Er hatte furchtbaren Durst wegen der sengenden Hitze, aber es gab kein Wasser. Dann habe er gesehen, wie sich bei den Eltern die Haut abschälte, und habe gedacht, sie müßten nun sterben. Da sei er vor Angst aufgewacht.

Ich frage die Mutter, wie sie auf den Traum reagiert habe. Sie sagt: »Ich habe mir zum Glück nichts anmerken lassen, habe ihn beruhigt und ihm gesagt, er brauche keine Angst zu haben, so etwas würde nie passieren, und er solle jetzt ruhig weiterschlafen. Aber es dauerte noch eine Stunde, bis er einschlief.« Ich frage sie dann, ob sie glaube, daß so etwas nie passieren könne.

Sie weint. Natürlich könne es passieren, das habe man ja jetzt erlebt, aber das dürfe man den Kindern doch nicht sagen; sie habe so schreckliche Angst, daß ihre Kinder noch Schlimmeres miterleben müßten.

Zur Interpretation greife ich die wesentlichen Elemente der Szene heraus. Zunächst zum Traum. Die öde, menschenleere Landschaft und die zerstörte Natur stehen auf der Realebene für ein Szenario nach einer Atombombenexplosion oder einem Super-Gau. Auf der symbolischen Ebene bildet der Traum zugleich eine Seelenlandschaft ab, eine Innenbefindlichkeit der Trostlosigkeit, Leere, Einsamkeit und Verlassenheit.

In einer Diskussion unter Fachleuten würde nun eine Kontroverse darüber entstehen, ob das Traumbild überhaupt mit dem kürzlichen Ereignis Tschernobyl zusammenhängen muß oder nicht lediglich einen von gesellschaftlichen Faktoren unabhängigen Seelenzustand des Jungen darstellt, der sich seinem familiären Schicksal verdankt. Entsprechend unterschiedlich sähen dann die Vorschläge zum therapeutischen Vorgehen aus. Vergleichbares gilt für den zweiten Traumteil, der auf der Realebene Bilder von verbrannten und sterbenden Menschen nach Hiroshima heraufbeschwört und die Angst des Kindes vor dem Tod der Eltern symbolisiert. Andere würden dagegen betonen, daß der Tod der Eltern nur die Projektion der Todeswünsche des Sohnes gegen sie ausdrückt.

Vielleicht hilft zur Auflösung der Kontroverse und zum besseren Verständnis des Traumes die nächtliche Begegnung zwischen Mutter und Sohn weiter. In tröstender und wohlmeinender Absicht greift die Mutter in ihrer Hilflosigkeit und Angst wider besseres Wissen zu einer Unwahrheit. Sie gibt dem Jungen zwei falsche Informationen: »Du brauchst keine Angst zu haben« und »So etwas wird nie passieren«. Ihre unbewußte Botschaft lautet dagegen: »Vergiß alles, was du weißt, sprich nicht weiter darüber, denn ich halte es nicht aus.«

Die Tragik dieser kleinen Begegnung liegt meiner Meinung nach darin, daß sie ganz grundsätzlich eine Beziehungsstruktur vermuten läßt, nach der sich Mutter und Sohn verfehlen. Die Täuschung der Mutter hat zur Folge, daß der Junge sich bei der Bewältigung seiner Angst allein gelassen, und das bedeutet, auf einer tieferen Ebene verlassen fühlt.

Mit dieser Annahme bietet sich jetzt folgende Interpretation des Traumes an. Die menschenleere Landschaft und zerstörte Natur sind eine Verdichtung von Elementen aus der Realität und der Innenbefindlichkeit, und zwar in dem Maße, wie das Kind sich bei der Bewältigung der Angst vor der Bedrohung jedes Schutzes beraubt fühlt und ihr einsam ausgesetzt ist. Erst dadurch wird die Signalangst zur existentiellen Angst. Die Enttäuschung und Wut über das Verlassensein angesichts der nicht allein zu bewältigenden Gefahren lenkt die Aggression des Kindes gegen die schutzversagenden Objekte. Die Intensität der Aggression in Form von Todeswünschen kann als Gradmesser für die Intensität der Verlassenheitsgefühle gelten, die in letzter Konsequenz die Phantasie über den eigenen Tod einschließen.

Das Fallbeispiel scheint mir nach allen vorliegenden Erfahrungen repräsentativ für einen Großteil von Familien. Die verständlichen Sorgen und Ängste der Eltern um die Gesundheit und Zukunft ihrer Kinder führen, verstärkt durch ein Grundgefühl eigener Verunsicherung über die Bedrohungen unserer Zeit, in der Regel zu einem Vermeidungsverhalten, bei dem verschiedene Abwehrmechanismen zur Wirkung kommen. Am verbreitetsten sind die Verdrängung und Verleugnung. Bei der Verdrängung wird der bedrohliche Aspekt der Realität und die an sie gekoppelte Angst ins Unbewußte abgedrängt und dadurch nicht mehr wahrgenommen. Der Vorgang entspricht dem, was wir alltagssprachlich als Vergessen bezeichnen. Demgegenüber bleibt bei der Verleugnung die Bedrohung zwar noch im Bewußtsein erhalten, aber die mit ihr verbundenen Gefühle und Phantasien werden im Erleben abgespalten und dadurch ihrer angstproduzierenden Wirkung beraubt.

Sicher sind bei der Gefahrenabwehr noch andere Abwehrmechanismen wirksam; sie scheinen aber hauptsächlich sekundärer Natur zu sein. So gehört es bei der Aufklärung über Friedens- und Ökologiefragen zu einer immer wiederkehrenden Erfahrung, daß Eltern dadurch nicht etwa aufmerksamer und sensibler werden, sondern die aufsteigenden Ängste durch Projektion und Verschiebung abwehren. Bei diesen Formen der Selbsttäuschung lösen - so meint man dann - nicht die Umweltgefahren Ängste bei den Kindern aus, sondern die Aufklärer geraten in die Rolle des Aggressors, der die Ängste der Kinder nur künstlich schüren will. So halten sehr viele Eltern an der Fiktion fest, Kinder hätten keine Ängste und es bestände auch kein Grund dafür.

Je verfestigter solche Abwehrmechanismen sind, um so mehr lassen sich dahinter eigene massive Ängste vermuten, zu deren Vermeidung neben unbewußten Abwehrmaßnahmen auch bewußte Täuschungen eingesetzt werden, wie Verschweigen, Halbwahrheiten, das Festhalten an gewohnten Bequemlichkeiten und Lügen. Dafür lieferte die Mutter aus der Fallbeschreibung ein geläufiges Beispiel. Daß Eltern die Situation ihrer Kinder nur verschlimmern, wurde in der Szene mit dem Jungen ebenfalls exemplarisch deutlich. Noch eine Stunde liegt er allein und ungetröstet mit seinen Ängsten in der Dunkelheit.

Was also, so lautet die logische Frage, können Eltern tun, um ihren Kindern diese zusätzlichen Belastungen zu ersparen? Wie kann ihnen selbst geholfen werden, mit ihren eigenen Ängsten und mit den Sorgen um die Kinder angemessener umzugehen? Die Beantwortung der zweiten Frage ist wichtiger, weil von ihr die Lösung der ersten abhängt.

Aufklärung allein, so zeigen alle Erfahrungen, reicht nicht aus. Im Gegenteil ist von ihr eher eine Verstärkung der Abwehr zu befürchten, da jede Aufklärung zunächst auch zu einer Verstärkung von Ängsten und Schuldgefühlen führt. Dies betrifft zumindest die üblichen Formen der Aufklärung, wie sie vor allem über die Medien, oft aber auch von Lehrern und Erziehern erfolgt, die irrtümlicherweise, meist aus Gründen der Überidentifikation mit dem Schicksal der Kinder, von der Wirkung einer möglichst »radikalen« Aufklärung überzeugt sind. Hierbei wird die Abwehr der Eltern deswegen verstärkt, weil eine solche Aufklärung direkt oder indirekt mit Appellen an ein grundsätzliches Umdenken und an grundlegende Veränderungen des Lebensstils verbunden wird. So können Schuldgefühle nur verstärkt werden. Veränderungen sind nur zu erwarten, wenn Erkenntnis und Einsicht mit einer emotionalen Neuerfahrung verbunden werden können. Letztere ist entscheidend für einen langsamen Abbau der Vermeidungshaltungen.

Zur Illustration möchte ich einige Erfahrungen schildern, die ich seit 1983, nach der Stationierung atomarer Mittelstreckenraketen in Europa, in zahlreichen Schulveranstaltungen für Lehrer, Eltern und Schüler und bei Tagungen, an denen auch Eltern teilnahmen, sammeln konnte. Alle diese Veranstaltungen standen unter dem Generalthema »Zukunftsängste in der jungen Generation«. Die Sachverhalte, die ich einleitend vortrug, lösten in der Regel bei den Teilnehmern ein mehr oder weniger starkes Erschrecken aus. Den größten Raum nahm aber bei den Veranstaltungen das anschließende Gespräch ein. Dazu ließ ich die Zuhörer meistens einen Kreis bilden, wodurch eine größere Nähe der Begegnung zustande kam. Sachfragen versuchte ich auf ein Minimum zu reduzieren, weil sie oftmals lediglich Abwehrzwecken dienen. Dagegen drängte ich mehr auf den Austausch persönlicher Erfahrungen, die die Teilnehmer mit sich selbst und ihren Kindern gemacht hatten. Ich ermutigte sie, auch über begleitende Gefühle zu sprechen. Ich glaube, daß eine solche Form der »Aufklärung« aus folgenden Gründen hilfreicher ist als die sachliche Vermittlung schockierender Tatbestände:

1. Oftmals bekommen Eltern in solchen oder ähnlichen Veranstaltungen zum erstenmal die Gelegenheit, über ihre Unsicherheit, Ängste, Schuldgefühle, auch über ihre Fehler und ihr Vermeidungsverhalten öffentlich zu sprechen. In einer akzeptierenden Atmosphäre lösen sich damit Tabus und Blockierungen auf, wodurch neue Wege im Umgang mit den Problemen möglich werden.

2. Der Austausch in einer Gruppe befreit aus der eigenen Isolierung und läßt die persönlichen Schwierigkeiten als allgemeine erkennen. Diese Spiegelung durch die anderen lockert den individuellen Verantwortungsdruck und die mit ihm verbundenen Spannungen und vermittelt ein Gefühl solidarischer Unterstützung.
3. Das Kennenlernen anderer Erfahrungen, anderer Probleme und verschiedener Lösungsversuche erweitert den eigenen Handlungsspielraum und leitet die Bereitschaft zu einem Lernprozeß ein, dessen Anstrengungen man aus eigener Kraft kaum auf sich genommen hätte.
4. Außerdem erschließen solche Gruppen, besonders dann, wenn Kinder und Jugendliche teilnehmen, völlig neue Gewohnheiten, zuzuhören und auf Fragen offen zu antworten. Nur auf diese Weise entsteht ein wechselseitiges Verständnis und die Fähigkeit zu einem echten Dialog.
5. Schließlich scheint mir von besonderer Bedeutung zu sein, daß man in einem Gruppenprozeß - das kann auch ein Gespräch zu zweit sein, mit einem Freund oder im Idealfall mit dem Partner - nicht nur lernt, Fragen zu beantworten. Ebenso wichtig ist es zu lernen, Fragen zu stellen. »Jeder von uns wartet doch nur auf die Fragen, bei denen er endlich durchatmen kann«, sagt Peter Handke und fährt fort: »Die richtigen Fragen zu stellen ist wahrscheinlich die höchste Intuition.«[131] Unsere Kinder warten auf unsere Fragen und darauf, daß wir uns ihren Fragen öffnen. Nur so können wir ihnen auch das Gefühl vermitteln, daß, was auch immer geschehen mag, es gemeinsam getragen wird. Diese Sicherheit beugt ihrer schlimmsten Angst vor - allein zu sein.

Die hier zusammengefaßten Lernschritte vollziehen sich allerdings sehr viel langsamer, als die »schönen Formulierungen« es nahelegen. Wir müssen bedenken, daß die Konfrontation mit eigenen Konflikten und mit den Bedrohungen unserer Zeit ein Ausmaß an Angst, Scham und Schuldgefühlen mobilisiert, das nur in einem langsamen Schritt der Ent-Ängstigung und Desillusionierung zugelassen und abgebaut werden kann. Erst danach findet eine konstruktive Auseinandersetzung und die Suche nach neuen Wegen statt.

Wie schwer dieser Prozeß ist, wurde mir bei einer Auseinandersetzung zwischen Eltern und Schülern während einer der genannten Schulveranstaltungen deutlich.[132] Dabei wehrten sich die Eltern zunächst heftig gegen die Aufgabe, ihre Kinder über die politische Situation zu informieren. Die Schüler warfen ihnen dagegen vor, sie seien unpolitisch und vernachlässigten ihre Aufklärungspflicht. Die Unversöhnlichkeit der Standpunkte löste sich erst auf, als die Eltern über ihre Ängste und Sorgen bezüglich ihrer Kinder sprechen konnten. Die Schüler verstanden diese Gefühle besser als die scheinrationalen Argumente. Eine Mutter lachte schließlich, und andere Eltern stimmten ein, als sie sagte: »Wir haben uns wie die drei chinesischen Affen verhalten: Augen zu, Ohren zu, Mund zu.« Sie hatte erkannt, daß es weniger Weisheit war als vielmehr Ausdruck ihres Schmerzes und ihrer Angst, die sie bisher verschlossen machte.

Eine weitere Einschränkung wiegt schwerer. Eltern, die solche oder ähnliche Veranstaltungen besuchen - Mütter sind dabei weit in der Überzahl! -, besitzen bereits Problembewußtsein, Interesse, einen unterschiedlichen Grad an Informiertheit und eine entsprechende Motivation, sich mit den anstehenden Fragen auseinanderzusetzen. Oft leiden sie selbst unter den Verhältnissen. Ihr Leidensdruck wird zur treibenden Kraft. Aber der Anteil dieser Eltern ist verschwindend gering. Bei den Schulveranstaltungen, zu denen jeweils alle Eltern eingeladen wurden, waren durchschnittlich nur fünf bis zehn Prozent anwesend. Auch diese Zahl ist nicht repräsentativ, weil nur ein Bruchteil von Schulen oder anderen Erziehungseinrichtungen themenzentrierte Gesprächsabende mit gesellschaftspolitisch-psychologischer Fragestellung anbieten; und wenn, dann bleiben sie oft über Jahre hinaus ein einzelnes Ereignis, anstatt, was notwendig wäre, eine Kontinuität des Erfahrungsaustauschs anzubieten. Es wäre also eine Illusion, anzunehmen, daß die hier dargestellten

Problemzusammenhänge bereits in ein breiteres öffentliches Bewußtsein gelangt seien. Diese Aussage betrifft vor allem die Erwachsenengeneration. Auch die Zahl der Eltern, die sich in Umweltschutzverbänden, in Friedensgruppen oder in Vereinen zur Vertretung von Kinderrechten organisiert haben, verschwindet hinter der schweigenden Mehrheit. Vielleicht ist diese Einschätzung etwas zu negativ. Aber wenn es um den Dialog zwischen den Generationen besser bestellt sein sollte, dann ist dies nicht das Verdienst der Elterngenerationen oder einer politischen Kultur im Lande, die den Familien ausreichend Hilfe anbietet, um im Interesse der Kinder die Probleme unserer Zeit besser bewältigen zu können. Solche Hilfen fehlen bis heute nahezu vollständig. Wenn ein solcher Dialog zustande kommt, so ist dies das fast ausschließliche Verdienst der jungen Generation. Das Eingeständnis dieser historisch einzigartigen Umkehrung der Rollen kommt einer Bankrotterklärung gleich, weil sie das Versagen der älteren Generation gegenüber der jüngeren aufzeigt. Kinder und Jugendliche erzwingen dort, wo sie nicht schon vorab zum Schweigen verurteilt worden sind, das Gespräch über Fragen der Gegenwart und Zukunft. Durch hartnäkkigen Widerspruch veranlassen sie ihre Eltern zum Umdenken in allen praktischen, auf die Umwelt bezogenen Lebensbereichen. Oft allerdings wird die Auseinandersetzung vermieden, weil die Kinder das starke und berechtigte Gefühl haben, ihre Eltern schonen zu müssen. Auch hierin zeigt sich eine bedenkliche Umkehrung der Rollen in bezug auf Verantwortung, Einsicht und Weitblick.

Das mindeste, was eine psychologische Aufklärung in der Familie heute und für die Zukunft zu leisten hätte, wäre die Herstellung einer Sensibilität und Bereitschaft der Eltern, ihre Kinder in ihren Bemühungen zu verstehen und zu unterstützen. Denn die kindlichen Aktivitäten sind nicht nur konkreten Zielen gewidmet, sondern sie dienen auch, und vielleicht in erster Linie, der Bewältigung eigener Ohnmacht, Hilflosigkeit und Angst.

Auch wenn Kinder heute in manchen Bereichen »erwachsener« zu sein scheinen als ihre Eltern, brauchen sie das solidarische Handeln, um sich ein Bild von der Zukunft zu bewahren, für das es sich zu hoffen und zu leben lohnt.

X. Von der Umwelterziehung zur ökologischen Kinderrechtsbewegung

Die wachsende Aktivität von Kindern und Jugendlichen in Fragen des Umweltschutzes kommt nicht von ungefähr. Fast vollständig abgekoppelt von der Familie hat sich seit etwa zwei Jahrzehnten ein buntes Kaleidoskop umweltorientierter Initiativen gebildet, in die inzwischen die junge Generation in breiter Form einbezogen wird. Die Gründung ökologischer Parteien und ihr Einzug in die Parlamente, die Arbeit von Umweltschutzorganisationen, der Zusammenschluß ökologisch orientierter Berufsverbände und eine wachsende nichtorganisierte Basis in der Bevölkerung standen am Anfang einer neuen sozialen Bewegung, die inzwischen als Ökologiebewegung zur treibenden Kraft des Widerstandes gegen die zerstörerische Kraft des militärisch-industriellen Komplexes geworden ist. Ihr ist es im wesentlichen zu verdanken, daß Kinder und Jugendliche nicht mehr als unmündige Bürger aus dem politischen Geschehen ausgegrenzt werden. Die Sozialisation in Kindergärten und Schulen hat durch ihren Einfluß entscheidende Impulse für eine umweltorientierte Erziehung bekommen.

Wenn heute von Politikern und Vertretern der Industrie »Umwelterziehung« im Munde geführt und sogar propagiert wird, als habe es diesen Begriff schon immer und selbstverständlich gegeben, wird leicht vergessen, unter wie leidvollem Widerstand gegen die Öffentlichkeit und die Staatsgewalt die Realisierung eines solchen Konzeptes durchgesetzt werden mußte. Ich erwähne diesen historischen Hintergrund, weil mit dem Begriff eine Gefahr verbunden ist, auf die Hasse, wenn auch in einer polemisch zugespitzten Form, aufmerksam macht. In einem Thesenpapier zur »Erziehung nach Tschernobyl«, unmittelbar nach der Katastrophe, formuliert er folgende These: »Umwelterziehung betreibt Scheinaufklärung und funktioniert damit als Ideologie.« Zur Begründung führt er aus: »Indem suggeriert wird, die Veränderung individueller Verhaltensweisen sei ein wirksamer Beitrag zur Begründung eines veränderten gesellschaftlichen Umgangs mit Natur, wird von den herrschenden gesellschaftlichen Verhältnissen abstrahiert. Das Motto: ›Umweltschutz fängt bei dir selber an‹ soll doch wohl auch heißen: ›Umweltschutz darf nicht bei der Systemkritik und schon gar nicht bei der Ideologiekritik ansetzen!‹ Das vielbeschworene aufgeklärte Verbraucher- und Recycling-Verhalten mag seinen Sinn haben. Als faktisch primäres und einzig wirksames Ziel verkommt es zur Karikatur, konterkariert es die Umwelterziehung zu einer Didaktik der Belanglosigkeiten. Die Umwelterziehung sorgt so für die Minimierung politischer Reibung.«[133]

Die Gefahr, daß Umwelterziehung zum Alibi für ein rücksichtslos ausbeuterisches System wird und mit ihr von der notwendigen politischen Auseinandersetzung abgelenkt werden soll, wurde bei den bereits zitierten Vorgängen anläßlich des Golfkrieges exemplarisch deutlich. Man kann Kinder und Jugendliche nicht zur Umweltverantwortung erziehen und gleichzeitig durch Verunglimpfung und Androhung von Disziplinarmaßnahmen von der Straße treiben, wenn sie friedlich gegen einen barbarischen Krieg und eine durch ihn verursachte ökologische Katastrophe größten Ausmaßes protestieren. Solche Doppelzüngigkeit ist geeignet, der jungen Generation die letzte Achtung vor politischer Autorität und den Sinn für eigenes umweltbewußtes Handeln zu rauben.

In diesem Zusammenhang kann auch ein zweites Gefahrenmoment bei der Umwelterziehung nicht unerwähnt bleiben. Unterschwellig hegen viele Erwachsene die Hoffnung, die auch in öffentlichen Diskussionen immer öfter zum Ausdruck gebracht wird, daß Umwelterziehung wichtig sei, um die nachwachsenden Generationen, die in absehbarer Zeit unser Erbe zu verwalten haben, möglichst frühzeitig auf ihre verantwortungsvollen Rollen vorzubereiten. Rational erscheint die Auffassung nicht unbegründet. Die Kehrseite der Medaille liegt aber in der Delegation von Aufgaben, die die heute verantwortliche Generation selbst nicht zu lösen bereit ist, im Gegenteil, deren Lösung sie noch erschwert. Damit wird die Verantwortung an die junge Generation weitergegeben und von ihr die Bewältigung von Problemen erwartet, mit denen sie eindeutig überfordert ist. Der mißbräuchliche Appell verstärkt kindliche Schuldgefühle und beutet die im jungen Alter noch lebendigen Gefühle von Mitleid und Hilfsbereitschaft aus. Wenn Jugendliche jedoch gewahr werden, daß sie an der ökologischen Gestaltung unserer Gesellschaft in keiner Weise beteiligt sind, sondern lediglich dazu dienen sollen, die heißesten Kartoffeln aus dem Feuer zu holen oder als Hilfsköche vor der Überwürzung der ökologischen Menüs zu warnen, reagieren sie aus verständlichen Gründen mit heftigem Widerstand gegen die Rolle der »nützlichen Idioten«. Ich glaube, daß dies ein wichtiger psychologischer Hintergrund für die Abwehr vieler Jugendlicher gegen ihre Verantwortung und konkrete Mitarbeit im Umweltschutz ist.

Man wird also die genannten Gefahren der Umwelterziehung im Auge behalten müssen, um nicht in einen unkritischen Optimismus zu verfallen. Das Bewußtsein ihrer Kehrseiten verleiht auch einen höheren Grad an Immunität gegen Enttäuschungen und Rückschläge, die nach einer anfänglichen Euphorie häufig zu beobachten sind. Die destruktiven Kräfte der alles beherrschenden industriellen Macht sind von einer solchen Unangreifbarkeit, daß auch dauerhafte Anstrengungen, ihnen entgegenzuwirken, irgendwann erschöpft sind. Die Belastung wächst, wenn die Bemühungen wenig soziale Anerkennung und Unterstützung finden, sondern im Gegenteil mit zusätzlichen Widerständen der Umgebung zu rechnen ist.

Trotz der geschilderten Einschränkungen gehört Umwelterziehung heute zu einem wesentlichen Bestandteil kindlicher Sozialisation. Eine breite Literatur informiert über ihre praktische

Umsetzung in Kindergärten und Schulen und dokumentiert die Vielfalt von Schulprogrammen und Unterrichtseinheiten.[134] Auch die wissenschaftliche Diskussion von Lehrplangestaltung besonders in den Fächern Physik, Chemie und politischer Allgemeinkunde ist ohne das Thema Umwelt nicht mehr zu denken. Von Reagenzglasuntersuchungen im Labor, Experimenten im Physiksaal und Diskussionen über Umweltpolitik in den allgemeinbildenden Fächern bis zu Forschungen in der Natur selbst und der Anlage von Gärten und Feuchtbiotopen in der Umgebung von Kindergärten und Schulen reichen die zahlreichen und phantasievollen Möglichkeiten, Kinder, besonders solche aus großstädtischen Ballungsgebieten, an eine vertiefte Erfahrung von Natur heranzuführen. Dabei sollen die konkreten Aktionen das Umweltbewußtsein der Kinder fördern, ihnen Identifikationsmöglichkeiten mit Aufgaben des Naturschutzes anbieten und im gemeinsamen Erleben mit den Erwachsenen ein eigenes Verantwortungsbewußtsein entwickeln. Eine wichtige Funktion scheint mir auch hierbei der Abbau von Ängsten und Ohnmachtsgefühlen durch die Erfahrung eigenen Tätigseins. Wenn zur Vorbereitung geplanter Aktionen außerdem Gespräche über solche Ängste angeboten werden, trägt deren Austausch in der Gruppe und die Solidarität des Handelns wesentlich zu ihrer Verarbeitung bei.

Wie breit allerdings das skizzierte Konzept der Umwelterziehung in der Praxis für die Allgemeinheit der Kinder realisiert wird, ist schwer einzuschätzen. Viele Eindrücke, besonders die Beschreibung konkreter Modellprojekte, legen eher die Vermutung nahe, daß Umwelterziehung noch in starken Maße vom persönlichen Engagement einzelner ErzieherInnen und LehrerInnen abhängig ist. Zu dieser Einschätzung kommt hinzu, daß eine ganzheitlich konzipierte Umwelterziehung nicht auf einzelne Naturerlebnisse und Aktionen beschränkt bleiben kann. Ökologie, sagten wir, ist unteilbar. Umwelterziehung ist eine Folgerung aus Umweltkatastrophen. Diese haben gesellschaftliche Ursachen und körperliche, seelische und psychosoziale Auswirkungen. Daher bildet Umwelterziehung eine Einheit aus ökologischem, politischem und sozialmedizinisch-psychologischem Denken und Handeln in globalen Zusammenhängen. Insofern kann sich Umweltpädagogik nicht auf die Vermittlung von Naturidyllen beschränken. Umweltpädagogik ist Konfliktpädagogik. Sie erfordert vom Erzieher ein ausreichendes Maß an ökologischen und politischen Sachkenntnissen, an psychologischem Einfühlungsvermögen und eigener Angsttoleranz. In vielen Fortbildungsveranstaltungen habe ich immer wieder erlebt, daß LehrerInnen und ErzieherInnen mit ähnlichen Problemen zu kämpfen haben wie Eltern. Bevor sie sich nicht ihre eigenen Gefühle und Reaktionen auf die Umweltzerstörung bewußtgemacht haben, sind sie im offenen Gespräch mit den Kindern blockiert. Vor allem fürchten sie, bei ihnen Ängste auszulösen, mit denen sie dann nicht mehr umzugehen wissen. Ich halte solche Ängste für verständlich, aber in der Regel für unbegründet. Wie schon beschrieben, verfügen Kinder über einen natürlichen Reizschutz, d. h. über ein System von Abwehrmaßnahmen zur Filterung von Informationen.

Aber natürlich hat die kindliche Belastbarkeit Grenzen. Wachsen Kinder nicht in einem schutzbietenden familiären Milieu auf und werden sie zusätzlich mit überwiegend negativen Bildern unserer Welt konfrontiert, kann Umwelterziehung zur »Katastrophenpädagogik« werden, die krank macht. Oft sind es unverarbeitete Ängste der Erwachsenen, die auf Kinder übertragen werden. Deswegen sind Erzieher gut beraten, wenn sie eine Gruppe haben, in der sie sich austauschen und mit der sie kooperieren können.

Der eigene Verantwortungsdruck läßt sich zusätzlich mildern und die Wirksamkeit der Umwelterziehung verbessern, wenn die Eltern zur Mitarbeit gewonnen werden können. Sie nicht einzubeziehen, sondern an ihnen vorbei zu erziehen und sie zu isolieren, schafft unnötige und zusätzliche Widerstände. Dabei gelingt ihre Einbeziehung nicht durch eine »radikale« Aufklärung und übersteigerte Erwartungen an ihren Einstellungswandel. Ihre Ängste und ihre Abwehr müssen ernst genommen werden. Dies gelingt am besten durch das persönliche Gespräch, durch die Teilnahme an themenzentrierten Elternabenden und an Umweltaktivitäten der Kinder sowie durch die langsame Heranführung an den Problemkreis durch Informationsaustausch und Zusammenarbeit.

Umweltpädagogik ist zwar Konfliktpädagogik, aber keine »Katastrophenpädagogik«. Das lebendige Leben hat Vorrang. Der einseitige Blick auf die Katastrophen macht blind für die Schönheit der Natur. Die Realität der Widersprüche, in denen wir leben, müssen wir selber ertragen und akzeptieren lernen, um auch bei Kindern die notwendige Widerspruchstoleranz als Bestandteil seelischer Stabilität fördern zu können. Dabei spielen positive Identifikationen eine entscheidende Rolle. Menschen, die für Humanität und Gerechtigkeit einstehen und jeder Form von Zerstörung und Unrecht entgegentreten, gab es seit den Anfängen menschlicher Kultur und gibt es heute in wachsender Zahl. Ebenso rettet die Natur ihre Schönheit noch in der kleinsten Parkanlage einer Großstadt. Beide Beispiele umreißen den praktischen Umfang einer identitätsstiftenden Umwelterziehung.

Zu ihr gehört auch die symbolische Bewältigung von Umweltängsten. Die dazu entwickelten Methoden lassen sich in folgenden Punkten zusammenfassen:

- das direkte Gespräch über Erlebnisse, Gedanken und Gefühle
- die gestalterische Darstellung (malen, modellieren, handwerken)
- die erzählerische Darstellung (Aufsätze, Gedichte, Geschichten)

die szenische Darstellung (Einzeldarstellungen, Rollenspiele, Theater)

- die imaginative Darstellung (Phantasiereisen, Träume)

Der Austausch und das Gespräch über die gestalteten Inhalte übersetzen das Symbol in bewußte und teilnehmende Erfahrung. Dabei gehört es zur hohen Kunst der Umwelterziehung, zuzuhören, hinzusehen, Fragen altersgemäß zu beantworten, Themen über mögliche Ängste vorsichtig anzubieten und Informationen und Aufklärung dosiert in die Gespräche einzustreuen.

Auch wenn die Verbreitung einer ganzheitlichen Umwelterziehung noch schwer abschätzbar ist, so hat sie doch im Zusammenhang mit der Ökologiebewegung etwas elementar Neues in Gang gesetzt - die ökologische Kinderrechtsbewegung. Dazu ein paar Stichworte. Auf internationaler Ebene wurden erstmals in einer Genfer Deklaration von 1924 globale Rechte von Kindern formuliert, die 1959 in einem Zehn-Punkte-Programm als »Deklaration über die Rechte des Kindes« von der Vollversammlung der Vereinten Nationen (UNO) angenommen wurde. Seitdem ist sie Bestandteil der von der UNO beschlossenen »Allgemeinen Menschenrechte«. Da Deklarationen Absichtserklärungen ohne Rechtsverbindlichkeit sind und das erste Programm der komplexen Situation der Kinder in der heutigen Welt nicht mehr gerecht wurde, sollte es durch eine »Konvention« ergänzt und präzisiert werden. Bemühungen dazu datieren in das »Jahr des Kindes« 1979 zurück. Die Schwierigkeiten, zu einer international einheitlichen und von allen Mitgliedsstaaten anerkannten Konvention zu kommen, erwiesen sich als außerordentlich hartnäckig, zumal das Interesse bei vielen Staaten sehr gering war. Dennoch gelang nach zehn Jahren die Fertigstellung der neuen »Konvention über die Rechte des Kindes« und ihre Verabschiedung durch die UNO im November 1989.[135] Darin werden in 54 Artikeln die Grundrechte von Kindern festgeschrieben und ihre Verwirklichung durch die Vertragsstaaten geregelt. Was nicht zu erwarten war, geschah: In Artikel 24, der das Recht des Kindes auf Gesundheit und die Behandlung von Krankheiten beinhaltet, lautet Absatz c): »Die Vertragsstaaten bemühen sich, Krankheiten sowie Unter- und Fehlernährung auch im Rahmen der gesundheitlichen Grundversorgung zu bekämpfen, unter anderem durch den Einsatz leicht zugänglicher Technik und durch die Bereitstellung ausreichender vollwertiger Nahrungsmittel und sauberen Trinkwassers, wobei die Gefahren und Risiken der Umweltverschmutzung zu berücksichtigen sind.«[136]

Um die Bedeutung der am 3. September 1990 in Kraft getretenen »Konvention« zu unterstreichen, fand am 30. September 1990 im UNO-Hauptquartier in New York der »1. Weltgipfel für Kinder« in der bisherigen Geschichte statt, bei dem 71 Staatsoberhäupter die »Deklaration zum Überleben, zum Schutz und zur Entwicklung von Kindern« verabschiedeten und mit einem konkreten »Aktionsplan zur Umsetzung der Deklaration in den 90er Jahren« verbanden.[137] Auch in der »Deklaration«, die 22 Zielvorgaben behandelt, wird die Bedeutung des Umweltschutzes betont: »Die Situation der Kinder in der Welt in den 90er Jahren grundlegend zu verbessern heißt auch, einen Beitrag zum Umweltschutz zu leisten.«[138]

Die kurze Skizze über die Festschreibung von Kinderrechten ist zum Verständnis der ökologischen Kinderrechtsbewegung wichtig, weil sie ein Schlaglicht auf das Verhältnis der Generationen zueinander wirft. Zweifellos drücken die »Konvention« und die »Deklaration« das jüngste Bekenntnis führender Politiker in der Welt zu einem internationalen Generationenvertrag auf einer neuen politischen und moralischen Ebene aus. Die Bereitschaftserklärungen – mehr sind sie auch heute noch nicht – erfolgen jedoch in einer Zeit, in der die ökologische Situation elementare Kinderrechte auf körperliche und seelische Gesundheit und Schutz vor lebensbedrohenden Gefahren bereits außer Kraft gesetzt hat. Aber immerhin kann sich die ökologische Kinderrechtsbewegung, die als Antwort auf die Verletzung der Grundrechte von Kindern entstanden ist, heute wenigstens auf eine internationale Vereinbarung stützen und ihre Umsetzung in die Realität fordern. Hierin liegt ihre historisch neue Chance und Hoffnung. Daß sie ihr politisches Autonomiepotential auch nutzen will, zeigte sich auf dem ersten »Kindergipfel« am 28. und 29. September 1991 in der Paulskirche in Frankfurt. Unter dem Motto »Wir sind eine Welt« handelten Kinder mit Erwachsenen aus Politik, Wirtschaft und Kultur einen neuen Generationsvertrag aus. Der Kindergipfel, bei dem sich 600 Kinder aktiv beteiligten, war der offizielle deutschsprachige Beitrag der Internationalen Aktion »Voices of the Children«, die in 15 Ländern stattfand. »Wir sind eine Welt.« Kinder denken global. Kinder beginnen, sich in gemeinsamen Aktionen zusammenzufinden und ihre Aktivitäten national und international zu vernetzen.

Die Zeitschrift »natur« bringt in ihrem Sonderheft »Alles über Kind und Umwelt« eine geradezu aufregende Zusammenstellung von Vereinen, Gruppen und Projektwerkstätten deutscher und ausländischer Initiativen, in denen sich Kinder für den Tier- und Artenschutz, für den Erhalt der Regenwälder, für die Schaffung naturnaher Lebensräume, für die Sauberhaltung der Gewässer und viele andere Umweltziele einsetzen.

Es gibt inzwischen nicht nur etwa 200 umweltbezogene Bücher für Kinder, sondern Kinder und Jugendliche schreiben selbst Bücher, leisten Aufklärung durch Medienarbeit, aber auch durch gewaltfreie Formen des Protestes wie Fahrraddemonstrationen, Boykott von Zapfsäulen, Gedenkstunden, gemeinsames Beten und Meditieren und Briefaktionen. Sie bauen vor Ort Häuser für die Kinder von Tschernobyl in strahlensicheren Regionen, führen den »Ökoführerschein« ein, entrümpeln verschmutzte Natur, bleiben Umweltsündern auf den Fersen und arbeiten nach dem Prinzip der Ameisen: »Viele kleine Leute, die an vielen kleinen Orten viele kleine Dinge tun, können das Gesicht der Welt verändern.«

Die Träume, Wünsche und Hoffnungen, die sich in den Aktivitäten der ökologischen Kinderrechtsbewegung artikulieren, sind mehr als ein Appell. Sie sind Aufschrei und Mahnung an eine Erwachsenengeneration, ihr Zerstörungswerk einzustellen, ihren Bereitschaftserklärungen Taten folgen zu lassen und der Utopie einer lebenswerten Zukunft eine Chance zu geben.

»Gut ist: Leben erhalten und fördern; schlecht ist: Leben

hemmen und zerstören.«[139] Auf diese einfache Formel brachte der bekannte Theologe, Philosoph und Arzt Albert Schweitzer in seiner berühmten Predigt zu St. Nicolai in Straßburg am 23. Februar 1919 seine kultur-philosophische Lehre von der »Ehrfurcht vor dem Leben«. Zwei Jahre vor seinem Tod, 1963, faßte er in seinem Urwaldhospital in Lambarene (Gabun/Westafrika) ihre Entstehungsgeschichte noch einmal zusammen. In der Auseinandersetzung mit der philosophischen Ethik des 19. Jahrhunderts wurde ihm bewußt, daß sie sich auf das Verhältnis der Menschen untereinander beschränkte und daher unvollständig war. Nur durch »die Ethik der Ehrfurcht vor dem Leben«, so seine Erkenntnis, »kommen wir dazu, nicht nur mit Menschen, sondern mit aller in unserem Bereich befindlichen Kreatur in Beziehung zu stehen und mit ihrem Schicksal beschäftigt zu sein, um zu vermeiden, sie zu schädigen, und entschlossen zu sein, ihnen in ihrer Not beizustehen, soweit wir es vermögen. Klar war mir alsbald, daß diese elementare völlige Ethik eine ganz andere Tiefe, eine ganz andere Lebendigkeit, eine ganz andere Energie besitze als die sich nur mit dem Menschen abgebende.

Durch die Ethik der Ehrfurcht vor dem Leben gelangen wir in ein geistiges Verhältnis zum Universum. Die Verinnerlichung, die wir durch sie erleben, verleiht uns den Willen und die Fähigkeit, eine geistige, ethische Kultur zu schaffen, durch die wir in einer höheren Weise als der bisherigen in der Welt daheim sind und in ihr wirken. Durch die Ethik der Ehrfurcht vor dem Leben werden wir andere Menschen.«[140]

Mehr als 70 Jahre mußten vergehen, bevor Kinder die fundamentale Ethik Albert Schweitzers nicht im Sinne einer esoterischen Weltflucht, sondern als konkrete politische Aufgabe begreifen und in tätiges Handeln zu übersetzen lernten, während sich die Verantwortlichen in Politik und Wirtschaft bisher im wesentlichen auf Absichtserklärungen beschränken. Ich glaube, daß man hierin ein neuartiges Phänomen in der menschlichen Evolution erkennen muß. Schweitzers Lehre reicht in das vorwissenschaftliche Zeitalter zurück und greift Elemente vorsokratischer Philosophie und Weltanschauung auf, die in enger Verwandtschaft mit dem Denken zweier großer Weltreligionen, dem Hinduismus und dem Buddhismus, standen. Wenn heute, im ausgehenden 20. Jahrhundert, Kinder aus Verzweiflung über die Zerstörung der planetaren Zukunft an die alten Menschheitslehren erinnern und selbständig für ihre Verwirklichung eintreten, vollzieht sich ein fast mythischer Prozeß: Die Kindheit als der Anfang des Lebens kehrt zu den Anfängen menschlichen Weltverständnisses zurück und wird so zur schöpferischen Botschaft für die Erhaltung allen Lebens auf unserem Planeten.

XI. Der Umgang mit der Zukunftsangst in Beratung und Therapie

Boris[141] war 22 Jahre alt, als ich ihn 1989 noch vor dem Fall der Berliner Mauer kennenlernte. Die Behandlung dauerte nur sieben Stunden. Da sein Schicksal mich sehr beschäftigt hat, möchte ich in einigen Auszügen von seiner Geschichte berichten und sie mit einigen Überlegungen zu Beratung und Therapie verknüpfen.

Boris ist ein großer, körperlich gesund und kräftig wirkender junger Mann. In Widerspruch zu seiner attraktiven Erscheinung standen seine Körperhaltung, seine nur zögernde Kontaktaufnahme und seine zähflüssige Sprache. Insgesamt bot er das Bild depressiver Verzagtheit und Resignation.

Er kam nicht freiwillig, sondern auf Drängen der in Westdeutschland lebenden Eltern. Er selbst versprach sich nichts von einer Therapie, weil sie, so meinte er, seine Probleme nicht lösen könne. Seit seiner Pubertät sei er innerlich permanent mit sterbenden Bäumen, mit der geschundenen Natur und der Weltzerstörung beschäftigt. Damals hätten auch seine Depressionen begonnen, die im Laufe der Jahre immer schlimmer wurden. Bei unserem ersten Gespräch klagte er darüber, daß er keinerlei Zukunftsperspektive sehe und überzeugt sei, innerhalb der nächsten zehn Jahre zu sterben. Er sitze oft tagelang stumpfsinnig in seiner lichtlosen Hinterhofwohnung, studiere nicht, obwohl er eingeschrieben sei, arbeite auch sonst nichts, mache keine Musik mehr wie früher, könne auch nicht mehr malen. Vor einiger Zeit habe ihn seine erste Freundin nach drei Jahren verlassen, weil sie seine Depressionen, Grübeleien und sein Untätigsein nicht mehr ertrug. Darüber sei er aber inzwischen hinweg. Es sei ja ohnedies alles völlig sinnlos. So zum Beispiel auch jeder politische Protest. Er habe früher ein paarmal an Demonstrationen in Wackersdorf teilgenommen, das dann aber aufgegeben, weil angesichts der Übermacht von Militär und Technik jeder Widerstand ohne Wirkung bleibe.

Nach diesem Bericht über seine aktuelle Lage bat ich ihn um einige Informationen zu seiner Entwicklung. Boris wuchs in einer harmonischen Akademikerfamilie mit zwei Geschwistern in ländlicher Umgebung auf. Von daher stammte seine Liebe zur Natur. Seine Kindheit und das Verhältnis zu seinen Eltern schildert er als glücklich. Er wurde musisch erzogen und hatte in der Schule keinerlei Leistungsschwierigkeiten. Nach dem Abitur 1985 leistete er einen knapp zweijährigen Ersatzdienst und schrieb sich danach in einer westdeutschen Universität für die Fächer Kunstgeschichte und Philosophie ein. Seine Gefühle der Zukunftslosigkeit und seine Depressionen hatten sich bis zu diesem Zeitpunkt so verstärkt, daß er sein Studium nie aktiv aufnahm. Statt dessen reist er 1987 in dem Gefühl, bald zu sterben oder innerlich schon gestorben zu sein, für zunächst unbestimmte Zeit nach Nepal. Als äußeren Grund gab er seinen Eltern ethnologische Interessen für fernöstliche Kultur und Religion an.

Real näherte er sich in Nepal dem Tod durch exzessives Fasten mit einem Gewichtsverlust von 20 Kilogramm. Unterstützt wurde der Selbstzerstörungsprozeß durch Einnahme von Haschisch, Heroin und großen Mengen magic mushrooms. Durch diese Pilze, die eine halluzinogene Wirkung haben, kam es nach Arztberichten bei dem inzwischen körperlich geschwächten und äußerlich stark verwahrlosten jungen Mann zum Ausbruch von religiös getönten Wahnideen und einem so auffälligen und aggressiven Verhalten in der Öffentlichkeit, daß er zwangsweise in eine psychiatrische Klinik eingeliefert werden mußte. Von Indien wurde er in eine deutsche Klinik verlegt und äußerte dort akute Selbstmordgedanken. Die durch die Drogen ausgelöste Psychose klang nach kurzer Zeit wieder ab. Boris wechselte seinen Studienort, ging nach Berlin und schrieb sich für Ethnologie und Religionswissenschaften ein, ohne seit drei Semestern das Studium aufzunehmen.

Vergleichbare Vorgeschichten auf dem Hintergrund pubertärer oder postpubertärer Entwicklungskrisen, bei denen die Umweltzerstörung eine entscheidende Rolle spielte, habe ich inzwischen mehrfach persönlich in Beratungen und Therapien erlebt. In Beratungsstellen und bei anderen Therapeuten wächst die Zahl der Hilfesuchenden mit einer ähnlichen Problematik. Als Analytiker steht man bei solchen Patienten immer vor schwierigen diffentialdiagnostischen und behandlungstechnischen Fragen. Liegt bei Boris eine endogene, d. h. konstitutionell und meist erblich fixierte Depression vor oder gar eine Schizophrenie, die jederzeit wieder zum Ausbruch kommen kann? Wäre bei diesen Diagnosen die Erkrankung auch ohne die Umweltbelastung ausgebrochen? Oder stammt sein Leiden von äußeren Ursachen her, die primär in seiner familiären Entwicklung und in seiner Beziehung zu seinen Eltern zu suchen sind? Hat er in diesem Fall seine frühkindlichen Konflikte nur verdrängt und die Umweltzerstörung unbewußt zum äußeren Austragungsort seiner inneren Konflikte gemacht? Wenn man schließlich von einer sich ergänzenden Belastung durch Kindheitserfahrungen und aktuelle gesellschaftliche Probleme ausgeht: Hätten erstere ohne letztere zu einer Erkrankung geführt? Oder muß man, wie es die Geschichte von Bosis nahezulegen scheint, in letzter Konsequenz davon ausgehen, daß bei einem sensiblen, ansonsten aber seelisch ausreichend gesunden jungen Menschen die Umweltzerstörung eine psychische Dauerbelastung darstellt, die ausreicht, um eine chronische Innenweltzerstörung zu erklären?

Ich habe bisher im Falle von Boris und vielen anderen leidenden Kindern und Jugendlichen keine schlüssigen Antworten. Auch die wissenschaftliche Erforschung solcher Zusammenhänge steht hier an den Anfängen. Krankengeschichten wie die von Boris verleihen zwar den theoretischen Annahmen über die Auswirkungen der Umwelt- als Innenweltzerstörung einen hohen Grad an Evidenz. Beweisen kann man sie bisher nicht. Am nahesten kommt man wohl der Wahrheit, wenn man davon ausgeht, daß es kaum eine Kindheitsentwicklung gibt, die ohne Brüche in den seelischen Reifungsschritten erfolgt; ebenso ist die krisenanfällige Pubertätszeit bei der überwiegenden Zahl der Jugendlichen mit tiefen Verunsicherungen und Kämpfen um die eigene Identität verbunden. Unter normalen Bedingungen müssen solche Labilisierungen des seelischen Gleichgewichts aber keinen Krankheitswert erreichen, sondern werden im Laufe der weiteren Reifung überwunden. Da wir aber gegenwärtig nicht unter »normalen« Verhältnissen leben, sondern die Umweltzerstörung mit all ihren Facetten tief in das Lebensgefühl und die Lebensgestaltung jedes einzelnen eindringt, kann sie die Verarbeitung frühkindlicher und pubertärer Konflikte einschneidend behindern. Unter dieser Voraussetzung wird die Umweltzerstörung nicht als ursächlicher, aber als wichtiger auslösender Faktor für ernsthafte seelische Fehlentwicklungen angesehen.

Daraus ergeben sich relativ klare Richtlinien für das Vorgehen in Beratung und Therapie. Unter strengen psychotherapeutischen Kriterien hätte ich, wie viele Analytiker es sicher tun würden, die Probleme von Boris von seiner Frühgeschichte her aufrollen müssen, wobei ich das Leiden an der Umweltzerstörung auf seine tiefen persönlichen Konflikte zurückgeführt und analysiert hätte. Dabei wäre es zum Beispiel naheliegend gewesen, das Zerstörungspotential der Umweltgefahren als Projektionen eigener abgewehrter destruktiver Impulse zu deuten und danach zu suchen, aus welchen frühkindlichen Erfahrungen sie stammen und gegen wen sie sich eigentlich richten könnten. Auch die Angst, der Umweltzerstörung wegen nicht mehr länger als zehn Jahre zu leben, ließe sich möglicherweise als Ausdruck suizidaler Impulse verstehen, hinter denen sich ein starker Selbsthaß oder Depressionen verbergen könnten, die ganz anderen Ursachen entstammen. Solche Hypothesen wären sicher nicht falsch und müßten im Rahmen einer längeren und vertiefenden Analyse auch geklärt werden. Möglicherweise bilden die genannten Konflikte den Kern der Erkrankung, die ohne dessen

Bearbeitung auch nicht zu heilen wäre. Trotzdem habe ich bei Boris aus folgenden Gründen einen anderen Weg eingeschlagen:

Erstens hatte Boris, wie viele Kinder, Jugendliche und Heranwachsende seiner Altersstufe, einen starken Widerstand gegen eine längere Therapie. In diesem Alter wird das »Kranksein« noch schlechter akzeptiert als bei Erwachsenen; zum anderen besteht für Jugendliche ein Widerspruch zwischen dem Streben nach Selbständigkeit und Unabhängigkeit und der Abhängigkeit, die durch eine Therapie entsteht.

Zweitens sah Boris in der Umweltzerstörung den Grund für seine Erkrankung. Ihn davon zu überzeugen, daß die eigentlichen Ursachen möglicherweise tiefer liegen könnten, und ihn zur Auseinandersetzung mit eigenen Konflikten zu bewegen, mußte seinen Widerstand verstärken, weil er sich dann mit seinen Ängsten nicht ernst genommen gefühlt hätte.

Aus diesen Gründen habe ich mich Boris in der Therapie ganz von der Oberfläche her genähert, d. h., ich ging davon aus, was er als Grund seiner Erkrankung ansah - von der Umweltzerstörung. In der zweiten Stunde sprachen wir über seine konkreten Kenntnisse, Gefühle und Ängste, wobei ich eigene Gedanken ergänzt habe, um ihm mein Verständnis für seine Reaktionen und Befürchtungen zu vermitteln. Ich habe ihm nichts auszureden versucht, sondern einzelne Meinungen ausdrücklich bestätigt. Das dadurch hergestellte Vertrauen war notwendig, um die nächsten Schritte einleiten zu können. Wir sprechen in diesem Fall von »positiver Übertragung«, die für die Identifikation und konstruktive Weiterarbeit notwendig ist.

Eigentlich hätte man nach psychoanalytischen Erfahrungen davon ausgehen können, daß Boris dank der positiven Unterstützung nicht mehr ganz so starr an seiner Überzeugung von der totalen Sinnlosigkeit des Lebens hätte festhalten müssen. Denn neben allen begründeten Ängsten war zu vermuten, daß er die Umweltzerstörung teilweise auch benutzte, um die Auseinandersetzung mit eigenen Konflikten zu vermeiden. Doch Boris blieb auch in der dritten Stunde bei seiner Überzeugung: »Wenn Sie meine Auffassung von der ökologischen Situation teilen und meine Verzweiflung darüber verstehen, müssen Sie auch zugeben, daß es sinnlos ist, irgendeine Zukunftsperspektive zu entwickeln. Ich weiß wirklich nicht, was ich überhaupt tun sollte.«

Mit dieser Provokation stellte mir Boris eine Falle. Alle Gegenargumente hätten meine Glaubwürdigkeit untergraben. Sollte ich ihm aber recht geben und damit meine eigene Ohnmacht eingestehen, würde er sich in seiner Auffassung bestätigt sehen und an seinem Widerstand festhalten. Als Analytiker ist man solche Fallen gewohnt und auf der Hut vor ihnen. Ihr Sinn besteht darin, den Therapeuten zu binden, d. h. ihn ohnmächtig zu machen und damit die Arbeit an den eigentlichen Konflikten zu blockieren. Oft haben solche »Fallensteller« masochistische Züge: Sie wollen lieber an ihrem Leiden festhalten als es aktiv verändern. Daß auch Boris nicht frei davon war und sein Leiden mit einem starken Appell verband, ließ sich aus seiner dramatischen Vorgeschichte vermuten. Um der Falle zu entgehen, antwortete ich auf seine Provokation:

»Warum sind Sie nach Berlin gekommen, auf diese von Mauern umzingelte Insel? Und warum haben Sie Ihr Gefängnis noch enger gemacht, indem sie in eine dunkle Hinterhofparterrewohnung mitten im Häusermeer gezogen sind, fernab von jeder Grünfläche und Natur - und das bei Ihrer ausgeprägten Naturliebe? Wollten Sie sich mit diesen Schritten vielleicht für immer in ihrem Gefühl der Zukunftslosigkeit einmauern?«

Mit dieser Deutung ziele ich bewußt auf Boris' Masochismus. Der Masochist fügt sich selbst immer mehr Leid zu, um daraus eine seltsame Genugtuung zu ziehen. Nur wenn man diesen unbewußten Mechanismus verstärkt, wird dem Patienten deutlich, wie selbstschädigend er sich verhält.

Boris berichtet daraufhin, wie schrecklich und zerstörerisch er diese Großstadt erlebe. Nach dem Verlust seiner Freundin habe er keinerlei Kontakte mehr gehabt. Die Stadt könne einen kaputtmachen. Ich sage ihm daraufhin, daß die Umweltzerstörung eine Sache sei und schlimm genug, aber die Frage, wie man mit ihr umgehe, sei eine zweite Sache. Offenbar habe er eine Neigung, für sich alles noch schlimmer zu machen, statt seine Energien darauf zu verwenden, einen Weg aus der Sackgasse zu suchen.

In der vierten Stunde ist Boris deutlich verändert. Seine Körperhaltung hat sich aufgelockert, das Gespräch läuft flüssiger und in einem engeren emotionalen Kontakt. Er habe über alles nachgedacht. An der fortschreitenden Umweltzerstörung gebe es keine Zweifel. Aber die Sache mit Berlin habe ihn nachdenklich gemacht. Er überlege, die Stadt zu verlassen und in die Gegend seiner Eltern zurückzuziehen. Dort habe er wenigstens seine Familie in der Nähe und noch alte Freunde. Studieren wolle er zur Zeit nicht. Eine praktische Ausbildung wäre sicher besser. Ihm sei plötzlich eingefallen, eine Agrar- oder Forstwirtschaftslehre zu machen. Dann könne er später immer noch studieren.

Das Thema der konkreten Berufsplanung durchzieht auch die nächsten drei Stunden. Wir sprechen über alternative Landwirtschaft, über Möglichkeiten der Berufsausübung in »Dritte-Welt-Ländern« und über die Frage, warum ihm diese Ideen nicht früher eingefallen sind, obwohl sie für ihn nahelagen. »Ich war durch meine Gedanken an die Umweltzerstörung wie gelähmt«, sagt Boris, »und mir fielen nur Dinge ein, die mir keinen Spaß machten - vielleicht auch nur, um mir zu beweisen, wie sinnlos alles ist.«

Nach dieser Stunde fuhr Boris zu seinen Eltern, um sich über Ausbildungsmöglichkeiten zu informieren. Er komme sicher noch einmal nach Berlin zurück und werde sich melden. Einen Monat später teilte mir der Vater mit, sein Sohn bemühe sich um eine Lehr- bzw. Praktikumsstelle in der Landwirtschaft und habe Kontakt zu einem landwirtschaftlichen Ausbildungsinstitut aufgenommen. Er kehre nicht nach Berlin zurück.

Die Fallbeschreibung macht mehrererlei deutlich. Unabhängig von der Frage, ob die Umweltzerstörung als ein ursächlicher oder nur zusätzlicher Faktor bei der Entwicklung psychischer Krisen oder Erkrankungen anzusehen ist, wäre es nach meiner Auffassung ein Fehler, in Beratungen oder längeren Therapien die Umweltfrage auszuklammern oder lediglich als ein verschobenes Problem zu behandeln. Mir scheint sicher, daß die Umweltbelastung heute für den größten Teil der jungen Generation zu einem einschneidenden Lebensereignis geworden ist, dessen bedrohlicher Charakter seelische Störungen wenn nicht verursachen, so doch auslösen oder verschlimmern kann. Nur ein anteilnehmendes Verständnis in Beratung und Therapie schafft eine solidarische Grundlage zwischen Patient und Therapeut, bei der sich der Patient mit all seinen Ängsten öffnen und Vertrauen zurückgewinnen kann. Für umweltbewußte Therapeuten wäre es andererseits kurzschlüssig, sich einseitig mit dem Patienten und seinen Bedrohungsängsten zu identifizieren und nicht genau darauf zu achten, in welcher Weise dieser mit der Bedrohung umgeht. Jeder Patient entwickelt unterschiedliche Abwehrstrategien zur Angstbewältigung, die sich aus seiner Lebensgeschichte ergeben. Erst wenn man diese charakteristischen Abwehrmaßnahmen und Anpassungsstrategien in die Therapie einbezieht, lassen sich die Fixierungen an das Trauma der Umweltzerstörung auflösen. Nur so können auch die eigenen Kräfte, Fähigkeiten, positiven Gefühle und Phantasien neu belebt werden, mit deren Hilfe der Patient dann selbständige Wege findet, konstruktiv mit der Bedrohung umzugehen.

Eine wichtige Voraussetzung für die Arbeit des Therapeuten ist die Klärung der Frage, wie er selbst die Umweltbedrohung erlebt und mit welchen psychischen Strategien er darauf reagiert. Aus Lehranalysen künftiger Analytiker ist bekannt, daß Fragen von hoher gesellschaftlicher und politischer Relevanz häufig sowohl vom Ausbildungskandidaten selbst wie auch vom Lehranalytiker aus der Analyse ausgeklammert bleiben.[142] Diese Verleugnungen führen dann später in der Therapie von Patienten zu sogenannten »blinden Flecken«, d. h., das Zusammenwirken individueller und gesellschaftlicher Faktoren bei der Entstehung psychischen Leidens bleibt unerkannt. Zu jeder Form der Selbsterfahrung für angehende oder tätige Therapeuten gehört daher die Betrachtung der gesellschaftlichen Dimension der eigenen Lebensgeschichte.

Bei der Therapie mit Kindern, aber auch gelegentlich mit Jugendlichen, werden die Eltern in den therapeutischen Prozeß einbezogen. In den Fällen, in denen stärkere Umweltängste in die seelische Erkrankung hineinspielen, gehört es daher zur Aufgabe des Therapeuten, Eltern über dieses Thema aufzuklären und ihnen Hilfe anzubieten. Dabei ist der bereits beschriebene Widerstand der Eltern zu berücksichtigen. Da Eltern jedoch die wichtigsten Bezugspersonen für das Kind sind und gerade sie ihm helfen können, mit seiner Zukunftsangst umzugehen, erfordert die Beratung spezielle Ausdauer und Geduld, um Eltern Mut zum offenen Dialog und eventuell zu einem gemeinsamen Handeln zusammen mit dem Kind zu eröffnen. Wenn es Eltern auf diese Weise gelingt, sich ihrer Verantwortung für ihre Kinder bewußt zu werden, kann davon eine Initialwirkung ausgehen, die auch andere innerfamiliäre Konflikte zu lösen vermag.

XII. Umwelt global - Auswege aus der Gefahr

Der Blick, den wir auf die körperlichen, seelischen und psychosozialen Auswirkungen der Umweltzerstörung bei der jungen Generation geworfen haben, gleicht, dem Stand unserer Technologie und den Privilegien unserer Zivilisation entsprechend, der Betrachtung durch ein hochsensibles Mikroskop, in dem sich noch die feinsten Veränderungen beobachten lassen. Denn darüber müssen wir uns im klaren sein: Im globalen Maßstab reicht ein einfaches Fernrohr oder auch der Blick mit bloßem Auge aus, um die Verwüstungen wahrzunehmen, die die Umweltbedingungen in ganz anderen Maßstäben weltweit anrichten. Unsere bisherige Sichtweise war ethnozentristisch, d. h. allein auf die Verhältnisse in unserer Kultur gerichtet. So wichtig für uns die dabei gewonnenen Einsichten sind, so wenig leisten sie zum Verständnis globaler Problemzusammenhänge. Ohne das Ganze zu sehen, wird man aber auch die Teile nur unvollständig begreifen. Auswege aus der Gefahr lassen sich heute nur noch durch globales Denken und Handeln finden. Ich möchte daher das Mikroskop zur Seite stellen und zum Abschluß einen kurzen Blick über den Tellerrand unserer Denkgewohnheiten und Erfahrungen hinaus tun.

Wenn ich das Fernrohr zur Hand nehme, sehe ich mich am Swimmingpool eines Hotels, umgeben von blühenden Büschen und Palmengärten im Indischen Ozean - auf Lomboc, einer winzigen Insel im riesigen Archipel Indonesiens. Ich trinke eine Cola. Sie kostet 2000 Rupien, das sind zwei Deutsche Mark. Anschließend fahren wir durch eine unerschlossene wilde Berggegend, durch die mit altertümlichen Maschinen und Handarbeit die ersten Straßen gezogen werden. Ich frage unseren guide, was ein Straßenarbeiter an einem Zwölfstundentag verdient: »Two thousend Rupies, Mister.«

Ich mache einen Schwenk. Jetzt zeigt mein Fernrohr auf das Taj Mahal, das weltberühmte Prachthotel aus der englischen Kolonialgeschichte, um die Jahrhundertwende im viktorianisch-sarazenischen Stil erbaut, direkt am Gateway of India an der Bucht von Bombay. Wenn wir nur drei Tage in Bombay seien, müßten wir unbedingt hier wohnen, rieten uns Freunde. Das Zimmer kostet 155 Dollar plus 10 % Service plus 7 % Luxussteuer, das läßt sich in Rupien gar nicht mehr ausrechnen, es sind 270,- DM pro Nacht, der Jahreslohn eines Durchschnittsinders.

In einer Nacht gehe ich allein durch die heruntergekommenen Straßen der Stadt. Um Mitternacht sitze ich auf den Treppenstufen einer Markthalle. Fünf Schritte von mir entfernt hockt eine abgemagerte Frau auf der Bordsteinkante. Vor ihr ein kleiner Kocher mit einem verbeulten Topf darauf. Sie rührt die Abfallreste des Markttages im Wasser herum, während ihre zwei kleinen Kinder Bretter von Gemüsekisten für die Feuerung heranschleppen und kleinmachen. Nach dem Essen werden sie auf der Straße schlafen - unter oder auf einem Verkaufswagen oder eng an die Hauswand geschmiegt.

Umwelt ist das, was einen Menschen umgibt, die Welt, in der er lebt, ein Prachthotel mit Marmortoiletten, fließend kaltem und warmem Wasser und Früchteschale auf dem Tisch oder der Schmutz einer Bordellstraße und die verfaulenden Reste von Krabben, Hühnerknochen und weggeworfenen Tomaten und Bananen - die Umwelt des Reichtums gegen die Umwelt der Armut.

»Children and the environment« lautet der Titel einer Broschüre von Unicef, dem Kinderhilfswerk der Vereinten Nationen, in der die Umweltbedingungen von Kindern in der ganzen Welt beschrieben werden - Umwelt in ihrer ökonomischen, geographischen, sozialen, politischen, ökologischen, familiären, bildungsmäßigen und psychosozialen Dimension.[143] Umwelt, so verstanden und in globalem Maßstab bewertet, gebiert jeden Tag ein Entsetzen, das nur noch in abstrakten Zahlen ausgedrückt werden kann, um es überhaupt ertragen zu können. Was verbirgt sich - im Hinblick auf Umweltbedingungen - hinter der häufig zitierten Zahl von 40 000 sterbenden Kindern in den Entwicklungsländern - 14 bis 15 Millionen pro Jahr?

Nach einer Statistik von Unicef verteilen sich die Todesursachen wie folgt:

5 Millionen (34,6 %) Kinder unter fünf Jahren sterben an Durchfallerkrankungen;
4 Millionen (27,7 %) an Lungenerkrankungen
2 Millionen (13,8 %) an Masern
1,8 Millionen (12,4 %) an Tetanus
1 Millionen (6,9 %) an Malaria.[144]

Die medizinischen Diagnosen besagen in bezug auf die Umweltbedingungen: Ernährungsstörungen durch Unter- oder Fehlernährung auf der einen und Infektionen durch verseuchtes Trinkwasser, katastrophale Hygieneverhältnisse und fehlende Impfungen auf der anderen Seite. Ihr gemeinsamer Nenner ist die Armut. Sie schafft eine Umwelt von menschenunwürdigen Lebensbedingungen, die den Tod der Kinder zur täglichen Erfahrung machen. Die Folge ist eine Bevölkerungsexplosion aus Angst vor dem Verlust der Nachkommen, die den Zirkel der Verelendung, der Armut und des Todes weiter hochschraubt. Für Bevölkerungspolitiker gilt längst als gesichert, daß der Bevölkerungszuwachs nicht Ausdruck besserer Lebensverhältnisse, sondern zunehmender Verarmung und Verunsicherung ist. Nur durch eine größere soziale Sicherheit und den weltweiten Ausgleich der ökonomischen Ressourcen wäre sowohl die bedrohliche Bevölkerungszunahme wie das tägliche Sterben der Kinder zu stoppen.

Die Umwelt der vielen Millionen Slumbewohner in den Großstädten und Flüchtlingslagern oder der Bevölkerungsmassen in abgeholzten, versteppten und ausgetrockneten Landregionen ist keine natürliche, sondern eine von Menschen verursachte Katastrophe von gigantischem internationalem Zuschnitt, demgegenüber unsere »Katastrophen« von »mikroskopischer Niedlichkeit«[145] sind. In jenen Regionen werden nicht nur Krankheit und Tod in Millionenhöhe gehandelt, sondern auch Kinderprostitution, heimatlose verwilderte Straßenkinder (schätzungsweise 30 Millionen) und Banden von Kindern, die zum blinden Töten bereit und auch ausdrücklich dazu dressiert wurden. Die Frage nach der seelischen Konstitution dieser Kinder, nach ihren Ängsten und Zukunftsvorstellungen - nach ihrer »vergifteten Kindheit« - wird kaum gestellt, weil die Antwort der menschlichen Gesellschaft einen Spiegel vorhalten würde, in dem nur noch ein gräßlich entstelltes Zerrbild des menschlichen Antlitzes erkennbar wäre.

Gegen alle Verleugnung wissen wir heute, daß unser Reichtum die Armut der anderen ist. Erst die Jahrhunderte der unmittelbaren Kolonisation und Ausbeutung, dann die indirekte Ausbeutung bis in die Gegenwart durch das elegante Know-how der Weltwirtschaft, der nur noch gelegentlich durch die direkte Gewalt von Kriegen Nachdruck verliehen werden muß. Insofern sind wir alle, die Bewohner der nördlichen Hemisphäre, Feudalherren, die in ihren Profit- und Konsumwünschen täglich zur Zerstörung der Umwelt der Menschen des Südens beitragen. Unsere Befriedigung bedeutet Vermehrung der Schuldenlast, bedeutet mehr Armut, bedeutet mehr Umweltzerstörung, bedeutet mehr Tod.

Aber wir können unser Gewissen beruhigen. Unicef als eine von vielen Hilfsorganisationen bietet Schuldentlastung durch Fördermitgliedschaft an. Laut einem Prospekt »Für die Kinder dieser Welt« ist man mit 120,– DM Jahresbeitrag dabei. Für den vierteljährlichen Beitrag von 30,– DM »können zwei Kinder gegen fünf Krankheiten geimpft werden. Krankheiten, die am häufigsten zum Tod führen oder bleibende Schäden hinterlassen: Diphtherie, Masern, Kinderlähmung, Wundstarrkrampf und Tuberkulose.«

Für den Jahresbeitrag »kann beispielsweise ein Wasserfiltergerät erworben werden, das in 24 Stunden 60 Liter einwandfreies Trinkwasser aufbereitet. Oder eine ganze Schulklasse kann dadurch mit Lehrmaterial versorgt werden . . .«[146]

Für nur 33 Pfennige pro Tag, oder den Verzicht auf eineinhalb Zigaretten, kann man also jedes Jahr acht Kinderleben retten oder 22 000 Liter einwandfreies Trinkwasser herstellen. Die Entlastung von Schuldgefühlen wird auf diese Weise zusätzlich durch eine feudale narzißtische Gratifikation belohnt.

Der Leser möge mir diese kurze ironische Abschweifung verzeihen. Wenn man sich über mehrere Monate durch das Material des Schreckens gewühlt hat, um es, der Sachlichkeit verpflichtet, in seinen verschiedenen Facetten zu analysieren und zu bewerten, mag ein kleiner Schlenker in die Groteske zur inneren Spannungsabfuhr erlaubt sein. Daß er nicht gegen die segensreiche Einrichtung von Unicef gerichtet ist, versteht sich von selbst.

Auswege aus der Gefahr werden - soweit sie überhaupt möglich sind - in der Regel erst dann beschritten, wenn die Bedrohung existentiell geworden ist. Die Umweltprobleme haben im Zusammenhang mit dem rapiden Bevölkerungsanstieg in der Dritten Welt eine explosive Spannung erreicht, die sich heute erst in Ansätzen, aber spätestens in zehn Jahren als riesige Bevölkerungswanderung entladen wird. Es ist zu vermuten, daß der erste Weltgipfel für Kinder am 30. September 1990 in New York unter dem Druck dieser von uns selbst heraufbeschworenen Gefahr zustande kam oder wenigstens wesentlich mitbestimmt wurde. Wenn es nicht gelingen sollte, die Probleme vor Ort zu lösen, wird sich eine Flut von verzweifelten Menschenmassen auf der Suche nach einer menschenwürdigen Umwelt auf die Länder des Nordens zubewegen. Die Wucht des Zusammenpralls, so ist zu befürchten, wird deswegen besonders dramatisch sein, weil der Kampf um eine neue Lebenschance sich mit Gefühlen der Enttäuschung, der Wut, der Aggression und Rache mischen wird, die aus dem erlittenen Unrecht und der Ausbeutung dieser Menschen stammen. Die Bilder, die uns nach der Öffnung der Grenzen Albaniens von der Küste des süditalienischen Hafens Bari erreichten, lassen die Dimension der zu erwartenden Auseinandersetzung ahnen.

Die beim Weltgipfel für Kinder versammelten Vertreter von 71 Nationen beschlossen deswegen für die neunziger Jahre unseres ausgehenden Jahrhundert folgende »Zielvorgaben«:[147]

- Senkung der Sterblichkeitsraten bei Kindern unter 5 Jahren um ein Drittel.
- Halbierung der Müttersterblichkeitsraten.
- Halbierung der Rate schwerer und mittelschwerer Unterernährung bei Kinder unter 5 Jahren.
- Sauberes Trinkwasser und hygienische Sanitäreinrichtungen für alle Familien.
- Grundschulerziehung für alle Kinder.
- Schutz der Millionen von Kindern, die unter besonders schwierigen Lebensumständen leben.
- Ausrottung der Polio.
- Beseitigung des Neugeborenentetanus (bis 1995).
- Senkung der Masernerkrankungen um 90 % und der hierdurch verursachten Todesfälle um 95 %.
- Langfristige Erhöhung der Impfrate auf mindestens 85 % bei Kleinkindern unter einem Jahr.
- Halbierung der durch Durchfallerkrankungen verursachten Todesfälle.
- Reduzierung der durch akute Atemwegsinfektionen verursachten Todesfälle bei Kindern um ein Drittel.

»Wir sind dazu bereit, die zur Einlösung dieser Verpflichtungen nötigen Mittel zur Verfügung zu stellen«, lautet ein zentrales Bekenntnis in der abschließenden Deklaration des Gipfeltreffens. In einer generellen Formulierung der Deklaration heißt es unter dem Thema: »Den Kindern helfen – die Umwelt schützen« u. a.: »Zweitens ist ein großer Teil der Menschheit mit dem Problem einer mangelhaften oder hygienisch bedenklichen Wasserversorgung und unhygienischen Sanitäreinrichtungen konfrontiert; diese folgenschwere Umweltproblematik ist heute für ungefähr ein Viertel aller Infektionen und fast aller Todesfälle bei Kindern in den Entwicklungsländern verantwortlich. Dies ist keine drohende, sondern eine längst eingetretene Umweltkatastrophe . . .«[148]

Auswege aus der Gefahr. Ist die Erklärung der Regierungsvertreter diesmal mehr als ein propagandistischer Akt des guten Willens? Nur wenige Monate später, im Januar 1991, lösten führende Sprecher dieser Runde, allen voran der Präsident der Vereinigten Staaten, den Golfkrieg und damit eine zu erwartende Umweltkatastrophe größten Ausmaßes aus: Trinkwasserverseuchung, Meeresverseuchung, Zerstörung von Gesundheitseinrichtungen, Landwirtschaften und anderen lebenswichtigen Infrastrukturen. Heute, genau ein Jahr später, rüsten Kuweit und der Irak wieder ungebremst auf. Die Familienclans des Scheichtums Kuweit setzen unbeeindruckt von den jüngsten Ereignissen ihr unvorstellbares Luxusleben fort, während im Irak noch in diesem Jahr 1992 Zehntausende von Kindern an kriegsbedingter Cholera und anderen Seuchenkrankheiten sterben werden. Der nächste Krieg ist bereits vorprogrammiert. Diesmal wird er nicht ums Öl, sondern um die Trinkwasserreserven geführt werden.

Die Zeichen für einen grundlegenden Wandel stehen bei realistischer Einschätzung zur Zeit noch schlecht. Die von Menschen verursachte Klimakatastrophe mit ihrem gefährlichen Treibhauseffekt, lesen wir gerade, und die Zerstörung der Ozonschicht sind nach neuesten Erkenntnissen weiter fortgeschritten als befürchtet. Ihre Auswirkungen auf die natürliche Umwelt des Menschen werden verheerend sein - Stürme, Hitze, Landverwüstungen im weltweiten Ausmaß; ihre Folgen machen auch vor der Zerstörung von Sozialstrukturen, vor weiterer Verarmung, Kriegen, Flüchtlingsströmen und dem großen Sterben nicht halt. Die Angst vor dieser Bedrohung wächst. Die junge Generation wird von ihr am wenigsten verschont.

Alles dies ist nicht neu. Seit vielen Jahren, seit Jahrzehnten, ist der Weltgemeinschaft klargeworden, daß sie unfreiwillig in einem gemeinsamen Boot dahintreibt. Die ersten Strudel am Horizont rücken mit großer Geschwindigkeit näher. Nur ein entscheidender Kurswechsel kann die Menschheit noch bewahren. Die Frage, ob sie das Verschwinden der eigenen Art ebenso in Kauf nehmen wird wie das der vielen tausend Arten von Lebewesen, die sie vernichtet hat, stellt sich täglich drängender.

Aber wo die Existenzbedrohung real wird, auch das lehrt die Geschichte, werden neue Ressourcen freigesetzt, um Auswege aus der Gefahr zu suchen. So erfolgte die Aussöhnung der Supermächte am Ausgang unseres Jahrhunderts im Bewußtsein der nur gemeinsam zu lösenden globalen Probleme. Diese erste friedliche »Revolution« in der Menschheitsgeschichte war nur möglich, weil die Entwicklung unseres Zeitalters grenzüberschreitende und international vernetzte Bedrohungen geschaffen hat, zu deren Bewältigung grundsätzlich neue Strukturen der Zusammenarbeit notwendig sind. Diese »Revolution«, so unsere Hoffnung, hat der Weltgemeinschaft ein Zeichen gesetzt, dessen Alarmcharakter konstruktive Auswirkungen auf die internationale Verständigung auch der übrigen Staaten haben wird. Die Beantwortung der Frage, wann diese greifen oder durch wie viele zwischenzeitliche Konflikte im Nord-Süd-Verhältnis sie wohl verzögert werden, steht allerdings aus. Aber die Zeichen mehren sich, daß sowohl auf lokaler wie auf internationaler Ebene neue Wege beschritten werden.

Der Wettlauf mit der Zeit hat begonnen. Daraus kann die Jugend Hoffnung ziehen, eine Hoffnung freilich, die sich vor Illusionen schützen sollte, die aber die konkrete Utopie der Erhaltung einer lebenssichernden Umwelt nicht aufzugeben braucht. Für sie einzutreten und damit die eigene Zukunft zu sichern kann für die junge Generation zu einer sinnstiftenden Aufgabe und zum tragenden Wert eigener Lebensgestaltung werden. Aber sie kann diese Aufgabe nicht allein tragen. Deswegen darf die erwachsene und schuldig gewordene Generation aus ihrer Verantwortung noch lange nicht entlassen werden.

Anmerkungen

1 Die Ergebnisse der Studie und ihre ausführliche Analyse wurde in mehreren Arbeiten publiziert, u.a. in: Petri, H., u.a.: 1986, 1987; Boehnke u.a.: 1988.
2 Ein ausführlicher Bericht über die öffentlichen Reaktionen findet sich bei Petri, H.: Aufklärung macht Angst, 1988.
3 Ich danke Frau Christa Dorothea Goy für ihr eindringliches Telefongespräch, das meine Auseinandersetzung mit dem Thema einleitete.
4 Petzer, H.: Verseucht in alle Ewigkeit, 1989.
5 Scholz, R.: Anmerkungen, 1988, S. 8.
6 Ein trauriges Beispiel dafür liefert »neurodate aktuell«, »ein« Informationsdienst für Nervenärzte »mit seinen« polemischen Kommentaren zu einer ökologisch orientierten Medizin.
7 Odenwald, M.: Die unfruchtbare Generation, 1989, S. 20–24.
8 Odenwald, M.: a.a.O., S. 24.
9 Wassermann, O.: Dieser Staat duldet die schleichende Vergiftung.
10 Teufel, M.: Pestizide und PCB im Fettgewebe, 1989.
11 Wütherich, B., u.a.: Häufigkeit der Pollinosis in der Schweiz, 1986.
12 Mirwa, D.: Zunehmender Heuschnupfen in Industriegebieten, 1989.
13 Schlipköter, H.-W., Beyen, K.: Gesundheit und Umwelt, 1990, S. 41.
14 Hein, H.: Allergische Belastungen bei Schulanfängern, 1988.
15 Rippere, V.: Allergien, 1985.
16 Vergl. die Arbeiten von Englert, 1987, Englert u.a., 1989, Wichmann und Schlipköter, 1990.
17 Wichmann, H.-E., Schlipköter, H.-W.: Kindliche Atemwegserkrankungen und Luftschadstoffe, 1990.
18 Wirth, W., Gloxhuber, Ch.: Toxikologie, 1985, S. 30–34. Vergl. hierzu auch: von der Hardt, H.: Luftverschmutzung und Kinderlunge, 1985, S. 63–69.
19 Pelech, L.: Entwicklung von Kindern in luftverunreinigten Gebieten, 1985.
20 Kruse, H.: Schadstoffe in der Umwelt, 1991. Vergl. auch Spill, E.: Ständig schlapp und matt, echt krank, 1989.
21 Seiler, D.: Mensch und Umwelt, 1988, S. 767.
22 Schlipköter, H. W., Beyen, K.: a.a.O., S. 42.
23 Dies.: a.a.O., S. 42.
24 Der Rat von Sachverständigen für Umweltfragen: Umweltgutachten 1987, S. 482.

25 Ders.: a.a.O., S. 483.
26 Beck, H.: Dioxine in Lebensmitteln, 1990, S. 103.
27 Es handelt sich um die Port Pirie cohort Studie von McMichael, A. J., u. a., 1988.
28 Mc Carthy Scales of Childrens Abilities. Der Test umfaßt Wissen, Gestalterfassung, Gedächtnis und motorische Entwicklung.
29 Der Rat von Sachverständigen für Umweltfragen: a.a.O., S. 476.
30 Es handelt sich um die Michigan-Studie. Vergl.: Kruse, H.: a.a.O., S. 8.
31 Der »stern« Nr. 37 vom 6. 9. 1990.
32 Der »Spiegel« Nr. 19 vom 6. 5. 1991.
33 Der »Spiegel« a.a.O., S. 84.
34 Reitz, M., Gutjahr, P.: Krebserregende Faktoren im Umfeld von Kindern, 1985.
35 Yoshimoto, J., u. a., 1988.
36 Gardner, M. J., u. a., 1990
37 Reitz, M., Gutjahr, P.: a.a.O.
38 Lyon, J. L., u. a.: 1988.
39 »Dr. med. Mabuse«, Nr. 62, 1989, S. 12.
40 Petri, H.: Die Kinder von Tschernobyl, 1987.
41 Der »stern« Nr. 22 vom 22. 5. 1986.
42 Osada, A.: Kinder von Hiroshima, 1983.
43 Pausewang, G.: Die letzten Kinder von Schewenborn, 1983.
44 Petri, H.: a.a.O., S. 177-181.
45 Scholz, R.: Vier Jahre nach Tschernobyl, 1990.
46 Grodzinsky, D., Lengfelder, E.: Vier Jahre nach Tschernobyl, 1990.
47 Wemmer, U.: Krebsgefährdung von Kindern und genetische Schäden, 1989.
48 Wemmer, U., 1989; Scholz, R.: a.a.O., 1990; Harjulehto, T., u. a., 1989.
49 Wemmer, U.: a.a.O., 1989.
50 Trichopoulos, D.: 1987.
51 Kuhn, W.: Schwangerschaftsabbrüche, 1986. 1987.
52 Zydeck, F., Crivelli, G.: Menschen in Tschernobyl, 1990.
53 Dies., a.a.O., S. 15-16.
54 Dies., a.a.O., S. 17-18.
55 Dies., a.a.O., S. 44-45.
56 Ein guter Überblick und zahlreiche Ausschnitte von Presseberichten bis April 1990 finden sich bei Scholz, R., a.a.O., 1990.
57 Scholz, R., a.a.O., 1990.
58 Vergl. dazu »Berliner Zeitung« Nr. 116 vom 22. 5. 91 und Deutsches Ärzteblatt, H. 30 vom 25. 7. 91, S. A-2541.
59 »Strahlentelex« Nr. 104-105, 5. Jg., vom 2. 5. 91.

60 Der »Spiegel«: Geiseln der Atomindustrie, Nr. 17 vom 23. 4. 1990, S. 196.

61 Besonders ist hier auf folgende Initiativen hinzuweisen: Irina Gruschewaja (Minsk): Bürgerkomitee: »Die Kinder von Tschernobyl«; Hilfsprojekt des Vereins »Kinder von Tschernobyl« (Berlin), Dr. Sebastian Pflugbeil, Gormanstr. 17, 0-1054 Berlin; »Mütter und Väter gegen atomare Bedrohung e. V.«, Spenerstr. 25 A, 1000 Berlin 21; Sektion Bundesrepublik Deutschland der Internationalen Ärzte für die Verhütung eines Atomkrieges (IPPNW), Bahnhofstr. 24, 6501 Heidesheim; Evangelische Patmos-Gemeinde, Gritnerstr. 18-20, 1000 Berlin 41; »Mütter gegen Atomkraft e. V.«, Hagenbacher Str. 37, 8000 München 60; »Eltern für unbelastete Nahrung«, Bundesgeschäftsstelle Königsweg 7, 2300 Kiel; Projektgruppe »Leben nach Tschernobyl«, Neue Schlesinger Gasse 22-24, 6000 Frankfurt/M.
Irina Gruschewaja hat als Mitbegründerin ihres Komitees seit 1989 eine Sammlung von Zeichnungen betroffener Kinder zusammengestellt, die seit der Zeit als Ausstellung im Ausland gezeigt werden. Die Bilder sind eine erschütternde Bilanz des Kinderlebens in der Krisenzone.
Eine andere Initiative »Kinder für Kinder« stammt ebenfalls aus Minsk. Sie wurde von der dortigen Architektin Irina Saslawskaia und dem deutschen Künstler Bernhard Ahlers entwickelt. Dabei sollen mit internationaler Hilfe Kinder aus aller Welt 186 Kleindörfer in der Nähe von Minsk für die dringend evakuierungsbedürftigen Kinder aus der Gefahrenzone bauen (Berliner Zeitung Nr. 153 vom 4. 7. 1991).

62 Allerbeck, K., Hoag, W.: Jugend ohne Zukunft, 1985, S. 151.

63 Niedersächsischer Kultusminister, 1985.

64 Ders., 1985, S. 96.

65 Ders., 1985, S. 96.

66 Jugendwerk der Deutschen Shell, 1985.

67 Vergl. Anm. 1. Die zitierten Arbeiten enthalten auch Vergleichsdaten mit Literaturhinweisen auf ausländische Untersuchungen. Zur generellen Thematik der Atomkriegsangst von Kindern und zur Erziehung im nuklearen Zeitalter s. die Aufsatzsammlung: Petri, H.: Angst und Frieden, 1987.

68 »Eltern«, H. 12, 1989, S. 129.

69 Die Geschichte dieser Bewegung und eine Dokumentation zahlreicher Originalbriefe findet sich in dem Buch von Grünewald, G., 1985.

70 Peace-Bird, 1985. Eine Auswahl der Briefe ist dokumentiert in: Allert-Wybranietz, K., 1988.

71 Der »Spiegel«, Nr. 43 vom 23. 10. 1989, S. 272.

72 Besonders sei hier verwiesen auf die von H. Heer (1983) ausgewählte

Sammlung aus insgesamt 7000 Aufsätzen, die der Schulrat Otto Barthel 1946 von Nürnberger Schülern der 6. bis 8. Klasse aller Schulgattungen über ihre Kriegserfahrungen im Zweiten Weltkrieg schreiben ließ; weiterhin auf die von Osada (1983) herausgegebene Sammlung von Schüleraufsätzen, die 1951 in Hiroshima in Erinnerung an den 6. August 1945 entstanden waren; und schließlich auf die Gespräche, die R. Rosenblatt (1984) mit Kindern aus den aktuellen Krisengebieten in Nordirland, Israel, Libanon, Kambodscha und Vietnam geführt hat. Auch wenn das Thema »Kinder im Krieg« den Inhalt des vorliegenden Buches nur streift, erscheinen mir die Hinweise wichtig, weil im Rahmen des globalen Denkens der heutigen jungen Generation das über die Medien vermittelte Schicksal der Kriegskinder in aller Welt im Gefühlserlebnis der »Kinder im Frieden« eine entscheidende Rolle spielt. Sie wissen besser, als die öffentliche Diskussion es zuläßt, daß in aktuellen Kriegsgebieten die Zahl der getöteten und schwerverletzten Kinder schon deswegen erschreckend groß ist, weil Kinder in der Dritten Welt einen sehr viel höheren Bevölkerungsanteil ausmachen als in den westlichen Industriestaaten. Nicht zuletzt hat uns der Golfkrieg im Januar 1991 diese Tatsache wieder dramatisch vor Augen geführt.

73 ZDF (Hg.): Ich kann nicht beschreiben, wie die Angst ist. 1991.

74 In einem Bericht des »Spiegel« (Nr. 29 vom 16. 7. 1990) über »Neunland«, eine Einrichtung für selbstmordgefährdete Kinder und Jugendliche in Berlin, wird unter dem Titel »Warum bin ich auf der Welt?« aus einer Diskussion die Überzeugung eines Schülers zitiert, daß die Jugend »eine versaute Welt« geerbt hat, eine Erfahrung, die »irgendwie ins Lebensgefühl reingeht«.

75 ZDF, a.a.O., S. 43.

76 ZDF, a.a.O., S. 64.

77 ZDF, a.a.O., S. 12.

78 Eine ausführliche Auseinandersetzung über die Wirkung der in den Medien gezeigten Gewalt auf Kinder findet sich bei: Petri, H.: Erziehungsgewalt, 1991.

79 Besonders sei verwiesen auf: Meinerzhagen, M., 1988, Zabek, M., 1985, 1987, und auf das Buch »Blumen der Hoffnung. Zukunft Natur« (Bertelsmann Club, Gütersloh 1990). Es enthält 31 Geschichten von Kindern zwischen 11 und 18 Jahren, die aus 700 Einsendungen zu dem von verschiedenen Organisationen ausgeschriebenen Wettbewerb »Zukunft Natur« ausgewählt wurden.

80 Rusch, R.: So soll die Welt nicht werden, 1989.

81 Ich danke Daniela Schacht und Hellmut Winter und ihren Eltern sehr für das Einverständnis, im vorliegenden Rahmen aus den Gesprächen zu zitieren.

Für die Fernsehfilme wurden die Interviews auf 30 Minuten geschnitten und zu einer je 45minütigen Sendung mit Familienbildern und Kommentar verarbeitet. Der erste Film »Was Kinder so denken ... Daniela« wurde am 5. 3. 1990, der zweite Film »Was Kinder so denken ... Hellmut« am 6. 5. 1990 vom WDR III gesendet. Regie: Christiane Keppler. Die hier zitierten Passagen aus den Gesprächen decken sich nur teilweise mit den Filmausschnitten.
Folgende 11 Themen wurden für die Gespräche vorgegeben:

1. Welche Erinnerungen an meine Kindheit waren für mich die wichtigsten?
2. Was finde ich an meiner Familie gut, was finde ich weniger gut?
3. Fühle ich mich in der Schule wohl, oder was könnte man besser machen?
4. Wie wichtig sind mir meine Freunde?
5. Meine liebsten Beschäftigungen und was mir am meisten Freude macht.
6. Fernsehen für Kinder. Was denke ich darüber?
7. Was interessiert mich am Thema Sexualität?
8. Wie stelle ich mir meine Zukunft vor?
9. Jeder Mensch hat vor irgend etwas Angst. Was sind meine größten Ängste?
10. Ist Politik ein Thema, das Kinder noch nichts angeht?
11. Was denke ich über Erwachsene? Welche Erfahrungen habe ich in meinem Leben bisher mit ihnen gemacht?

82 Korrekturen am gesprochenen Text wurden nur dort vorgenommen, wo sie zum Leseverständnis notwendig waren.

83 Vergl. Anm. 1 und das Kapitel »Umfrageergebnisse zur ökologischen Bedrohung«.

84 Zur fundamentalen Bedeutung der Trennungsangst vergl.: Petri, H.: Verlassen und verlassen werden, 1991.

85 Auf die Realität des Krieges übertragen, zeigen viele Erfahrungen, daß Kinder selbst schlimmste Erlebnisse relativ stabil durchstehen, solange die Eltern oder die Mutter bei ihnen sind, während sie mit panischer Angst reagieren, wenn sie durch die Ereignisse von ihnen getrennt werden (A. Freud, D. Burlingham 1971, Osada 1983). Solche Befunde belegen eindrücklich die fundamentale Bedeutung der Trennungsangst.

86 Bloch, E.: Das Prizip Hoffnung, 1959.

87 Den gründlichsten psychoanalytischen Einblick in die Bedeutung des Hoffnungsbegriffs verdanke ich dem Buch von Heike Schnoor: Psychoanalyse der Hoffnung, 1988.

88 Vergl. die Arbeiten zur Streßpsychologie von Lazarus, R. S. 1966 und Engel, G. L. und Schmale, A. H. 1972.

89 Bock, M., u. a.: Zwischen Resignation und Gewalt, 1989.
90 Lessing, D.: Memoiren einer Überlebenden, 1974.
91 Gronemeyer, R.: Die Entfernung vom Wolfsrudel, 1989.
92 Prüss, J.: »DIE ZEIT« Nr. 21 vom 17. 5. 1991.
93 In dieses und in das Kapitel »Die Verletzung der Loyalität in Familie und Gesellschaft« wurden einige Passagen aus zwei früheren Aufsätzen übernommen: Petri, H.: Kinderängste in unserer Zeit, 1989, und ders.: Vergiftete Kindheit, 1991; sie sind nicht gesondert als Zitate gekennzeichnet, um die Lektüre des Textes nicht unnötig zu erschweren.
94 Klein, M.: Das Seelenleben des Kleinkindes, 1962, S. 146.
95 Großmann, G., u. a. 1989; vergl. auch Devivere B. v., Wemmer, U.: Umweltschutz für Kinder, 1989.
96 Vyner, H. M.: Invisible Trauma, 1988.
97 In dieser labilen Situation müssen wir eine neue Form der Verfolgung in unsere Überlegungen einbeziehen, die ebenso verführerisch wie die Stiefmutter im Schneewittchenmärchen auftritt, die »gute« Lebensmittelindustrie. Beispielhaft dafür ist eine zweiseitige Reklame des Reformhauses im »Spiegel« (Nr. 19 vom 8. 5. 1989). Die eine Seite zeigt ein äußerst ästhetisches Foto einer stillenden Mutter - ein Mutter-Kind-Ideal. Der Text auf der zweiten Seite ist betitelt: »Ihr Kind hat keine Wahl. Sie schon.« Er beginnt: »Noch nie ließ sich das Thema gesunde Ernährung besser vermarkten als heute. Die größte Aufklärungswelle aller Zeiten rollt durch unsere unzähligen Medien. Wer in dieser Informationsflut nach zuverlässiger Orientierung sucht, ist im Reformhaus gut beraten.« Gut beraten wird man durch die »Fachberater« u. a. über »Mineralien im Gemüse« und »Grenzwerte«. Und die Märchenszenerie lockt den Kunden: »Dazu finden Sie im Reformhaus von heute einen abwechslungsreich gedeckten Tisch. Von spezieller Babykost über Milch aus Landschaftsschutzgebieten und leckeren ungesüßten Müslisorten bis zu herzhaften Nudeln oder Brot mit den wertvollen Inhaltsstoffen des ganzen Getreidekorns.« Und dann die drohende Gebärde: »Ebenso kritisch (wie wir bei der Herstellung, H. P.) sollten Sie beim Einkauf sein. Für sich und für die, die noch nicht selber wählen können.«

O armes Mutterherz! Denn was hier als Hilfestellung angeboten wird, ist in Wirklichkeit das Geschäft mit der Angst und die Ausbeutung der Verunsicherung und Schuldgefühle: »Ich könnte ja mein Kind ganz gesund ernähren, wenn ich nur das Geld für die Reformhauskost hätte.« Wieviel Prozent der Bevölkerung haben es? Es ist darüber hinaus das Geschäft mit der Illusion und der falschen Hoffnung, denn auch die beste und »ökologisch hergestellte« Nahrung entgeht nicht den Gesetzen einer globalen Boden-, Luft- und Wasserverunreinigung. Wie aber können Mütter in der heutigen Medien- und Reklamewelt dieser Verfolgung entgehen? Je verantwortungsbewußter sie sind, um so mehr werden ihre Schuldgefühle wachsen, so daß von dieser Art Verfolgung eine weitere negative Rückwirkung auf das Selbstgefühl der Mutter und die Mutter-Kind-Beziehung zu erwarten ist.

98 Den Zusammenhang von Autorität, Gewalt und Gehorsam und seine sozialpsychologischen Auswirkungen habe ich ausführlich dargestellt in: Petri, H.: Erziehungsgewalt, 1989.

99 Rascovsky, A.: El Filicido, 1973. Zur aktuellen Situation von Kindern im Krieg schreibt Unicef (1991, S. 54): »Kinder werden auch benutzt, um Kriege zu führen. In den letzten Jahren wurden schätzungsweise 200 000 Kinder unter 15 Jahren für den Kriegsdienst rekrutiert, zum Töten und Sterben gezwungen, und sogar als ›menschliche Minenhunde‹ mißbraucht, die verminte Kampfgebiete passierbar machen sollten.«

100 Matthäus 27, 46 und 50.

101 DeMause, L.: Hört ihr die Kinder weinen?, 1979, S. 49.

102 Federn, P., 1919; Mitscherlich, A., 1963.

103 Freud, S.: Totem und Tabu, 1913.

104 2. Mose, 1,22.

105 Matthäus 2,18.

106 Frenzel, E.: Motive der Weltliteratur, 1988.

107 Besonders sei hier verwiesen auf die bekannten Bücher von F. Rush 1982, B. Kavemann, I. Lohstöter 1984, L. Sebbar 1978, M. C. Baurmann 1983, S. Steinbrecher 1991, A. Kuckuck, H. Wohlers 1988 und A. Miller 1981. In vielen von ihnen wird der Einfluß des patriarchalen Denkens auf die Vater-Tochter-Beziehung mehr oder weniger ausführlich herausgearbeitet.

108 Karedig, A.: Zieh dich schon mal aus, ich hol' inzwischen den Stock, 1990.

109 Karedig, A.: a.a.O., S. 101.

110 Karedig, A.: a.a.O., S. 143.

111 Benz, A.: Der Gebärneid der Männer, 1984.

112 Beck, U.: Gegengifte. Die organisierte Unverantwortlichkeit, 1988. Eine andere Form »organisierter Unverantwortlichkeit« gehört als symptomatisch in den Kontext von Männerneid und Gewalt gegen Frauen. Einem jüngsten Bericht der Zeitschrift »Brigitte« (Nr. 2 vom 8. 1. 1992) ist zu entnehmen, daß jährlich in der alten Bundesrepublik 146 000 Frauen von Gynäkologen die Gebärmutter herausoperiert wird, wovon 80 % der Eingriffe als überflüssig gelten und nur 9 % absolut notwendig sind. Die »Operationswut« der Ärzte auf diesem Gebiet und ihre unbewußten destruktiven Motive werden besonders an

den Folgen für die betroffenen Frauen deutlich. Neben zahlreichen körperlichen, psychosomatischen und seelischen Symptomen und einem verfrüht eintretenden Klimakterium sind es vor allem schwere Sexualstörungen und Selbstwertprobleme als Frau, die nach der Operation auftreten. Obwohl alle diese Tatsachen seit langer Zeit bekannt sind, ist der Trend ungebrochen und gipfelt in der häufigen Operationsindikation aus Gründen der Schwangerschaftsverhütung. In katholischen Regionen gilt laut dem Bericht die Operation als anerkannte Methode der Geburtenkontrolle.

113 Gleich, M. F.: Der lange Marsch durch die Familie, 1991.

114 Simone Dietz in: Gleich, M. F., a.a.O., S. 57.

115 Hans-Ernst John in: Gleich, M. F., a.a.O., S. 59.

116 Boszormenyi-Nagy, I., Spark, G. M.: Unsichtbare Bindungen, 1981, S. 15.

117 Dies., a.a.O., S. 68.

118 Dies., a.a.O., S. 24.

119 Dies., a.a.O., S. 86 f.

120 Dies., a.a.O., S. 70.

121 Dies., a.a.O., S. 69.

122 Dies., a.a.O., S. 115.

123 Seifert, Th.: Schneewittchen, 1983, S. 39.

124 Klein, M.: Über das Seelenleben des Kleinkindes, 1962, S. 148.

125 Klein, M.: Neid und Dankbarkeit, 1962, S. 185.

126 Wolf, Ch.: Störfall, 1987, S. 69.

127 Wolf, Ch., a.a.O., S. 63.

128 Bateson, G.: Ökologie des Geistes, 1981.

129 Maturana, H. R., Valera, F. J.: Der Baum der Erkenntnis, 1987.

130 Die hier gekürzte Fassung der Kasuistik wurde zuerst veröffentlicht in: Petri, H.: Kinderängste in unserer Zeit, 1989.

131 Handke, P.: Gespräch mit André Müller, 1989.

132 Ausführlich beschrieben in: Petri, H.: Kriegsangst bei Kindern, 1987.

133 Hasse, J.: Umwelterziehung in der Krise, 1986.

134 Stellvertretend für viele Bücher möchte ich hier besonders auf das ausgezeichnete Buch der bekannten Umweltpädagogin Ulrike Unterbruner »Umweltangst - Umwelterziehung« (1991) hinweisen, dem ich für den vorliegenden Text wertvolle Anregungen verdanke. Es faßt nicht nur eigene Forschungsergebnisse und praktische Erfahrungen zusammen, sondern informiert über den aktuellen Stand der Umweltpädagogik einschließlich weiterführender Literatur.

135 UNICEF: Zur Situation der Kinder in der Welt, 1991. Darin der Wortlaut der »Konvention«.

136 UNICEF: a.a.O., S. 98.

137 UNICEF: a.a.O. Darin auch der Wortlaut der »Deklaration« und des »Aktionsplans«.
138 UNICEF: a.a.O., S. 56.
139 Schweitzer, A.: Die Ehrfurcht vor dem Leben, 1988, S. 32.
140 Ders., a.a.O., S. 20f.
141 Name geändert.
142 Petri, H.: Die psychoanalytische Sozialisation, 1987.
143 UNICEF: Children and the environment, 1990.
144 UNICEF: a.a.O., S. 49.
145 Busch, W.: Eduard's Traum, o.J., S. 90.
146 Der Prospekt ist zu beziehen über UNICEF Deutschland, Höninger Weg 104, 5000 Köln 51, Tel.: 0221/936500.
147 UNICEF: a.a.O., 1991, S. 10. Von den 22 Zielvorgaben werden hier nur die wichtigsten zitiert und teilweise gekürzt.
148 UNICEF: a.a.O., 1991, S. 56

Literatur

Allerbeck, K., Hoag, W.: Jugend ohne Zukunft, Piper Verlag, München 1985.

Allert-Wybranietz, K.(Hg.): Ich will leben und meine Katze auch. Kinder schreiben an Reagan und Gorbatschow. Heyne Verlag, München 1988.

Bateson, G. (1972): Ökologie des Geistes. Suhrkamp Verlag, Frankfurt/M. 1981.

Baurmann, M. C.: Sexualität, Gewalt und psychische Folgen. BKA-Forschungsreihe Bd. 15, Wiesbaden 1983.

Beck, H.: Dioxine in Lebensmitteln. Bundesgesundheitsblatt H. 3, 99-104, 1990.

Beck, U.: Risikogesellschaft. Auf dem Weg in eine andere Moderne. Suhrkamp Verlag, Frankfurt/M. 1988.

Ders.: Gegengifte. Die organisierte Unverantwortlichkeit. Suhrkamp Verlag, Frankfurt/M. 1988.

Benz, A.: Der Gebärneid der Männer. Psyche 38, 307-328, 1984.

Bloch, E.: Das Prinzip Hoffnung. Bd. 1-3, Suhrkamp Verlag, Frankfurt/M. 1959.

Bock, M., Reimitz, M., Richter, H.-E., Thiel, W., Wirth, H.-J.: Zwischen Resignation und Gewalt. Leske und Budrich Verlag, Opladen 1989.

Boehnke, K., Macpherson, M., Meador, M., Petri, H.: Leben unter atomarer Bedrohung - Zur Bedeutung existentieller Ängste im Jugendalter. Gruppendynamik 19, 429-452, 1988.

Bornemann, E.: Das Patriarchat. Ursprung und Zukunft unseres Gesellschaftssystems. Fischer Verlag, Frankfurt/M. 1975.

Boszormenyi-Nagy, I., Spark, G. M. (1973): Unsichtbare Bindungen. Klett-Cotta Verlag, Stuttgart 1981.

Busch, W.: Der Schmetterling. Eduard's Traum. Zwei Erzählungen. Stieglitz Verlag, Mühlacker 1959.

Devivere, B. v., Wemmer, U. (Hg.): Umweltschutz für Kinder. Thema: Radioaktivität. Fischer Verlag, Frankfurt/M. 1989.

Engel, G. L., Schmale, A. H.: Conservation - Withdrawal: A Primary Regulatory Process for Organismic Homeostasis. In: Physiology, Emotion and Psychosomatic Illness. Ciba Foundation Symposion 8, 1972.

Englert, N.: Pseudokrupp und Luftqualität. Bundesgesundheitsamt, WaBoLu-Hefte 5/1987, Berlin 1988.

Englert, N., König, R., Prescher, K.-E., Rodriguez-Hauschild, E., Saal, A., Seifert, B.: Obstruktive Bronchitis und Luftqualität in Berlin (West). Bundesgesundheitsamt, WaBoLu-Hefte 4/1989, Berlin 1989.

Federn, P.: Zur Psychologie der Revolution: Die vaterlose Gesellschaft. Anzengruber Verlag, Wien 1919.

Frenzel, E.: Motive der Weltliteratur. Kröner Verlag, Stuttgart 1988.

Freud, A., Burlingham, D. (1949): Heimatlose Kinder. Fischer Verlag, Frankfurt/M. 1971.

Freud, S.: Totem und Tabu. Ges. Werke, Bd. IX (1913), Fischer Verlag, Frankfurt/M. 1973.

Gardner, M. J., Snee, M. P., Hall, A. J., Powell, C. A., Downes, S., Terrell, J. D.: Results of case-control study of leukaemia and lymphoma among young people near Sellafield nuclear plant in West Cumbria. BMJ 300, 423-429, 1990.

Gleich, M. F.: Der lange Marsch durch die Familie. NATUR, Sonderheft: Alles über Kind und Umwelt, S. 56-61, 1991.

Grefe, Ch., Jerger-Bachmann, I: »Das blöde Ozonloch«. Kinder und Umweltängste. Beck Verlag, München 1992.

Grodzinsky, D., Lengfelder, E.: Vier Jahre nach Tschernobyl - noch immer sind die Folgen nicht abschätzbar. Dt. Ärzteblatt 87, H.20, A-1614-1620, 1990.

Gronemeyer, R.: Die Entfernung vom Wolfsrudel. Über den drohenden Krieg der Jungen gegen die Alten. Claassen Verlag, Düsseldorf 1989.

Großmann, G., Hornung, St., Faas, A.: Kinder - Küche - Kernkraft? Mütter mit kleinen Kindern nach dem Reaktorunfall von Tschernobyl. In: Böhm, A., Faas, A., Legewie, H. (Hg.).: Angst allein genügt nicht. Thema: Umweltkrisen. Beltz Verlag, Weinheim, Basel 1989.

Grünewald, G.: Childrens Campaign for Nuclear Disarmament. Int. Peace Bureau, Finnland 1985.

Handke, P.: Gespräch mit André Müller in: Die Zeit, Nr. 10 vom 3. 3. 1989.

Hardt, H. v. d.: Luftverschmutzung und Kinderlunge. Forum Kinderheilkunde 1, Hansisches Verlagskontor, Lübeck 1985.

Harjulehto, T., Aro, T., Rita, H., Rytömaa, T., Saxén, L. The accident at Chernobyl and outcome of pregnancy in Finland. BMJ 298, 995-997, 1989.

Hasse, J.: Umwelterziehung in der Krise: Gegen die Lust am Untergang, Westermanns Pädagogische Beiträge 9/86, S. 22, 1986.

Heer, H.: Als ich neun Jahre alt war, kam der Krieg. Rowohlt Verlag, Reinbek 1983.

Hein, H.: Allergische Belastungen bei Schulanfängern. Der Kinderarzt 19, 631-641, 1988.

Jugendwerk der Deutschen Shell (Hg.): Jugendliche und Erwachsene. Generationen im Vergleich. Opladen 1985.

Karedig, A.: Zieh dich schon mal aus, ich hol' inzwischen den Stock. Fischer Verlag, Frankfurt/M. 1990.

Kavemann, B., Lohstöter, I.: Väter als Täter. Sexuelle Gewalt gegen Mädchen. Rowohlt Verlag, Reinbek 1984.

Kernberg, O. F.: Borderline-Störungen und pathologischer Narzißmus. Suhrkamp Verlag, Frankfurt/M. 1975.

Klein, M. (1958): Neid und Dankbarkeit. In: Das Seelenleben des Kleinkindes, Klett Verlag, Stuttgart 1962.

Klein, M. (1960): Über das Seelenleben des Kleinkindes. In: Das Seelenleben des Kleinkindes a.a.O.

Kuckuck, A., Wohlers, H. (Hg.): Vaters Tochter. Rowohlt Verlag, Reinbek 1988.

Kuhn, W.: Schwangerschaftsabbrüche 1986: Ist der Trend gebrochen? Dt. Ärzteblatt Nr. 84, 1885-1886, 1987.

Kruse, H.: Schadstoffe in der Umwelt. Wirkung auf die Kinder. Kind und Umwelt (KUM), 1, Nr. 2, 7-9, 1991.

Lazarus, R. S.: Psychological Stress and the coping process. McGraw-Hill Verlag, New York 1966.

Lessing, D.: Memoiren einer Überlebenden. Fischer Verlag, Frankfurt/M. 1974.

Lyon, J. L., Klauber, M. R., Gardner, J. W., Udall, K. S.: Childhood leukemia associated with fallout from nuclear testing. N. Eng. J. Med., Nr. 300, 397-402, 1988.

Maturana, H. R., Varela, F. J. (1984): Der Baum der Erkenntnis. Scherz Verlag, Bern, München, Wien 1987.

McMichael, A. J., Baghurst, P. A., Wigg, N. R., Vimpani, G. V., Robertson, E. F., Roberts, R. J.: Port Pirie Cohort Study: Environmental Exposure to Lead and Children's Abilities at the Age of four Years. N. Eng. J. Med. 319, 468-475, 1988.

Meinerzhagen, M. (Hg.): Bäume und Vögel gibt es nicht mehr. Kinder schreiben über ihre Zukunft. Rasch und Röhrig Verlag, Hamburg 1988.

Miller, A.: Du sollst nicht merken. Suhrkamp Verlag, Frankfurt/M. 1981.

Mirwa, D.: Zunehmend Heuschnupfen in Industriegebieten. Ärztl. Praxis, XLI, Nr. 87, S. 3004, 1989.

Mitscherlich A.: Auf dem Weg zur vaterlosen Gesellschaft. Piper Verlag, München 1963.

Mumford, L.: Mythos der Maschine. Kultur, Technik und Macht. Fischer Verlag, Frankfurt/M. 1966.

Niedersächsischer Kultusminister (Hg.): Lebensbedingungen von Jugendlichen und jungen Erwachsenen in Niedersachsen. Manuskript, Hannover 1985.

Odenwald, M.: Die unfruchtbare Generation. CHANCEN. Mensch und Gesundheit, H. 2, S. 20-24, 1989.

Osada, A. (1951): Kinder von Hiroshima. Japanische Kinder über den 6. August 1945. Röderberg Verlag, Frankfurt/M., 6. Aufl. 1983.
Pausewang, G.: Die letzten Kinder von Schwewenborn. Otto Maier Verlag, Ravensburg 1983.
Peace Bird '85: Eine Dokumentation über die Kinderbriefaktion »A Letter to both«. Unveröffentl. Manuskript.
Pelech, L.: Entwicklung von Kindern in luftverunreinigten Gebieten. Sozialpädiatrie 3, 121-128, 1985.
Petri, H., Boehnke, K., Macpherson, M., Meador, M.: Bedrohtheit bei Jugendlichen. Psychosozial 9, H. 29, 62-71, 1986.
Petri, H., Boehnke, K., Macpherson, M., Meador, M.: Zukunftshoffnungen und Ängste von Kindern und Jugendlichen unter der nuklearen Bedrohung. Analyse einer bundesweiten Pilot-Studie. Psychol. u. Gesellschaftskritik 11, H. 2/3, 81-105, 1987.
Petri, H.: Angst und Frieden. Psychoanalyse und gesellschaftliche Verantwortung. Fischer Verlag, Frankfurt/M. 1987.
Petri, H.: Die Kinder von Tschernobyl. In: Ders., Angst und Frieden, a.a.O.
Petri, H.: Die psychoanalytische Sozialisation. Ein Weg zur Autonomie? In: Ders.: Angst und Frieden, a.a.O.
Petri, H.: Aufklärung macht Angst. Zur Entstehung des Feindbildes »Friedensärzte«. Rundbrief Ärzte gegen Atomkrieg, Nr. 27, 78-81, 1988.
Petri, H.: Kinderängste in unserer Zeit. Neue Sammlung 29, 14-26, 1989.
Petri, H.: Zur Psychoanalyse der vergifteten Kindheit. Psychoth., Psychosom., Med.Psychol. 41, 155-165, 1991.
Petri, H.: Erziehungsgewalt. Zum Verhältnis von persönlicher und gesellschaftlicher Gewaltausübung in der Erziehung. Fischer Verlag, Frankfurt/M., 2. Aufl. 1991.
Petri, H.: Verlassen und verlassen werden. Angst, Wut, Trauer und Neubeginn bei gescheiterten Beziehungen. Kreuz Verlag, Zürich, 3. Aufl. 1991.
Petzer, H.: Verseucht in alle Ewigkeit. ZEIT-Magazin Nr. 10 vom 3. 3. 1989.
Prüss, J.: Der Alptraum des Papstes. Die Zeit, Nr. 21 vom 17. 5. 1991.
Rascovsky, A.: El Filicido. Ediciones Orion Verlag, Buenos Aires 1973.
Reitz, M., Gutjahr, P.: Krebserregende Faktoren im Umfeld der Kinder. Forum Kinderheilkunde 1, Hansisches Verlagskontor, Lübeck 1985.
Richter, H. E.: Umgang mit Angst. Hoffmann und Campe Verlag, Hamburg 1992.
Rippere, V.: Allergien. Rowohlt Verlag, Reinbek 1985.
Rosenblatt, R.: Kinder des Krieges. Kabel Verlag, Hamburg 1984.
Rusch, R.: So soll die Welt nicht werden. Kinder schreiben über ihre Zukunft. Anrich Verlag, Kevelaer 1989.
Rush, F.: Das bestgehütete Geheimnis: Sexueller Kindesmißbrauch. sub rosa Frauenverlag, Berlin 1982.

Sachverständigenrat für Umweltfragen: Umweltgutachten 1987. Kohlhammer Verlag, Stuttgart, Mainz 1987.
Schlipköter, H.-W., Beyen, K.: Gesundheit und Umwelt. Berl. Ärzte, H. 6, 39-42, 1990.
Schnoor, H.: Psychoanalyse der Hoffnung. Die psychische und psychosomatische Bedeutung von Hoffnung und Hoffnungslosigkeit. Asanger Verlag, Heidelberg 1988.
Scholz, R.: Anmerkungen. Rundbrief Ärzte gegen Atomkrieg, Nr. 27, S. 8, 1988.
Scholz, R.: Vier Jahre nach Tschernobyl. Versuch einer Bilanz. IPPNW-Broschüre, Heidesheim 1990.
Schweitzer, A.: Die Ehrfurcht vor dem Leben. Beck Verlag, München 1988.
Sebbar, L.: Gewalt an kleinen Mädchen. Feministischer Buchverlag, Naumburg 1980.
Seifert, Th.: Schneewittchen. Das fast verlorene Leben. Kreuz Verlag, Zürich 1983.
Seiler, D.: Mensch und Umwelt - Lehrstück Entwicklungspolitik. Berl. Ärzteblatt, 101, 766-768, 1988.
Spill, E.: Ständig schlapp und matt, echt krank. Stern, Nr. 45, 1989.
Steinbrecher, S.: Die Vaterfalle. Rowohlt Verlag, Reinbek 1991.
Teufel, M.: Pestizide und PCB im Fettgewebe. Z. Allg. Med. 65, 68-76, 1989.
Trichopoulos, D.: The victims of Chernobyl in Greece: induced abortions after the accident. BMJ, 295, 1100, 1987.
Unicef: Children and the Environment. The state of the environment 1990. Broschüre, New York 1990.
Unicef: Zur Situation der Kinder in der Welt 1991. Dt. Komitee für Unicef, Köln 1991.
Unterbruner, U.: Umweltangst - Umwelterziehung. Vorschläge zur Bewältigung der Ängste Jugendlicher vor Umweltzerstörung. Veritas Verlag, Linz 1991.
Vyner, H. M.: Invisible Trauma. The Psychosocial Effects of Invisible Environmental Contaminants. Lexington Books, Massachusetts, Toronto 1988.
Wassermann, O.: Dieser Staat duldet die schleichende Vergiftung. Stern Nr. 11 vom 9. 3. 1989.
Wassermann, O., Alsen-Hinrichs, C., Simonis, U. E.: Die schleichende Vergiftung. Die Grenzen der Belastbarkeit sind erreicht. Fischer Verlag, Frankfurt/M. 1990.
Wemmer, U.: Krebsgefährdung von Kindern und genetische Schäden. In: Devivere, B. v., Wemmer, U. (Hg.) a.a.O., S. 38-61.
Wichmann, H.-E., Schlipköter, H.-W.: Kindliche Atemwegserkrankungen

und Luftschadstoffe. Dt. Ärzteblatt 87, H. 34/35, S. A.-2537-2558, 1990.
Wirth, W., Gloxhuber, Ch.: Toxikologie. Thieme Verlag, Stuttgart, New York 4. Aufl. 1985.
Wolf, Ch.: Störfall. Nachrichten eines Tages. Luchterhand Verlag, Darmstadt 1987.
Wütherich, B., Schnyder, B. U., Henauer, S. A., Heller, A.: Häufigkeit der Pollinosis in der Schweiz. Schweiz. med. Wsschr. 116, 909-917, 1986.
Wurmser, L.: Die Maske der Scham. Die Psychoanalyse von Schamaffekten und Schamkonflikten. Springer Verlag, Berlin, Heidelberg, NY, 1990.
Yoshimoto, Y., Kato H., Schull, W. J.: Risk of Cancer Among Children Exposed in Utero to A-Bomb Radiations, 1950-1984. Lancet, 665-669, 1988 II.
Zabeck, M. (Hg.): Keine Angst, lieber Gott. Was Kinder glauben. Gustav Lübbe Verlag, Bergisch Gladbach 1987.
ZDF (Hg.): »Ich kann nicht beschreiben, wie die Angst ist.« Kinderbriefe für den Frieden. Falken Verlag, Niedernhausen/Ts. 1991.
Zydek, F., Crivelli, G.: Menschen in Tschernobyl. Vom Leben mit der Katastrophe. Zytglogge Verlag, Bern, Bonn, Wien 1990.

Quellennachweis

Aus folgenden Werken wurde mit freundlicher Genehmigung der genannten Verlage und Zeitschriften- bzw. Zeitungsredaktionen zitiert:
Schweitzer, Albert; Die Ehrfurcht vor dem Leben, Verlag C. H. Beck, München 1988.
Zydek, Franziska/Crivelli, Giosanna; Menschen in Tschernobyl. Vom Leben mit der Katastrophe, Zytglogge Verlag, Bern 1990.
Hasse, J.; Umwelterziehung in der Krise. Gegen die Lust am Untergang, aus: Westermanns Pädagogische Beiträge 9/1986.
Interviews mit »Peace-Bird«-Kindern, aus: Der Spiegel, Nr. 43/23. 10. 1989
Prüss, Jens; Der Alptraum des Papstes, aus: Die Zeit, Nr. 21/17. 5. 1991
Seiler, D.; Mensch und Umwelt - Lehrstück Entwicklungspolitik, aus: Berliner Ärzteblatt 101/1988.
Umweltgutachten 1987, Der Rat von Sachverständigen für Umweltfragen.

Sachwortregister

Chemische Verbindungen und organische Krankheiten wurden aus Raumgründen und wegen ihrer häufigen Nennung in Teil A nicht in das Sachregister aufgenommen.